聖徳太子　三法を説く

先代旧事本紀大成経伝（六）

安房宮 源宗

聖徳太子《Syoutokutaishi》　三法を説く《sanpouwotoku》

安房宮《Awanomiya》　源宗《gensyuu》

目次

第一章　生誕～十四歳……5
第二章　十五歳～二十一歳……99
第三章　二十二歳～三十六歳……189
第四章　三十七歳～薨去……275
参考文献……398

本書は先代旧事本紀大成経「聖皇本紀」第三十五巻～三十八巻を底本とし、原文の編年体にしたがい一冊にまとめ、現代語訳と解説を付したものである。
聖徳太子は、国家と君臣及び兆民に三法の学びを浸透させ、国の安寧と繁栄を得んがために生涯をかけて臨まれ、日々謙虚な姿勢で道を体現された。その歳月を記録した元本は先代旧事本紀大成経のなかで同じく太子著作の経教本紀の前に位置づけて納められ、五鎮三才と三法を網羅して伝えている。なお伝記写本にありがちな後年の加筆など疑義ある箇所をこのたびは省かず訳した。それらをも含めて考察することが現代を生きる者にとって意義あることと考えるからである。

表紙及びカバーのパウル・クレーの絵は、sein schatten 彼の影、幻影という。灰色の影は太子の陵の隧道が閉じられるや嘶き斃れた黒駒を思わせ、端の小さな影は陵を守り続ける素雪のような鳥を思わせる。深い歎きを埋め合わせることができないまま・・。

第一章　生誕〜十四歳

欽明天皇の三十有一年（西暦五七二）春二月朔、第四皇子橘豊日尊に詔し、異母妹の穴穂部間人皇女を納《い》れ、正妃と為す。

【訳】

欽明天皇三十一年（西暦五七二）春二月一日、詔され、第四皇子である橘豊日尊の妃として異母妹の穴穂部間人皇女を迎えられた。

・欽明天皇は継体天皇の第三皇子にして、安閑天皇と宣化天皇は庶兄に坐し、欽明天皇の母は仁賢天皇の皇女、手白香皇后。その皇子橘豊日尊は後の用明天皇に坐し太子の父皇子。母の穴穂部間人皇女は欽明天皇と蘇我稲目大臣の女《むすめ》小姉君の間の皇女。また用明天皇の母はその姉である蘇我稲目大臣の女の堅塩媛であり、よって間人皇后は異母妹となる。

・天皇は、天照大神の天、高皇産霊尊の皇を取り、天業のみはたらきを受け遂行する至高位、日祚の称とされる。また、天は九天、皇は六地のみはたらきを意味し、それを受け継ぐ位のみに用いられる尊号である。
・聖皇とは眞人《かんつびと》、至人《なかつひじり》、聖人《しもつひじり》の一切を具有される皇太子、聖人皇太子の略称である。また太子には廐戸の近くに母君が在られた時に産気づかれたことから廐戸皇子の他に、その非凡、超能力、多才多芸の人であられたことから色々の呼称がある。その数は十指に余り廐戸、豊聰耳、八耳、聰耳、上宮、聖徳、法大王、法主王、勝鬘、救世観音菩薩等々あり、一般には聖徳太子と崇敬の念をもって表されている。
・推古天皇の詔によって諱名奉表《おくりなをたてまつるふみ》には聖徳太子と記されて、「宇宙内外の理を明らかにし、往昔未然の事を知りたまいて浩温和良の威を獲て放光乗気の徳を有され、両親に事えまつるに乏しき心気無く、四君に事えて忠を尽くし、事を尽くしたまい、百司兆庶に仁徳余すところなからしめて、天下国家を治め政事に正明であられた。肇めて三法の学を弘め、万代の暗を照らし、始めて礼楽、法和、兆道の衆事、農工商芸の軌を製《まと》められた。田圃、池道、橋務《はしかけ》、咸《みな》この君において大いに成したまわれた。これによって諡を奉らむと欲に應う字に中るもの無く、よってやむを得ずに眞至聖皇と諡しまつる」とある。
諺に「二神は国生みの造化。聖皇は教道の造化に坐し、祖皇は皇極の宗源、聖皇は治法の宗源、徳を神祖に比べ、功を天地に比べ而優劣無く、蕩々なる哉、巍々哉」とあり眞至聖皇の謚からの別称とされる。


三十有二年（辛卯）、春正月朔、夜二更に至て、妃、夢に異色の神人有れ、容貌端麗なり。妃に対して忽然と立って謂て曰く。

吾に世を度《すくう》の力《つとめ》有り。願わくば暫く后の腹に宿らむ。后の曰く。妾の腹は垢穢《くえ》なり。何ぞ貴人、奇人を宿乎《やどしえんや》、と。

神人　又告げて曰く。

吾は垢穢は厭わず。唯　望むらくはしばらく人間に感《うまれかわ》らむ。

妃曰く。

敢えて辞譲《いなま》じ。左に之《ゆかん》も右に之《ゆかん》も命に随はむ、と。

神、歓色懐《うれしくおも》い、躍て口中に入り、時《このとき》妃は即て驚き寝て喉に猶物を呑むに似たり。

妃の意　大いに奇而《きとして》皇子に謂く。皇子　相《うらないみ》て曰く。

汝の誕所《うむところ》は必ず聖人を得む。此自り以後　始めて娠《はら》めるを有知《しり》、妃は之に妊《はらめ》るなり。性《うまれつきこと》　殊に睿敏《えいびん》にして　動止《たちふるまい》も間爽にして枢機《すうき》を、辨悟《わきまえたまう》なり。

【訳】

翌三十二年は辛卯の歳（西暦五七二）正月の元日に、二更即ち午後九時から十一時の間に、妃が夢を見られた。見たこともない美しい容貌の神人が忽然と前に立ち現れると「吾は世を救うつとめがある。しばらく汝の腹に宿りたい」と告げた。妃は「わが腹は垢で穢れています。どうして貴いお方を宿すことができましょうか」と返答した。

神人は「吾は垢穢は厭わない、ただしばらく、人に生まれかわりたくたのむ」とさらに言われたので妃は「ならば仰せのまま、いかようにも従います」と答えた。

神は歓びて妃の口の中へと躍り入った。妃は寝ていたが、驚いて喉に何かを呑んだように感じた。妃はこれを不思議なことと思い、皇子に伝えると、皇子はよく話を聞き占いて「あなたは必ず聖人を生むということだろう」と言われた。こののち、初めて妊《みごも》っていることに気づかれた。

この妃は、うまれつき人より賢く物事に敏感な方であった。その行いや振る舞い方も機微を得て爽やかなもので、事に対しては大切なことをよくわきまえる方であった。

・初更は戊、二更は亥、三更は子、四更は丑、五更は寅の刻。

・太子が誕生されたのが敏達天皇元年（壬辰）（西暦五七二）の歳一月一日。夢に神人を得ての懐妊は欽明天皇三十二年（辛卯）正月にして、降誕されるのが敏達元年（壬辰）の正月一日であられる。以て満十二ヶ月母胎に在ったことになる。
・神人の言う衆生済度即ち衆生を苦界から救済し、仏の心を与えたいので腹中の垢穢は問題ではないというのは和光同塵（我が有徳の光を隠して俗世間の中に混じり種々の事をするの句語、老子の「その光を和らげ其の塵を同じくす」の言葉）に採った表現である。

八月五日、胎中に聲有り。人の世は其れ大道なるのみと。皇子と妃は共に大いに之を奇としたまう。

【訳】
懐妊されて七ヶ月目のこと。突如胎中から聲が聞こえた。人の世は大道のみと。皇子と妃はこれはとても不思議なことだと思われた。
・人間というものは小さな私事に閉じ込められ、本当の大我という神を失っている、その小我は本当の命ではない。本当の生命はその大我である。その大我というものは大道に往来するもので、そこには生老病死は無い。ただただ喜びの世界のみだ、というのは衆生済度の心である。大道のみという声は、七ヶ月前に歓然口中に入った胎中の神人の霊である。この心にお気づきになるようにご両親に対し内なる神がひびきを届けられたというのである。

・奇とするとは偶数の反対で二で割り切れない数をいい、全く奇怪千万な不思議に驚かれたということ。

敏達天皇元年（壬辰）（西暦五七二）。春正月一日。妃は相須《あいまって》、尚《なお》禁中に在しも其の當に内の荒れるを憂えて、諸司寮を見巡りたまい、廄《うまや》の下に到り不覚《おぼえず》、産みませり。

【訳】

皇子と相《とも》に須《とどま》って宮中に居られた。その日、御所内で気分転換にと諸司寮を見廻られ、廄の戸に到っておもいがけず産気づかれて御生みになった。

・敏達天皇は欽明天皇の第二皇子に坐し、第三十一代の天皇にして西暦五七二年から五八五年までの十四年の在位。母は宣化天皇の皇女石媛皇后であり、妃はのちの推古天皇で庶妹にあたる。用明天皇はまだ皇子の頃である。

・世にも珍しい安産であられる。胎中の十二ヶ月は応神天皇の前例も在り、黄帝は十一ヶ月、釈尊は十四ヶ月といわれるが、それらの説からみれば真実性が高いといえるだろう。記紀はこの記を採らず、太子の降誕を敏達三年としている。

女孺、驚き抱え疾《すばや》く寝殿に入《みちびきい》れ、妃も亦、恙無く幄内に安宿《やすらぎませ》り。
時に、降誕せし尊《みこと》、目を揚げて侍従を見《かえりみ》言を発《はじめ》て告曰《もうしのたまわ》く。
「人は須臾も非礼に不在《あらざる》。吾は是れ裸なり。裸に居るは非礼なり。速やかに衣を奉《たてまつ》れ」と。皇子及び妃、群陪たち、侍従之を聞きて大いに奇となす。

【訳】

お付きの女官が驚きつつもすぐにお生まれになったばかりの御子を抱き妃を寝殿へお連れし、幌内にて安らぎになられた。

その時、お生まれになったばかりの尊が侍従の方へお目を上げられ言葉を発された。「人はしばしの間でも礼を欠いてはならない。吾はいま裸である。裸では失礼であるから速やかに衣を奉れ」と。それを聞き皇子と妃、周りの群臣は大いに奇異に感じた。

・この発言は太子を天と比して尊崇されていた人の筆によって伝えられたものと推

察されるが、太子薨後に編纂された伝であり、真否のほどは知るよしもない。

時に又、青赤の光有ち、西に至で殿内を照耀し、一時量《ばかり》して止めり。天皇、此の異を聞《きこしめ》し、駕を命じ之を問いたまうに、幸《おでま》して殿戸に及《いたりたまう》や、復《また》照輝くこと有り。天皇 大いに異とし、群臣に勅て曰《のたまわ》く。

此児は後に 異《ひとととはことなるものなら》有む、と。有司等に命《おお》せて、大湯人、若湯人を定め、沐浴を已《おえ》て抱き挙げ、天皇親《みずか》ら襁《むつき》を以て之を受け皇后に授け、皇后は皇子に授けたまえり。

皇子 妃に授くるに及んで、懐を披き之を受け、觸《さわれる》所諸人の身体の香《かんばし》さは世の聞く所に非ず、と。

【訳】

そしてまた、青赤の光が西の方から射し輝き、殿内を照らし、ちょっとして止んだ。宮中でこの不思議なことを耳にされた敏達天皇が皇后と共に、庶弟の橘豊日皇子の邸にみゆきされ、入り口にさしかかった時、再び光が輝いた。天皇はとても不審なことと思われ、周囲の臣たちに「この御子はただものではない」と曰われた。お付きの者に命じて沐浴の担当を決め支度をさせられた。沐浴を済ませると御自ら御子を産着を持って抱きとられ、皇后へ授けられた。皇后は皇子にお授けになった。

皇子は妃に御子をお渡しになり妃は懐を開いて御子を抱きよせられた。その身体は芳しくこの世のものとは思えないよい薫りがした。
・青と赤色の光は西の彼方から射してきたという。この青というのは、出藍の誉を将来に約束されていることを意味し、赤は日本国をあきらかにされることを意味する。青や藍より出で、藍より青しの古語に由来され、さらに仏教者からいえば閼伽《あか》は梵語で「仏に備える水、閼伽灌頂」を意味する。そういう意味での比喩といえる。
・身体の香しというのは、単に匂いのことではなく、徳望の高々しいことの表現。暗闇を照らす人であることが約束されているという意味である。

時于《このとき》、殿《みあらか》の棟に音《こえ》有り。その聲に信伏色を帯び、皇子　之を奇とし、臣に命じ之を見るに、一の韓袋有り。中に一の鈴子有り。頭に五行の形有り。中に五つの鬼の形あり、下は開いて韓鐘の如し。人は何物と云うを不識《しらざる》も一人の女孺、俄かに託口《くちばしり》て曰く。

吾は是れ日の司、天大神《あめのおおかみ》なり。此の鈴子は是れ神代の皇物なり。人形の五物は久方の独り生る一人、二人、三人、四人、五人の神形なり。独り此の王子は当に吾が道を興すべし。故に大神等は這の天底神代の本底秘蔵の眞鈴子を與へ奉るなり。後日に人は此の王の神道を興す天瑞の神信なることを也《また》知り得む。

乙亥の夕、天皇の命せにて宴《とよのあかり》を設け群臣に禄を賜う。

乙卯の夕、皇后　宴を設くることを令し、後宮に禄を賜う。大臣、諸臣相次いで饌《そなえもの》を献《たてまつ》り嬭母《だいも》三人を定め、並に臣、連の女《むすめ》を取る。

【訳】

この時、寝殿の棟の辺で声がし、その声には尊みの感じを含み、不思議に思われた皇子尊が従臣に調べさせると一つの韓錦の袋がある。その中に一個の鈴があった。頭に五行の形を中には五つの鬼の形があった。鈴の下のほうは開いて韓鐘のような形である。それが何であるか誰もわからずにいると、そこにいた女孺が神憑りて言った。

「吾は日の司、天の大神である。この鈴子は神代の皇物、人形の五物は久方の独り生りませる神、一人、二人、三人、四人、五人の神形である。独りこの王子はまさに吾が道を興すであろう。故に大神等、この天底神代の本底秘蔵《もとつたから》の眞鈴子を与え奉る。後日、この王子の神道を興す神信《かみのみしるし》であることが人々にわかるであろう。」と。

天皇の命によって夜に宴が催され、臣下たちに祝いの贈りものを賜われた。

また翌日は皇后が設けられた宴にて後宮の女官に贈りものを賜われた。大臣と臣下たちはみな次々に祝いの品を奉った。臣、連の媛らの中から三人を選び王子に仕える嬭母《だいも》に定めた。

・太子は如何なる使命を荷われて此の世にお生まれになったものか、神のみが知っていられることを誨る。

・袋は中に物を入れるもので、一度耳にしたことを忘れぬ記憶力の良いのを袋耳という。その袋の中にある物がみな神のみはたらきを示されるものばかりである。太子の誕生は人々に神の道を認識させるためのものであることを啓示した出来事と解することができる。その通りであると女孺に神が託って誨られたという。曰く、「吾は日を司る大神」と。

・大神は天照大神と解される。鈴は内部が空で下に細長い孔がついて鳴るものである。神慮を清め鎮めることを古語で「すずしむ」という。神界の鈴は、伊奘諾《いざなぎ》、伊弉冊《いざなみ》の二神が天下の主たる霊神を産みなさんとされた際に青金の鈴十個、赤金の鈴十個、白金の鈴十個、黒金の鈴十個、黄金の鈴十個という五十箇連の霊鈴が天下り、伊弉冊尊《いざなみのみこと》の膝の上の天玉衣に止り、これを改めて伊弉諾尊《いざなぎのみこと》から妻神に授け、これによって日本を「五十鈴國」と称された。鈴の由縁は神代の皇物である

と神から誨られたのである。（陰陽本紀）

・人形の五物の一は天八降魄尊、その二は天三降魄尊、その三は天五十合魄尊、その四は天八百日魄尊、その五は天八十万魄尊の形《すがた》を指す。（神代本紀）

・「此の王子こそ、当に吾道を興すべし」との予言によって、成長された太子が推古天皇の摂政となられ、神教経、宗徳経、神文伝、五憲法を著し、吾が国の道を明らかにされることを誨られた。王子は「神代皇代大成経」を製り、神の道が五鎮三才すなわち宗源道、霊宗道、斎元道は世界の人類に普遍の、人類救済への道であることを明かにする大業を担って誕生された。それを祝福し顕れた真鈴子は「天神に賜った瑞の神の信《やくそく》であるという。

・彌母はだいも或いはじゅぼと訓み俗にいう乳母であり、一人は蘇我稲目の女の貝媛、一人は大伴金村の女の玉照媛、また物部尾輿の女（名不祥）と伝えられる。物部の女は事件後に除かれた為に名を伝えられないのであろう。外に小野妹子の女の日益媛も伝えられている。

是月、狭貫國より賢聖像と瓢を献る。孔夫子と又、栄啓期、四皓、鬼谷先生、蘇秦、張儀等の九像と有り。並《とも》に楷字の銘、及び其の好ましき木像有り。瓢の長さ五寸、五行の徳に合ふ。是れ其れは羽香縣主の兄丸園に生しなり。

此の月朔日、及ち龍馬有《あらわ》れて其の蘽《つたかずら》を咋《くわ》いきて焉を兄丸に与えり。

其日、其時を之に考ふるに方に太子の産《あれませる》時に中り。


【訳】

この月、狭貫《さぬき》国から賢聖像の瓢が献上された。孔夫子と栄啓期と四皓、鬼谷先生、蘇秦、張儀等の九つの像と楷書の銘及び好ましき木像があった。瓢の長さは五寸であり五行の徳を表していた。これは羽香県主《はかのあがたぬし》兄丸園に生ったものである。

この月一日に竜馬が現れその蔓《つる》を咋わえてきて兄丸に与えたという。その時のことを考えてみると、それはまさに御子がお生まれになった時であった。
・此の文は儒者の手に成る文と推察でき、聖賢奇子の異別、正邪虚実を誨る説として興味深い記述である。
・狭貫國は南海道の一つ。今日の四国に当りその國の縣主は物部兄丸。余りに珍しい物なので献上されたという。

天皇　奇《あやし》と為し、是を太子に賜ふ。之を受け始めて快く咲《わら》い、右手を開き掌中に一の瓢の實《たね》有り。瓢の中を闓《ひら》けば一つの肉有り。肉を破る中に核跡有り。焉を宛つればに差《たがわ》ず。此の瓢の實を握れるを知る。

諸人之を謂ふ。斯這《これこの》の王子は聖人たるの瑞《しるし》なり。又、道《い》ふ。此の王子は當に儒宗を弘むべき瑞ならむ、と。世は悉くを奇とした故に此の瓢を名て聖賢の瓢、又、龍馬の瓢、亦初咲《はつえみ》の瓢、初開瓢と曰《いえ》り

・儒宗　ここでは儒宗は儒学者周孔の如き権威という意。

【訳】

敏達天皇はその狭貫から献上された聖賢の像の瓢を世にも奇しくも珍しいものと思し召された。その誕生とただならぬ因縁ありとし太子に賜ったという。太子は之を授けられると初めて笑みをみせられ、初めて右手を開かれた。その中には一つの瓢の実が握られていた。瓢を開いてみるとひとかけらの果肉があり、さらにそれを破ると中に核の跡があった。これに宛ててみると同じ大きさであり、握っておられるのはこの瓢の実であることがわかった。

人々はこれは王子が聖人であられる瑞兆であり、まさに儒教を弘める瑞であると言い、この奇跡からこの瓢を聖賢の瓢、また竜馬の瓢、また初咲《はつえみ》の瓢、初開瓢と名づけた。

・人間の特質は言葉を吐き、笑いて意志を示し得ることで、太子はこの二つをここではっきりと示された。そして、この奇瑞によって後日儒宗を世に弘められることを約束された聖人であることを予見されたというのである。瓢の實の中の「核」を左根と宛てる。すなわち根《もと》を佐《たすけ》るの意味を含み、それを握ったということでその使命を示唆している。

太子　左右に告げて曰く。
孔夫子は正聖なり。鬼谷子は奇聖なり。栄啓期と四皓は實の賢なり。蘇秦と張儀は偽賢なり。その行の同異にして相い似たりしも微かに推《ただ》す則は是非大《はなはだ》しからむ。奇なる哉、此の瓢子は孔子の春秋を見《あらわせ》しなり。聞く者大いに奇として曰く。此の王子は神ならむ。赤子の才にして天を究めり。是より春秋の瓢と名ふ。是より後四月に至って言わず。能く言い能く語る。人の挙動に知り、なきやまず。

【訳】
太子（王子）はそばのお付きの者たちに告げられた。孔子は正聖、鬼谷子は奇聖、栄啓期と四皓とは実の賢人で、蘇秦、張儀は偽りの聖である。「其の行い同異にして相似なり」と言われ、水と油は相い似ているのと同じ意味で邪正真偽というものは表をみただけでは判らないけれども「微を推して是非すれば太し」で、よく微細にみると雲泥の相違がわかるからである。この瓢は孔子の春秋を表しているのだという言葉に聞いていた者たちは、瓢の奇なることとその言葉とにたいそう驚き、この王子は神のようだ、赤子でありながら天を知っているとは、と語った。このことから春秋の瓢と名づけた。それからぱたりと太子の発言が止んだ。よく喋り話す人々の挙動を前にはただ泣き止まなかった。

・孔夫子　孔子を称し、名を丘《きゅう》、字は仲尼《ちゅうじ》、魯国訖、母を顔徴在の間に生れ、孝面悌、忠恕の道徳を核とし、仁を持って理想とし、諸国に遊説を試みるが時に利あらず遂に著述と弟子教育に生涯を完うした聖人と伝えられるが、太子はこの孔子を聖人中の聖人と説かれた。

・鬼谷子　中国戦国時代の縦横家即ち蘇秦の合縦策、張儀の連衡策に対しての合従家とあるが、彼はそのいずれでもある。鬼谷とはその隠棲した山西省沢州府の地のこと。縦横家の法の書に三巻著作があり偽書とも言われている。漢書に鬼谷子は何の人か知らずと記され、その極めた道は常時の道ではないために奇聖と評された。太子はこれを異質の聖人と白された。

・栄啓期　周時代の聖人というが詳しいことは伝わっていない。列子に人に三楽ありと伝えられているというが、太子は賢人と白された。

・四皓は、東園公、綺里李、夏黄公、鹿里先生の四人を指すといわれる。それは西漢の高祖に仕えて釈然とし難いことがあり商山に隠棲した四人の白髪の賢人とされたことによる。

・蘇秦　字は李子と云い、雒陽の出身。六国合力して秦を攻めるを遊説し遂に立国の相となったと史記に伝える。その前は鬼谷先生に学び諸侯に説くも容れられず家に帰った。そして人々に笑われ相手にされないことから発奮し遂に成功した人といわれる。

・張儀　魏の人で、秦の恵王に用いられて相となり武安君と号され、六国を連ねて秦に従くことを遊説し、魏の相になったと伝えられる。これも蘇秦と共に鬼谷に学んだもといわれる。

・春秋　春秋経、古代中国の周時代前半の書。孔子が制作に関わったといわれる儒教経典。

・生後一ヶ月にして東洋聖賢の伝を説くなど何人と雖も信じ難いとするところだが「霊瓢」は王子が正邪真偽を正すという意味からの伝かと推察する。

二年春正月（西暦五七三年、太子二歳）、侍従に雛像を勧め奉る。太子は親ら雛像を取りて、男像と女像に分かち、内儀と外儀とに定め而《ここ》に男女の別を見わし之を立つるに之を位し玉ふに先皇の礼を以てす。

【訳】

二年春正月、太子二歳になられ、侍従が雛遊びを勧めた。太子は自ら雛像を手に取り男像と女像に分けられた。内儀と外儀を定めそれぞれの位に合わせて立てられた。この配置されるとき太子は先皇の礼を以て行われた。

・普通二才といえばまだ幼く、これまた驚くべきことである。侍従を従えての雛遊びとは、雛人形の遊びはこの時代からあったものであることが判り、雛人形は徳川中期以後に造られたとされるが必ずしもそうではないとわかる。この雛祭りは雛の節句で三月三日に女児のある家ではその人形に適する調度品を揃えて祝福する。

・「先皇の礼を以てす」とは、礼綱本紀によると、この日は三輪大社に草餅を奉納し、宮中の八神殿には三神器を奉じ天皇に献上し、敬いを累ね信を淳くされる義から諸皇族、諸卿に仁徳を給うて李《とし》を賀《いわい》節を正される。天皇は斎戒北面して敬いを致し、信を格し、過ちを無《なみ》し、罪を無し、年を持《たもたん》ことを祈願したまうと一応古礼の尊重すべきことを教え、この雛遊びは大丈夫の遊びとしては相応しいものでないから「女児の遊び」とせよと、後世のこの節を示されたというのである。

二月十五日の平旦、太子、東に向かって左の手を開き、掌中に舎利を有《もち》たまえり。其の色は青白く、其の大きさは也《これ》小豆ほど、紫黄の光を放って普く宮中を照らす。皇子及び妃、庶陪も大いに奇《あやし》む。生《あれませし》より今迄、左の手は披かず、此の時始めて披かせませしなり。世に謂う、是王子《これみこ》は当に仏法を弘むべき瑞《しるし》ならむ、と。

【訳】
二月十五日早朝、太子が東に向って左手を開かれた。掌中に青白い舎利があった。小豆ほどの大きさで紫黄の光を放っていた。光は宮中をすみずみまで照らしていた。皇子尊と妃、そして周囲の人々は驚き奇しきことと訝しんだ。お生まれになってから披かれたことがなかった左手をこの時初めて披かれたのである。世間では、この王子は仏法を弘めるという瑞であろうと語られた。

・「東に向って」は物の始めを起こすはたらきを意味する。その手中にあるものは舎利ということから、釈尊の本願である仏教を弘めることと解する。舎利は梵語の訳で施離羅、室利羅、實利とも訳され仏の身骨、火葬した仏の骨をいう。それに向かい念ずることで神変扱抄を現されることから福田の霊物とみなされる。又、捨離は法華経から捨離すると不幸になり邪教から捨離すると幸せになると言われ、それを手中に掴んでいるということは人の幸不幸をかねて掌握していることも意味せられる。法華経に「諸仏の一切の皆く舎利を供養するもの是の如き諸人等は皆仏道を成す」とあることから、仏法流布の天約を物語らしめたものといえる。

・二月十五日とされるのは釈迦入涅槃の日に当たるからか、いずれにしても東西古今の歴史上かつてない伝といえるが、その前代未聞の奇跡も当然と思うべきかもしれない。

「神代皇代大成経」勅序にある、天孫瓊瓊杵尊が大神となって神人に託られ、「吾が大王（厩戸皇子）は、是れ新《いま》の天《たかあまはら》である。明智徳行は天《よのなか》闢けて之に比べる人は無い。天終わるも亦有ざらむ」と宣われた存在である。

・宮中　秦始皇帝から宮は皇居の称となった。

三年（西暦五七四年、太子三歳）春三月桃の花の旦《あさ》に中りて皇子《ちちぎみ》と妃《ははぎみ》と倶に太子も率いて後の園に遊びませり。

太子は抱在《いだかれまし》て皇子に近づく。皇子、問いて曰く。

吾子《わこ》は桃花を楽《よし》と為か、松葉を賞《よし》とするか何れと謂うか、と。

太子答えて曰す。松葉を賞と為《せん》。皇子、之に問うに何を以てか、太子之に答えて敬い曰す。

桃花は一旦の栄物、松葉は万年の貞木なる故に之を賞とすべし、と。

皇子は之を奇とし、頂《あたま》を撫で之を抱きませるに御身《みからだ》は大《はなはだ》香り、世に嗅ぐところに非ず。

時に、皇子を看仰《みあげ》て曰く。

児《われ》、御手に入《いだかれ》るは、百丈の岩に登れるが如し。千尺の浪に浮かぶに似たり、大だ畏《こわ》く、大だ危うし、と。

【訳】

三年三月の桃の節句の日、親子水入らずに後園に遊んで桃花を楽しまれてのことである。桃はその花は紅あり白あり、紫あり。その葉には単葉、複葉とあり、植えれば根つきがよく、その実は桃蜜の賞があり大いに繁茂する。また神代のその昔、去来諸尊が黄泉の醜女に追われた時、桃の樹に隠れ、その桃子三個を採って火狭女《ひさめ》に投げ撃ちて、悪卒から解放されたという奇しき霊功に「稜威神富命《いずのかみとみのみこと》」と神名を賜って賞された縁の物である。三月の節句にはその枝を用い鬼病の毒を除けるとして祝福される木でもある。その花の紅い容色は盛りの婦人に喩えられて詩歌の題材にされる。その桃の実と松葉とどちらが良いかと聞かれた太子の答は、全く常識と異なっていた。

予想外の答えに父皇子は御子の頭を撫で抱き寄せられた。その身体からこの世のものとは思えない芳しい薫りがしていた。御子は父皇子を見上げて言われた。父上に抱かれると高い岩に登るようで、また大きな波の上に浮かんでいるようで、とても畏れ多く、とても恐いです、と。

・幼い太子の賞せられた趣というものは文武文化のその根底に思いを致されしこととも暗合している。また、その父皇子に抱かれての思いについては、言葉に窮するものがあり、父皇子の短命をつぐかの言葉に通じるようで、不穏に思える。

・漢書に「千歳の松下に茯苓《ふくりょう》あり（茯苓は漢方薬として水痘、癩疾に効能）、また「千年の松ありて人生何ぞよく百ならざる」などと云われ、その常磐堅磐《ときわかきわ》は神道につながる。太子は桃花の奸佞《かんねい》軽薄を避けて、松葉の忠信貞節にその心を採り恰も応えられたと謂うことである。

四年春正月（西暦五七五年、太子四歳）、皇子《ちちうえ》の第中《みやのうち》に於いて、諸の少王子の口闘叫《くちあらそい》の声あり。

皇子之を聞いて笞を設け追ふて召《つかまえきたらしめ》とするに、諸皇子等は皆怯れ逃げ竄《かく》れり。爰に太子は衣を脱ぎ独り進みいでたまうに皇子は之に問《ただしたま》ふに。「兄弟不和《たすけあわず》、諸小児等輙ち以て口闘《くちあらそ》う、今こそ笞に誨《おしえむ》と欲ふに悉く竄《かく》れ避《さけ》けり。而《しか》るに汝は何ぞ独り進みいでたるや、と。

時に太子は叉手して皇子並妃に対し、首を低くし啓し曰す。

階《きざはし》を天に立て何ぞ昇ることを得む。地に穴を穿っても又、何ぞ隠れることを得む。故に進んで笞を受けむ、と。

皇子と妃并《とも》に大いに悦び問ふて曰く。

汝の岐嶷《きぎょく》は只、今日のみには非ざらむ、と。妃は懐を披きて抱くに其の身は太だ香しく、香気は常に非ざるなり。

夏四月、高麗の遣い調を貢《たてまつ》ると並《とも》に博士学哿を貢る。是の博士は異人《ただびとならざる》なり。

去年太子は其の人ありと聞き、密かに皇子に申し、勅を以て之を召し玉ふに今来《きたり》朝しなり。

【訳】

四年春正月、父上の殿中にて小さな皇子らの口争いする声がした。父皇子はこれを聞き、笞を手に追われた。皆怯れて散り散りに逃げたが、太子は止まり、衣服を脱いで父皇子の御前に進み出た。父皇子は、「兄弟が助け合わずに口争いをしていたから今こそ笞で誨をと思ったが皆逃げかくれてしまった。なぜ汝は独りで進んで来るのだ」と尋ねられた。

太子は腕を前に組み父王子と母妃に対し低く頭を垂れて言われた。「天へ向けて梯子を立てても昇ることはできません。地に穴を掘っても隠れることはできません。だから進んで笞を受けたいと存じます」と。この言葉に父母君は大いに喜ばれて「あなたの利口さは今日だけのことではない。賢い子であることよ」と曰われた。そして妃は懐を開いて太子を抱かれた。太子から芳しいこの世のものとは思えない薫りが漂っていた。

夏四月、高麗からの使いが調を献るのと合わせ、博士学哿も来朝した。この博士は非凡なる才人であり、昨年太子はその人ありと聞き秘かに父皇子に願い出ていた。そして勅を戴き、この者を召し給うこととなり、今着いたのであった。

・用明天皇の妃に穴穂部皇后、蘇我稲目大臣の女の石寸媛と、葛城直磐村の女広子媛とあり、穴穂部皇后からは太子の外に来目皇子、殖栗皇子、茨田皇子の四男子、石寸媛からは田目皇子亦名は豊浦皇子、広子媛からは真子皇子別称麻呂子皇子と酢香手姫皇女と七人が伝えてあり、今此の文による「諸少王子」というのは、口喧嘩とある以上、太子が四歳であれば恐らく太子と従兄弟たちとみるべきであろう。

・岐嶷は、子供の利口さをいい、岐は分かれるで分析の力をいい智を意味し、嶷は高いさまをいい、よく見える、サトシと訓み、怜悧を意味して用いられたもの。太子の答は、親の御心をよく見抜いていられたということである。

・博士学哿は儒者の官名とされる。経吏の碩学とされる学哿は太子の師範となったが、後に太子の側近として太子から指導を受けることになった。

五年春三月（西暦五七六年、太子五歳）十日、天皇詔て、豊御食炊屋姫尊《とよみけかしきやひめのみこと》を立て、皇后と為す。太子は此日、嬭母《タイボ》（うば）に抱かれて皇后の前に侍り群臣と入り拝す。太子、嬭母に語りて曰く。

大臣の拝し奉る前に豫め知《さとっ》て吾を膝より放てよ、と。

時《このとき》、大臣入《すすみはい》るに及んで太子を膝より放つ。太子、其の身を顧みて衣袴を調定《ととの》え、逡巡と徐歩《あとずさり》して、大臣の前に立って北面再拝し玉ふ。時に五歳なり。起伏《たちふるまい》の儀は成人の公相の猶し。

天皇　皇后　大いに寵異を加えませり。

嬭母　太子に問ふて曰く。

吾王子は何を以ての故に群臣と與に皇后を拝し玉えるや、と。太子、密かに謂うて曰く。

汝の知るところに非ず。是れ吾が天皇になりまさむ。遂に其の言の如し。

【訳】

五年丙申歳春三月十日、敏達天皇は十九歳の豊御食炊屋姫を立て皇后とされた祝賀拝謁の日に、太子は嬭母に抱かれ皇后の御傍近く陪席されていた。その時、群臣それぞれに拝賀の礼に入る直前、太子は嬭母に、大臣拝賀の直前に豫め心得て自分を膝より放してくれと耳打ちをされた。皇后の御生母の兄に当たる大臣蘇我馬子が式場に於いて拝賀の礼をしようとされた時、膝より放たれた太子は、その姿勢を調えられ、君子然と徐歩し大臣の前に立ち、先じて北面し皇后を拝された。どうみても五つの児の儀ではない。その起伏《たちふるまい》といい、一挙手一投足の挙止といい一人前の大臣参議の公人とみまがうばかりであった。

一般人ならその早熟ぶりに異様の感を抱くだろうが、太子の場合にはそれはまことに自然なのであった。天皇、皇后もただものならざるを更に覚え、寵愛されるのである。孀母は太子になぜにあのようにされたのかを尋ねると、そっと耳打ちされて、それは汝の知ることではないと言われた。この皇后こそ吾が宿命の天皇であると神知されてのこと。皇后は後に推古天皇となられるのである。

・前年の正月、敏達天皇は息長眞手王の女、広子媛を立て皇后としたが、皇后は此年の十一月薨去され、次の年の三月後にのちの推古天皇、豊御食炊屋姫を皇后に迎えられた。

秋八月、太子　進んで皇子に白し曰く。

韓国に貢し所の経史を見て異国の賢聖の人の道に通じ、知らむと欲ふ。願わくば大王之を聴《ゆるしたま》え。是れ幼児《われ》の望みなり。

王（皇）子、奇を為し仮て八経を與《あたへたま》ふ。論語を執って常に美く看唱えたまふ。

天皇　之を聞いて乃ち太子を募《めしたま》い愛美《やさし》く問ふて曰く。論語は何を意《いみするもの》ぞ。

太子　應えて曰く。

論語は孔子の弟子に教えし語《かたらい》なり。唯《ひとり》仁を左右に説きたるのみ。仁は也《また》不尽哉《つくせざるなり》。威儀は礼と為り、明理は知と為り。倫道は義と為り。誠勤は信と為り、理を以て之を修め、中《かたよらざる》を以て之を節《ほどほど》にす、と。
天皇　亦問ふ。是　斯く先皇の道も仁ならむや。
太子　謹んで以て應へて曰く。
東儒　西儒　何ぞ以て異《みちをこと》にせんや。若し彼　是と異にせば一方は天の外ならむ。
天皇　奇と為し愈々寵愛を加へ玉へり。
世に謂う太子　生まれて五歳にして儒宗の大意を悟りとは是ならむ。

【訳】

敏達天皇五年秋八月、太子自ら進み父皇子に、「応神天皇の頃（応神十五年八月六日）に百済から、易経、孝経、論語、山海経などが貢され、その後に経書が献られていますが、それらを通じて異国における聖賢の在り方を知っておきたいと思いますのでどうぞお許しを」と乞われたのである。わずか五歳の児であるが、その希いの殊勝さに内心感心された父皇子は八経を与えられた。八経というのは定説があるわけではないが、一般にいえば書経、詩経、易経、礼経、論語、春秋、孟子などを指すが（左氏伝、公羊伝、穀梁伝なども、その人、立場によって入る場合もある）総称して儒書といわれるものである。そのことをお聞きになった敏達天皇は、太子を招いて、「汝は近頃論語をよく見ているが、その書は何を中心にして説いているものか」とご下問された。それに対して太子はお応えした。

「陛下、論語というのは孔子が弟子たちに語った教えを伝えているもので、その要は仁です。人にはおもいやりが優先し、それはこれでよいという限界はありません。威儀を調えるということは礼を正すことであり、理を明らかにすることは知であり、倫《ひとのみち》とは義であり、誠に勤めることは信であり、理を以て之を修め、中《ほどほど》を以て之に節することなど総じて、仁の心が主るものでございましょう」と。

到底、幼児とは思えない理路整然とした応答に感心された天皇は、「そのような内容なら今更に論語から求めなくても先皇の道において教えており、他に求める必要がないではないか」と仰せになった。すると太子は、容姿を正し、「東儒も西儒もその教えに違いはありません。もしこれが異なるようであれば一方は天の外のものです」とお応えした。

天皇はその超非凡ぶりに驚き喜ばれ、いまだ聞かざる神道哉と、いよいよ大事に可愛がられた。このことがあり太子は五歳にして儒宗の大意を悟っておられると世の中に伝わったものである。

・東儒は、恣《ほしい》ままになる心を堪え忍ぶ法を学ばせるものであって、聖人の行為に濡《ひた》すと梁となる行為学であり、吾国に於いては神武天皇の皇道がその聖君としての儒である。神道三部は又、上代以来の儒である。天物梁命、天太魂命、天思兼命はその儒の臣道を示されたものである。
・わが東儒、天竺の西儒のその根本は、濡《うるおすこと》であって異なるものではない。彼と吾との相違は、天竺の仏法は天外にあり、我が儒も又、大乗の天法にして天外にあり、内に於いては人倫の仁にあり、彼の儒教はただ人の世の人倫に限り、神が無いことであるとそれぞれの概念について答えられたのである。

六年（西暦五七七年、太子六歳）冬十一月、百済の宰、大別王《おおわけのみこ》は、経論都合三百三十五巻を将来《もちき》たり。

天皇 試みに経論を以て太子に與え、之を看令而《みせしめたまひて》、還《また》問ふて曰く。汝は経論於り、更奈《またなん》の意を 見《みいだせし》や。太子、應じて曰く。

経論は唯に、真諦、俗諦を教えるものにして、有に非ず、無に非ず、諸悪作莫《なすことな》く、衆善を行い奉《つと》め、自ら浄むるが其の意なり。

唯、心造界、是れ天内、天外にして究竟の眞法なり、と。

天皇、手を 拍《うちたまい》て大いに異《あやし》み、群臣 舌を鳴らし、之を奇《あやし》む。世に謂へり、太子は年始めて六歳、仏法の大意を悟了せりとは是なり。

【訳】

六年冬十一月、百済の宰相として在った大別王《おおわけのみこ》が仏法の経論三百三十五巻を持って帰朝した。敏達天皇は試みにこれを太子に与えられた。そしてまた太子にこれを読んで何かわかったことがあるかと問われた。

太子は「経論は唯真諦、俗諦を教えるもので、有でも無でもなく、すべての悪を断ち、人々に善を施し、自らの心を浄くすることがその目的です。ただその浄き心を造ることのみ、天の内でも外でもそれが究極の法です」と応えられた。

天皇は手を拍って大いに驚かれ、また群臣は舌を鳴らして訝しんだ。世間で太子は六歳にして仏法の大意を覚ったといわれたのはこのことである。

・敏達天皇六年の記は、五年の記と合わせて天地開闢以来かつて聞いたことのない吾国の神童太子の神知についてである。仏教が初めて日本に渡来したのは欽明天皇十三年（五五二年）であり、百済の聖明王は釈迦の金像一軀、幡蓋若干と経論若干と献上してから二十六年経過した時である。この年は太子は六歳になられ、太子の早い成長をみせられた天皇は、その内容についてご下問されてのことである。

・太子は「経論は畢竟、真諦、俗諦を教えているもので有に非ず無に非ず、真実の虚しからずの実相を示している。悪を作すことを戒め、善を積むことに精進し、自他を浄めることに思いを致し、その心こそが主人である。その心を主として絶対となすには解脱することであり、心に一切の執着を除くことが悟りである。その悟りを真諦というのである。それを天の外と内に造りあげることが究極の真の方法というものである」と応じられた。

・「一偈の中にすなわち三十七品及び諸法を出さむ。迦葉問うて曰く、一偈とは何ぞ、對《こた》えて曰く。諸悪なすことなく、衆苦奉行《うけ》い、自ら其の意を浄むるなり。是れ諸仏の教えは以て然るところならむ」と阿含経にある。この段の太子の応えは儒僧の代弁とも推察されるが、いずれにしても太子の超非凡さを窺わせる記述といえる。

十二月、蘇我卿の家に諸卿集まりて異国の文を聞く。高麗の博士、百済の沙門、互いに相論争し、其の声は鳥の鳴くが如く、通声師《つうやくびと》にも分からず。時に太子、侍従を将いて会に望み、熟然《つくづく》之を聞き既にして宮に帰り嬭母に語り曰く。

悲しい哉、博士、沙門は聖者の境界を知らずとは。妄《みだり》に自《おのれ》の我意に以《とらわれ》て古聖の意を推《おしはか》り、恣《ほしいまま》に横解《あやまり》、説き具《とも》に、聖経《ひじりふみ》を汚さむとは。

一《ひとり》沙門は、儒を卑しんで、孔子を以て学業の辨才と為し、一《ある》沙門は、理を伐《ほこり》て、儒童を以て訳者の寓筆《こじつけ》と為し、一博士は釈迦を以て、許由（中国の古聖）、巣父の従《ともがら》と為し、一博士は西方の聖人を列子の寓言《かこつけ》と為し、後風の妄議にして先聖の實の説には非《わろ》し。

吾、今汝に語らむ。

吾と月光は同じく補陀《ほだ》に出で、吾は匿王宮に入りては、勝鬘夫人と名い、彼は育王宮に入って月光童子と名《い》なり。彼は先に震旦に来たり、顔家に入りて回と名い、而先王の道を行い、吾は後に来たりて思と名い如来の道を行ふ。吾は實の之を知るに何《いずこ》に虚誕あらむ。

孔子　語を設るに謹密にして一に非ず。時に従い人に従うは列子の記す所、是れ人の語に依る。列子は至人の徒なり。慮語、實にして虚無く、何ぞ寓言こと有らむ。

吾　是の如く語らば之を聞く者は即ち疑って虚談と為さむ。止《やむな》む、止む。更に力《つとめむ》も無《むな》し。神も之を治すこと能わず。

【訳】

十二月、蘇我大臣の家に公卿たちが集い、異国の文を読み論じる会があった。高麗の博士と百済の沙門（僧侶）が論争し、その話し声は鳥の鳴き声のようでその騒々しさに通訳もついていけず意味がわからなかった。その時、太子が侍従を供に会に参加されたが、これらの話を聞かれた太子は論争のあまりの次元の低さに失望された。宮殿に帰られた後に乳母に語られた。

仏者にして全く儒者に理解が無く、儒者にして釈尊に対し理解がない。中国の古聖に許由という人がいた。この人は出世や名誉は眼中になく、この世の俗事の一切を絶って悠々自適でいた虚無思想家として生涯を楽しんでいた。堯帝はこれに位を譲ろうとしたが、それを聞いたこの耳が汚らわしいとして潁川に於いて耳を洗ったと伝えられている。

又、巣父《そうふ》という中国古代の高士がいた。この人は山居し樹上に起居していた哲人で堯から位を譲るといわれて受けつけなかった。一人の博士がいうに、釈迦もこの二人の人物と類を同じくする者というのである。

釈迦は全く、これらの物の考え方と違う。如来寿量品に「汝等、諦《よ》く聴け。この釈迦牟尼仏は、釈氏の宮を出で、伽耶城を去ること遠からず道場に坐して、阿耨多羅三藐三菩提を得たりと謂うも、我は實は成仏して已来《このかた》無量無辺百千万那由他劫（地球の生まれた過去の時間と同じ）だ」とある。儒者らの認識のなさに太子は呆れられたのである。

列子は、老荘、孔孟の中間の頃の人で在野四十年、閑居研究した有徳の高士で、唐の玄宗がその徳を称し、冲盧真人と崇めたといわれる。その学説は独創的なものではなく老子の清虚無為に基く寓言的なところに特徴があるといわれる。それを寓言の聖人などはでっちあげでしかないなどといった見方をしているのである。

そこで太子は、その迷妄に対していわれた。

観音の浄土をホダラと言い、補陀楽浄土と言い、太陽も月も光源は仏の本土で共にそこが補陀楽山である。波斯匿王《はしのくおう》の居る匿王宮で王は釈迦と同日に生まれ、はじめは粗暴で非行者であったが、釈迦の教えに触れて帰依し仏教の保護者となった。吾はその匿王宮に入りて勝鬘夫人と名《い》い、彼は育王宮に入り月光童子と名《い》った。彼は先に支那に来て、顔家に入り回と名い孔子の十弟子の首位にあり、陋巷《ろうこう》に窮居して天命を楽しみ、徳行し三十二才で亡くなった。回は先王の道を実践した。その道を後に続いた思が伝えた。思は孔子の孫で中庸を著し六十二歳でなくなった吾である。それが他ならぬ如来の道である。吾の知るのは實であって虚誕《うそ》ではないのだ。

孔子は論語で言っているように、謹みと密《きびしさ》は一《おなじ》ではなく、時による、人による、世の中のことはそう簡単に割り切れるものではないという。

吾がこう語っても聞く者は疑い虚説というだろう。どうしようもないことだ。あえてつとめてもむなしいことだ。神とてこれをどうすることもできない。

・仏教が入って二十年も経過した頃のことである。歳も迫って敏達天皇六年の十二月のこと、五年の三月には後の推古天皇が庶兄の敏達天皇の皇后になられ、蘇我家にとって栄光の続きのある日のことである。上級公卿と当時の学僧、儒者、仏者が集められてさぞや、それぞれの立場から自説を披歴しあったのであろう。高麗の博士といえば二年前の四月に来朝した博士学哿のことである。沙門とは梵語で「悪を断ち善を奨める」の意の仏者をいい、当時は高麗《こま》、百済、新羅の三国から名ある高僧も来朝していたことだろうが、蘇我家高家筆頭に出入りを赦される人々とすれば、何にしても当時の高官と並ぶ身分の者たちである。それらの者が儒宗、仏宗の学説、理論を語り合うというので、太子は従者に導かれて出席された。その時の光景がここに伝えられている。

七年（西暦五七八年、太子七歳）、春三月十九日、天皇は太子の生まれつきの才に感じ、勅て太子を大殿に徴《めしたま》い、儒、釈の教えの意を問《たずねたま》う。

太子　奏して曰く。

儒は人倫の道にして、先皇の道と同じくして是れ道の枝葉なり。

仏は大覚の道にして天祖の師なり。是れ道の花實なり。二法は自ら立て、吾が神道に合《かな》はむ。三成りて大いに成《しあが》るなり。

吾が神道は道の根本なり。本有りて枝有り。枝有りて果有り。果有りて本を生ず。自ら三法有りての経典なり。世は之を尊び之に習うなり、と。

天皇　之を聞《きこしめし》て押して廃すことを得《なしたま》わず。

【訳】

七年春三月十九日、敏達天皇は太子のうまれもった勝れた才能を愛でられ、直々に大殿に召された。そして太子に儒と仏の教えについて問われた。太子は、

「儒は人倫の道であり先皇の道と同じく、これは道の枝葉です。仏は大覚を得る道で天祖の師であり、道の花実です。二つの法はそれぞれ自ら立ち吾が神道に合うところがあります。三つの法があわさることで一つの道に仕上がります。吾が神道は道の根本です。本があって枝があり、枝があって果実があり、果実があって本が生じます。したがって自らの三法の教えがあり、世間はこれを尊び学ぶということです。」と。

天皇はこれを聞かれ、儒と仏を排除することを思いとどまられた。

・道を立つるに神道一筋だけで事足りるものとの思し召しから渡来の儒釈を如何に位置づけるかについて、物部、中臣、蘇我の三家の頡頏がありご苦慮され、太子の神知にその是非の参考にと大殿に召されてご下問された。

・儒教は人倫君子の道を教えるものにして、君臣の義、親子の親しみ、兄弟の序、

夫婦の別、朋友の信、それぞれの立場に仁義礼智信の五常を説くものであり、神道から派生した先皇の道と別のものではない。そこに欠けるものは奇怪妙変である。神の道からいえば神道が根とすれば枝葉にあたる道である。

・釈教は、大覚の道であり、天祖の道を師《みちびくもの》にして、神の道を根とすれば釈はその先の果実の実りに当たるものである。この神儒仏の三法が共に道につながり人の世が大いに成《しあが》るものであり、儒仏は吾が神道に矛盾するものではない、と太子は奏上された。

八年（西暦五七九年、太子八歳）冬十月、新羅　仏像を献る。天皇は毀《こわしま》さんとせられたが、太子　奏して曰す。

是の仏は、之を尊ぶ則は禍を消し、福を蒙るなり。之を蔑ろにする則は災いを招き、壽《いのち》を縮む。児《われ》、仏の経を読むに其の旨の微妙さは、假便《たとへ》陛下　三宝として防ぎたまふとも、永く防ぐことを得ざらむ。是れ天意なればなり。若し強いて之を防がば当に必ず災い有るべし。

天皇は、且　供養したまえ、と。

のちに秦河勝に給へり。世に釈迦像と謂《もうす》は是れ、斯は薬師像なり。

【訳】

八年冬十月、新羅が仏像を献上してきた。天皇はこれを毀そうとされた。そこで太子は、「この仏像を尊ぶときは禍を滅し福が訪れます。蔑ろにする時は災いを招き、寿命を縮めることとなります。

仏の経を読みますとその趣旨は微妙であり、たとえ陛下が仏法を防ごうとされたとしても永くは続きません。これは天の意だからです。それでも防ごうと強く出れば必ず災禍があるでしょう。天皇もしばらくこれを供養されることをおすすめします。

後に仏像は秦河勝に給われた。世に釈迦像と言われていたこの仏像は薬師像である。

・此の像は波斯匿王《はしのくおう》が鋳造され、初め五台山に在ったものを百済王が移して安置し、之を新羅王に伝え、それが我が国に献上されたものである。

・三宝はここでは仏法僧をいい仏説の至宝をいう。道は権力で防げるものではないことを太子は陛下に応えられたというのである。

九年（西暦五八〇年、太子九歳）夏六月、瀬津國奏して曰す。

土師連八島というもの有り、歌を唄う声の曲《ふしまわし》が世にも絶《すぐ》れり。夜《よなよな》人有来て相和し歌を争う。音の声は常に非ず。八島之を異《あやし》とし、その許を追ふて尋《もとむる》に住吉の浜に到れり。

天暁《そらあけ》、海に入り往来毎に然り、太子 側に侍りて奏して曰く。是れ斯は熒惑の星ならむ。

天皇 大いに驚き之に問ふて何ぞと謂《おおせら》る。

太子 答へて曰く。

天に五星有って五行を主り、五色を象《かたど》るなり。歳星は色青くして東木を主る。熒惑は色赤くして南火を主る。此の星 降って童子の門に化遊すれば好んで謡歌を作し、未然の事を歌ふは蓋し是の星歟、當に風動を慎むべし、と。

天皇 大いに怖れたまふ。

此月、天皇 大殿に宴を食《なしたま》い、諸王、群卿、宰に随って悉く陪る。大臣の蘇我君、大連の物部君、大威同じく居《たくましう》せり。己にして天皇 太子に問ふて曰く。

両臣 誰か秀れるや、と。

太子 答へて曰く。

蘇我の才は徳に克ち、物部の気は徳に克ち、気の克《つよき》は早く亡び、才の勝る者は遅く亡びむ。共に其の亡ぶことを免れざらむ。

徳を以て才に克ち、気に克てば先公を紹ぎ其の家を永くせむ。灯　消えむとして先を増し、人亡びむとして威を増す。

徳の外に秀ずること有るは須く其の久しからざるを怖るべし。悲しい哉、両家は先公の徳沢も久しからざるに及《いた》れり。

天皇　之を聞きたまいて喟然として喜ばず。

【訳】

九年夏六月、瀬津（摂津）国から使者が来て天皇に奏上した。「土師連の八島という者は世にも勝れた唄歌いなのですが、夜な夜な人が来て競って歌う声がし、その声が尋常ではないので八島は訝って声の主を求め辿っていくと住吉の浜に出ました。その主はいつも暁を待って海へ入っていくのです」と。天皇は大いに驚かれ、その謂れを問われた。

側に侍っていた太子は、「天に五星（木火土金水）があって五行を宰どり、五色に表れます。歳星は青く東木を宰どり、熒惑の星は色赤く南火を宰どっています。この星が地に降りて童子の門に形を変えて遊び、好んで謡歌を作り、未然の事を歌うのがまさしくこの星です。慎んで動揺しないことかと存じます。」とお応えした。天皇は大いに怖れられた。

その月、天皇は大殿で宴を催され、諸王と群卿が招かれ家臣たちもそれに従い参じていた。大臣の蘇我氏、大連の物部氏はともに並び立ち、勢い盛んである。天皇は太子に両者のどちらが秀でているかと問われた。

蘇我は才が徳に立ち、物部は気が徳に克っています。気が克つものは早く亡び、才が勝っている者は遅くに亡びます。どちらも亡びることを免れることはできません。徳をもって才に克ち、気に克つならば先代の後を継いで家は永く続きます。灯は消えかかると光を増し、人は亡びの前に勢いが増すものです。徳より他が勝っている時は永くはないことを怖れなければなりません。残念ながら、両家の先代の君の徳ももう長くは持たないということです。

天皇はこれを聞かれると、憂え肩を落とされた。

・この頃漸く仏教が台頭して新旧思想の交代期で物部と蘇我によるその角逐が表立ってきていた。天皇としては政道の上から祭政一極の調和を欠くことになると し、少なからずご憂慮される時だった。そのことで太子にすでに問い、その心眼による答を聞かれ、後のことはすでに推察されていたのであった。

・土師八島は野見宿禰の子孫、大阪河内の道明寺に土師神社という郷社がある。伝によると土師八島の時に宅地に道明寺を建てその名によったが、後に菅原の姓を賜り菅原道真の代に至り、道真が九州に左遷される時、尼としてこの寺にいた姉の覚壽が道真と共に九州に下る際に木像を代わりに寺において行った。それを本尊とし、明治時代の神仏分離により神社となっている。

十年（西暦五八一年、太子十歳）春二月、蝦夷《えみし》数千、発て邉境に寇《あだ》す。

天皇　群臣を召して征討の事を議る。太子　側に侍て耳を竦《そばた》て、群臣の論《あげつら》いを聞く。

天皇　太子に問いたまうに、汝の意は又、如何と。太子　奏して曰く。

小児《われ》、何ぞ國の大事を議するに足らむ。然も今、群臣の議るところは皆衆生を滅《なくす》事のみならむ。人を殺す軍は、治めても後に久しくは持たざらむ。兒《われ》の意《こころ》を以て為すは先ず魁師を召し、重く教喩を加え、その帰する理を与え、加ふるに重禄を賜い、其の貪性を奪って本平《もとのこころ》に復《もど》さ令《しむ》るにあらむ。

夫れ、邉夷の叛くことたるや、三有りて然るなり。王者は正政を緩《おこたり》て夷賊等に高慢なる事、王者法政を過《あやまち》て夷郎を結迫する事、王者の仁政を失って夷民を困窮さする事、この三は万非を生ずなり。

中に似与《にかようこと》を見はること有らむ。見るは善からず。似る者は善に似て是の間に麁《おおまか》、細かにと政家の慮る所を当に其の本を治むべし、と。

天皇 大いに悦びて即ち群臣に勅し、綾糟等を召し、詔りて曰く。惟《いまじ》儞《えみしたち》蝦夷等、大足彦天皇《おおたらしひこのすめらみこと》の世に、明らかに其の罪、其の理を盡し、殺すに合《あたるべきもの》は斬り、赦合者《ゆるすべきもの》は放したまへり。朕は今、彼の例に遵《したがっ》て元悪を誅せむと欲《おも》ふ、と。

是に綾糟等 實に理に中るの理を知って忽然として、怖懼《おそれかしこま》り、乃ち初瀬川に到って尋いで三諸山に面《むかい》て、誓盟《ちかいまつっ》て曰く。

臣等、蝦夷 今より以後は子子孫孫に至るまで清明心を用て天闕に事へ奉らむ。若更《もしまた》、臣等にして誓盟に違はば、天地の諸神及び天皇の霊《みたま》に、臣等の種《あとつぎ》を絶滅させたまへと。

時に祀殿 鳴動し、其の声は魁師《かいすい》の頭に透れり。

【訳】

十年春二月、蝦夷《えみし》数千人が挙兵し辺境に攻めてきた。天皇は群臣を召し、征伐のための軍議を開かれた。太子は側に侍り群臣たちの話合いを聞いていたが、天皇は太子にどのように思うか尋ねられた。

「私は未だ幼く国の大事を議るには至りませんが、今話を聞いていますと、みな相手を殺すことばかり言っています。人を殺す戦のやり方は、その後長くは治まりません。わたしが思いますには、まず首領を召し、しっかりと教誡し、その帰するべき理を説諭し、さらに多くの俸禄を与えることで、その欲を奪い元の平静さを取り戻させるのが良いかと思います。

これは辺境の夷狄《いてき》が叛く原因は三つあるからです。その一つは王者が王政を緩くし夷賊が高慢になること、王者の重過ぎる刑罰に夷が逆らい結集すること、王者の仁政が足らず夷の民が暮らしに困窮すること、この三つは多くのよからぬことを起こします。

そしてこれらは偏見と偽善とを避け、注意深く細やかに対応すべきで、政の根本を熟慮し治めるべきことです。

天皇は大いに悦ばれ、すぐに群卿に命令され蝦夷の首領綾糟《あやかす》を召された。そして教誡を与えられた。

「これ蝦夷たちよ、大足彦天皇《おおたらしひこのすめらみこと》の世に、明らかにその罪、その理を尽くし、殺すに値すべき者は斬り、赦すべき者は放したまえり。われは今、彼の例にしたがって元の悪を責め罰しようと思う。」と。これを聞いた綾糟はその真理を理解し、にわかに怖れ畏まり平伏した。そして初瀬川へ行くと三諸山に向かい、誓いの言葉を奉った。

「臣、蝦夷は今より以後は子々孫々に至るまで清明心を用いて天帝に事え奉ります。もしまた、われらが誓いに違うことがあれば、天地の諸神および天皇の霊《みたま》に、われらの種《あとつぎ》を滅ぼし潰えさせてください。」と。

そのとき祀殿は大きく揺れ、大神の声が首領の胸に透った。

・三十一巻には主魁の死刑決定を伝えるが、太子の献策によって救われたのである。

・蝦夷、今日のアイヌ民族の先祖の古称で、関東、奥羽、北海道地方に居住していた者をいう。名の由来は、夷、狹、戎、毛人、俘囚を宛てエビスと訓み、エミシの転化をエゾと言い、毛人の名称としては越《コシ》、蝦夷《カイ》と言い、佐伯と呼ばれてもいた。コシは日本海方面の住民に呼ばれ、越国の由来ともいわれる。蝦夷は太平洋側に居住した者にいわれ、蝦夷《カイ》はクイとなって今も樺太アイヌをクイという。いずれにしても人種的なものではなく外来人を指して呼びそれが転じた名である。

・太子の政道に対する平凡ならざる神智の兆しをうかがわせる伝である。

・大足彦天皇《おおたらしひこのすめらみこと》＝景行天皇。

・魁師　魁帥のこと。

十有一年（西暦五八二年、太子十一歳）春二月、太子　童子の秀敏を撰び、三十六人を率い、後の園中に逍遥したまふに、皇子《ちちぎみ》も並《とも》に遊びませり。

遂に左右に命じ、左に二人を侍らし、右に二人を侍らし、左に四人を立て、右に四人を立て、二十四人を以て庭前に両陣し、諸童子を使いて共に同じく声を揚げ以て私志を伸ぶるにあるいは戯風《たわむれごと》を以てし、或いは實処《まめごと》を以てし、その語ることに長短あり。

太子榻《こしかけ》に居まして首を仰て聞き、了を侍て答えますに、一々に反復し、一言も堕闕ること無く申返《のべ》し、尋《もとむ》ることに答へ皆くに志を精《あきらか》にす。斯くの如くして数日、童子等皈《もどり》て各父母に告ぐ。

親族之を奇とし、試みに巧難を作て之を申べしむるに、太子亦能く辨じ答ふること。人間の到こないの及ぶところに非ず。

皇子《ちちぎみ》数ば侍に、良《やや》其の辞を聞きまつるに、多くの不解《とけざること》有って遂に皈《もどり》て妃に謂ふて曰く。

吾児は殆ど聖人に非ざるか測る可らず。諸童子等の力比ぶること能わず。弓石の戯諍《たわむれあらそい》も類を得ず。

軽く飛び上がれば数十の虚中に在ること雲気の如し。疾走《とくばし》ること雷電の如く、前に在るかとおもへば忽焉《こつえん》として、後に在り。身体の香《かんばし》さも尋常に非ず。沐浴の余の湯にも薫りあり、人衣一《ひとたび》著れば数日は滅《きえ》ず。

【訳】

十一年春二月、太子は秀でて敏い童子を三十六人選び、率いて宮中内の園を散歩された。そして、左に二人、右に二人を侍らせ、左に四人を立て、右に四人を立て、二十四人を庭前に両陣に配置して、諸童子に共に同時に声を揚げ、私志を伸べさせた。あるいは戯れ言でもあるいは実話でも長短あって、大声で語らせた。

太子は腰かけにおられ、首を上へ向けて聞かれていた。皆が言い終わると、一人一人に反復し一言も言い漏らすことなく述べられ、また求めには堪えられ皆の志を明らかにされた。そのようなことがあって数日、童子等が家に戻り父母にこのことを告げた。

親族たちはこれを不思議と思い、複雑で難しい話にして太子に申し述べてみたところ、太子はまたよくそれに応じ答えられた。人間離れした才であった。

父皇子はしばらくしてこの話を聞き及ばれ理解しがたく、遂に妃に言われた。「吾が子は殆ど聖人ではないか理解しがたい。他の子とその能力を比べようがないほどだ。弓石の遊びにしても同じだ。軽く飛び上がれば虚空へ昇り、走れば雷電のよう、前にいるかと思えばたちまち後にいる。身体の芳しさも尋常ではなく美しい。沐浴ののちの湯にも残り香があり、衣も一度きれば移り香が数日は消えない」と。

・太子十一歳の一日の遊びに寄せ、三十六童子の数に、太子を観世音菩薩の化身と誨られる項である。

十有二年（西暦五八三、太子十二歳）秋七月。詔の召きに依りて百済の賢者、火葦北《ひのあしきた》の日羅は我朝の使、黄蕨の海部羽島に従いて来朝せり。此の人は勇の計あって身に光有ること火焔の如くば、天皇悦んで詔を下し、畔上目臣、物部贄子大連、大伴糠手子連を遣わし、日羅に國の政を問わしめ玉ふ。

太子　其の異人《ただびとならざる》を知りて密かに皇太子に諮り、之に御《よりつく》に微服して諸童子に従いて館に入て見《ながめいま》せり。

日羅は牀《こしかけ》に在て四観者《よものながめびと》を望《はるかにみわた》し、太子を指し曰く。那《いずく》の童なるや、是れ神人ならむ。

時に太子、儀《よそおい》を改め出ずるに、日羅　迎ふるに再拝し、両段《ふたきだざがり》て地に跪《ひざまず》き、掌を合わせ白して曰く。

救世の観世音に敬礼しまつる。東方に伝燈せむ栗散《そくさん》王の太子に容《かたち》を修えて磬折《うやうやし》く謝す、と。

日羅　尋《かさね》て身光を放つこと宛《さなが》ら熾火の炎の如く、也《また》太子も亦、光を放ち玉ふこと日の枝を輝すが如し。

太子　日羅に謂ふて曰く。惜しむべし。子の命《いまじ》の尽きむこと、悲哉。非命　横害も聖人にして尚更《なおまた》免れざらむ、とは。

清談　夕に終るも人は解することを得ざりき。明日に宮に還《もどりたま》へり。冬十有二月の晦の夕、新羅人達卒の日羅を殺せり、と。更に蘇生《よみがえり》て曰く、是、我が駆使の奴等の所為《しわざ》なり。新羅に非ざるなり。

太子　乍《たちま》ち聞きて左右に謂ふて曰く。日羅は神人なり。児《われ》昔、西国に在りし時、彼は我が伴侶為りしなり。昔の徳《いきおい》常に身を照らすこと是の如し。光明を放つも冤仇《うらみ》は離れず、命を断って賽に生を之に捨てて後は必ず上天《たかあまはら》に生まれむ。

【訳】

欽明天皇は新羅の無法な行いで任那を滅ぼされたことを大いに遺憾とされ、再興をと企て玉ふも果せず崩御されたことに続き、敏達天皇に代り又ご苦慮されてのことである。

密かに太子の神知に頼りご下問されると、苟も「大事をはかるに賢才の良知を得る」とのことだが叶わなかった。「百済にその人在りときく日羅こその人たるべし」

との献策を、紀伊國造押勝と海部直羽島の二人を使いとして百済国に交渉されたが、日本に派遣することを惜しみ、承知を得られなかったのである。そして十二年十月のことである。天皇は納得されず再度、羽島を使者として来朝を命じられた。その時の百済王は威徳王であり、天皇の勅に違うことを怖れて従った。

来朝した日羅は火葦北國の国造　刑部靫部阿利斯登《おさかべゆきべありしと》の子というが二国の血を引いた者であろうか。日羅は勇気があり知略に勝れた人物であったので、天皇はとても悦ばれた。畔上目臣、物部贄子大連、大伴糠手子連を館に遣わされ、日羅に政を問うよう詔された。

太子はこの人が　異　人《ただびとならざるひと》　だとを知り、近づくために父皇子に相談し、童らを率い館へ出向き眺めていた。日羅は四方に集まった人を見渡し、離れたところにいる太子を指さし、どこの童だろうか、この人は神人であると言った。

太子は改めて威儀を正し日羅と面会された。日羅はこしかけから床に降りて跪き両手を合わせ、救世観世音に敬礼しまつると太子を再拝した。仏教を東方日本國に伝え広める法王に、容姿を整えて深々とお礼申し上げます、と言った。

さらに日羅は身体から火焔の炎のように光を放ち周囲を照らした。太子もまた太陽の光が木の枝を照らし輝かせるように光を放った。

太子が言われた。「惜しいことよ、あなたの命がつきてしまうことが。悲しいかな。

命を奪う災いに遭うことを聖人であっても免れることはできないとは」と。二人の高尚な話し合いは夜まで続いたが、周囲の人には何のことを話しているのか理解することはできなかった。

その冬十二月三十日の夜、日羅は太子の言葉通り新羅人達卒に暗殺された。だが日羅は息を吹き返し「これは自分の使っている奴の為業で新羅人のせいではありません。」と言い終え亡くなった。事件がすぐに太子に伝わると左右の者に言われた。「日羅は神人である。昔、私が西国に在った時、彼は私の仲間であった。昔も徳高く常に身を輝かせ光明を放っていたが、恨みは離れず命を捨てて償ったのだ。この後は必ず上天に生まれるだろう。」と。

・大伴糠手子連《おおとものあらてこのむらじ》や阿倍目臣《あべのめのおみ》、また物部贄子連などの重臣が接待した。その立場を重んじ優遇し畔戸の桑市に館を構えさせたことは第三十一巻に委細を伝えている。

・この項は「聖人は聖人を知る」を如実に伝えたものであり、太子が「惜しむべし。子《いまじ》の命の尽きむこと、悲哉。」と、嫌がる日羅を無理に招き横難に遭うことを事前に言い切っていることは常識的には解し難くも、太子の聖人たる所以であり注視すべきことだろう。

・東方に燈火される栗散王《そくさんおう》は、東方の国日本に仏教を伝える法王、栗散は島国日本を指す。日羅のこの予言通り、太子はこの後、神道に儒仏を加え三法を立てる。
・折磬は折も磬もオルことをいい腰を屈める意味で、その容姿の形容したもの。
・賽《さい》は神から受けた福に感謝してまつることをいう。

十有三年（西暦五八四、太子十三歳）秋九月、百済王が使いを遣わし調貢をし奉るに弥勒の石像を貢上《たてまつれ》り。

蘇我大臣、之を拝し、仰ぎ信ずるに至誠を而て奉り。奏聞して其の石像を請い、遂《すすん》で勅許を蒙り、守るに我が宅に入《おさめい》れ並《また》、播磨國於り高麗の僧恵便の還俗を覓《もと》め得て及《ここ》に以て師と為し、更《またみたり》三の尼を度（出家）し、宅の東に仏殿を営み、弥勒の石像を安置《おきまつり》し。

三の尼を請い屈《したがわしめ》て、大齊会《だいさいえ》を設く。

時司馬達、齊食の上に仏舎利を得り。是に依て大臣と司馬達等は深く仏法を信じ、修得を懈《おこたら》ざりしと云ふ。

是に太子時々大臣の寺に微行《しのびゆき》され散花供養し玉ふ。時に大臣に語りて曰く。

仏法には三諦（空・仮・中）あり。真諦、俗諦、中諦となり。真諦は出世の度《すくい》を修《おこな》い、俗諦は世間の度いを修い、中諦は成仏の度を修ふ。

爰に迷いと悟と有り。三諦の圓《まる》く備わるを之を悟りと名《いう》なり。唯、俗諦の五心、四恩を知りて未だ真諦の一極、空絶、生死の出離を不知、唯、真諦、寂滅の出離を知りて人間の五常、五倫を修めても菩薩の道を輔《たすけ》ざるは共に是れ迷いなり。

何を以ての故に然るか。

菩薩の道は常に人中に在りて君子の徳を修《おこな》い、而《これ》は真空滅度の道に達するなり。二諦は一に入《まじ》はりて六度を成す故に之を得る者は誠に希有なり。今の大臣は仏像に信するも其の序縁の方便なる而巳。

【訳】

十三年秋九月、百済の聖明王と加羅王と安羅の三人が日本に使者を遣わし、高麗と新羅の通謀によって危ういので援兵を求めて来た。又、その十月には釈迦仏の金像一躯、幡蓋若干、経論若干を西部姫氏《さいほうきし》、達卒奴利《だつそつのぬり》及び斯致契《しちけい》に持たせて仏法を伝えられた年である。

百済王は弥勒の石像を貢ぎ、蘇我大臣がこれを拝し信仰すると表《ふみ》にして奏聞した。そして石像を請い、ついに勅許を得て蘇我家の邸宅に納めた。また、播磨国において高麗の僧恵便が還俗するのを覓めて師と為し、仏殿を邸宅の東に営み、弥勒の石像を安置した。三人の尼に請い、大齊会を設けた。その時、司馬達が仏舎利を齊食の上に得たことで、大臣と司馬達が仏法に信仰深くして懈《おこた》らざる結果であるとされた。

太子は時折、お忍びで大臣の寺を訪ねられ散華供養をされていたが、ある日、大臣に曰われた。

「仏法には三諦と称するものがある。真諦（空）、俗諦（仮）、中諦がこれである。真諦は出世の度を修め、俗諦は世間の度を修し、中諦は成仏の度を修する。そしてここに迷悟がある。三諦がすべて備われば悟りとなる。唯、俗諦の五心四恩を知って未だ真諦の一極空絶、生死を出離することを知らず、僅かに真諦寂滅の出離のみを知り、人間の五常五倫を修めて、菩薩の道を輔けなければ共に迷いである。なぜならば菩薩の道は常に人の世にあり君子の徳を修め、真空滅度の道に達し、二諦一となって六度（布施、持戒、忍辱、精進、禅定、智恵）を成すが、これをなし得る者は希有である。いま大臣は仏像を信じ拝しているけれども、それは仏道修行の入り口の方便に触れたに過ぎない。」

・大齊会は釈迦の説法の会座の意、その齊食の本格的なものをいう。この時から五十年前の梁の武帝が僧俗五万人を集めて大齊会を行われ、水陸に別け盛大に執り行ったことに学んだものと考えられるが、その後神護景雲元年（七〇七年）一月八日から七日に亘り大極殿に設けられたことが伝えられている。主催者はその心の高慢、悋惜せず貴賤を問わず、三宝に供養布施する檀那となることにあると言われる。当時の蘇我大臣としては、その例を外国の王に採ったもので巨財を投じての大法要であったのだろう。並々ならぬ発心において建立される初めての寺である。それを注目されたのは太子であり、お忍びで献花供養されたのだ。

三月太子　天皇に奏して曰く。
高麗の学習は異人なり。儒を能《よくする》なり。庶幾《こいねがわ》くば師を拝《めし》て西儒を学ばむ。
天皇　勅て曰く。
汝は生まれ乍らの知《さとりびと》にて皆《ことごと》く解るに何ぞ更に学ぶ所が有らむ。
太子　復奏して曰く。
太子《うじのたいし》は至賢にして尚王仁に学び玉へり。況んや愚童は凡《ただびと》に於いてや、西儒の厥の基は黄帝、帝禹の眞人が道を伝へ、周公、孔子の道を弘むるに何ぞ学ばずして得べけむや。其の敏を頼で師に学ばざるは是れ三法の愚人、又、聖賢の罪人ならむ。
天皇　之を然りとし、遂に命じて之を許し玉へり。
太子　大いに悦んで、学習を宮に拝《め》し、師として学習し玉ふ。
此の月、太子又奏して中臣《なかとみの》御食子《みけこ》を拝し学習し玉ふ。
御食子は又、是れ異人ならざる人なり。拝《めし》て吾儒を格《ただし》ませり。已にして太子　御食子に告げて曰く。

寡人《われ》　汝の祖を思ふに天特梁神《あまつこやねのかみ》は能く天孫に事え、天種子神又、天皇に事え、代々忠信して今に迄《いた》り一世も不忠のもの無し。汝又、至賢にして子孫亦然り。故に吾汝を美《たたえ》む、と。

夏五月、太子　博士を召し、儒を論《あげつら》はむと欲《おぼ》すも、大連守屋　聴かず。之に依って遂に休《よく》せず。


【訳】


太子は十三歳の三月になり敏達天皇に、今度即ち四年四月高麗の遺人に伴われ来朝した博士学哿は西儒に造詣深い異《ただものならざる》人物でありますので、これを召して西国の聖人の道を学んでみたいのです、とその勅許を乞うのだった。

天皇は、汝はすでに何でも理解しているのに今更に学びたいとは何故かと太子にご下問された。

太子は「碩学右に出ることのなき応神天皇皇太子の禹道《うじの》太子ですら師と拝し王仁博士に学ばれました、ましてや愚童風《わたくしごときふぜい》はいうまでもありません。若しその大聖たる三皇軒轅《けんえん》という黄帝に基づく道の学に、夏王の始祖たる禹王の如き眞人、続く周公、孔子の聖人によって広め伝えられたものを学ぶに、己の敏を頼んで師に学ばずは、耳、口、目の三法の愚人、その不遜は聖賢の罪人となります」と応えられ、天皇もその非凡な志に納得され。これを許された。

太子は大いに悦ばれ学笥を宮へ呼び、師としてさらに学ばれた。

この月、また太子は奏上し、中臣御食子はただびとならざる者であるとし、これに吾が国の東儒をあらためて学ばれた。そして御食子に告げて曰われた。

わたしはあなたの先祖について思うに、天孫に事えた天特梁神《あまつこやねのかみ》に始まり、先皇に事えた天種子神から代々、天皇に忠信し今世まで不忠なく事えてきた。あなたも賢人であり子孫もまた当然そうであろう。わたしはその美きことを賞め称えたい、と。

夏五月に太子は学笥を招き儒の講義を行おうとされたが、大連物部守屋の反対がありやむなく中止された。

・天物梁命は天照大神に三公神として宗源神道を継承する相伝神であり、天孫瓊瓊杵尊以来百七十万余年神武天皇に至り、天押雲命、天種子命と嫡伝されて今日まで相伝し、その不忠のことが無いことを知って、それを称賛されての思し召しであった。

六月、太子は密かに天皇に奏し、大臣馬子と与に議りて島の亭に、博士等を集め、儒宗の教位を論《あげつら》はしむ。

鞍作福利を通《つうやく》と為す。

顔淵を謂いて亜聖と為し、孟軻を謂て大賢と為し、老子を謂て異端と為し、釈迦を謂て狂邪と為し、列氏を謂て寓言と為し、渕明を謂て迷吟と為し、諸仙を謂て幻怪と為し、諸天を謂て理物と為し、神祇を謂て気霊と為し、鬼魂を謂て散滅と為し、瞖筮を謂て利売と為し、詩賦を謂て戯語と為し、地獄を謂て造拵と為し、輪廻を謂て変化と為す。

太子、問い曰く。

汝等は孰《だれ》に学びしや、と。

博士等の白すに、臣《われ》等の祖の梁に学び得たり。頃《このごろ》は陳に得たり、と。

太子　喟然として歎いて曰く。

悲哉、聖学も已に亡びたるか。今の儒は邪儒なる爾《のみ》。

已《すでにし》て大臣、其の僻見なるを聞いて、儒学を廃せむと欲するに、太子、大臣に謂ふて曰く。

大公、怒《いかること》勿れ。公意は仏《ほとけのみむね》に在らむ。人には好き、嫌い有って怨憎有らむも皆これ私《わたくしなるのみ》耳。

私念の解脱、心状大虚、大風吹き通るに當滞《またとどこおる》所無し。

不然《しかずむば》公心に非ず。大公にして公心に非ずんば何を以てか皇政を相《たす》け得む。若し皇政を不相ば即ち、是れ官盗耳。

寡人《われ》の嘆所《うれうるところ》は仏に非ず、是れ唯、儒に在るなり。以所は何。仏法は百機に應じる故に品々皆入り、智者深理を聞いて信解し、愚者は浅理を聞いて信仰し、鬼神も之を信じ修業を請く。

天公は之に信し、風雨順ふ故に其れ日に昌《さか》え長じ普く中邊に満つ。之に依て僧等は檀信の當に伐《ほこっ》て終《つ》い正解を失い、眞行を破る。

傍らに僧者有って非を求め之を非《そし》る。或は是に怒り、或は是に恐れ、学に勤め行いを慎み、久しき法灯に挑み、遠《はるか》に仏日を照し、爰に至って仏を興すなり。儒の謗りは還って護と成らむ。

儒宗は元来、吾が神を不肯《がえんぜず》。人を等しく信じず。剰《あまつさ》え、誹謗し悪《にく》む。神祇之を罰し民人之を捨つ。其の徒の多くは災いを蒙る。彼又、安きに在ること少なし。故に日に衰へ遂に絶えむ。或は希れに不絶有らむも、教へ有って修《おこない》無し。世に益有ること無し。

大臣、之を聞いて同じく儒宗に嘆かれ終に之を廃《やめ》ることを休む。

【訳】

六月、太子は密かに天皇に奏上し、蘇我大臣と学哿等を蘇我邸に集め儒宗代々の教えについて議論させた。通訳に鞍作福利を用いた。東洋西哲の儒学は当時すでに合理的な観念に偏り、人格向上のための学問すなわち行為学から乖離しつつあった。太子はその堕落ぶりに呆れられ慨嘆されたことを記している。

顔淵は孔子の弟子十哲の首位にあげられる人で、顔回と別称され陋巷《ろうこう》に窮居して道の実践に甘受して、天命に不平なく楽しむ禁欲勉学に徹した人生を全うし、徳行随一と謳われ三十二歳で亡くなった人である。そのことを聖人に次ぐ聖人即ち亜聖という。また孟軻（孟子）は中国戦国時代の学者で性善説を唱え、孔子の道統を孫の子思に啓発された王道主義であった。諸国を遊説したが遂に容れられることなく孟子七編を世に遺した聖哲であるものを、大賢《おおいにすぐれたるひと》と皮相的な評価で論じた。さらに道家の祖である大哲老子を異端といい、大覚の救世主である釈迦を狂気の邪宗という者、列子を寓言、淵明を迷吟と評し、諸仙を幻怪とし諸天を理物、神祇を気霊、鬼魂を散滅と為し、また医筮を利売といい、詩賦を戯語、地獄を拵え事と否定し、輪廻を変化という等々、それぞれ勝手に妄言を言い立てていた。

太子が「汝等はどこで学ばれたのか」と問われると博士等は交互に「我らの先祖は梁に学び、後に陳に学んだ」と答えた。太子は深くため息をついて言われた。

「悲しい哉。聖学はすでに亡びたということか。今の儒は邪儒というほかない。これらの僻見を聞き儒学を廃しようと考える大臣に対して言われた。

大臣怒ること勿れ。大臣の意は仏にあり、人にはそれぞれ好き嫌い、怨憎があるがそれは私事である。自己の思いに執着せず解き放てば心は大虚となり風通しがよくなり拘りがなくなるものだ。そういう心持ちでなくては公に勤める者の心とはいえない。公心なくして皇政を補佐することはできないではないか。そうであれば官盗（謀反）となる。私が嘆き憂えているのは仏ではなくこの儒教のことである。仏法はこの世のすべてに応じ、あらゆる階層のそれぞれの立場において機会を与え、それぞれにふさわしい信仰を得ることができる。天の神はこれに応じて風雨を順当にし豊かな恵みを人々に与える。檀徒が豊かになると、あやかる僧等は富を得て目的を見失い破戒となる。しかし傍らに儒者がいればその非を責めるであろう。僧はあるいは怒り、あるいは恐れ省みて学に勤め行いを慎み、長く法灯を掲げ仏法を伝えようとする。そうして仏法が盛んになる。

儒宗は元々わが国の神を認めず、人の言葉を受け入れず誹謗した。わが神祇はこれを罰し人々もこれを廃した。儒宗に従った者の多くは災いに遭い安穏な者は少ない。ゆえに次第に衰退し、いずれ絶えてしまうだろう。たとえ残ったにしても教えだけあり修行するものはいない。よって世の中に役立つとはいえない。大臣は太子の言葉を聞き現在《いま》の儒宗を嘆くと、終にこれを廃することを止めた。

・列子は先秦時代の道家の哲人。長き窮居研鑽の功を玄宗皇帝に知られ沖虚眞人と称された。老子の清虚無為説を説くために寓言を以てされたもので、寓言そのものではなく方便を以て道教を説いた。その本質をよく知らずに枝葉末節、近視眼的な批評に太子はたいそう嘆かれた。

この時、太子は学哿を宮へ召して告訓《おしえ》て曰《のたまわ》く。

汝、霊敏なる故にこそ拝して師と為せるも又、一世の因に非ざらむ。汝は既に宿命を失へり。之以て外道と同《とも》に、還って大聖を誹《そしる》なる。他は数《しばら》く之を措くとして汝と之《ここ》に獨り論《あげつら》はむ。

顔淵と孔子との品《くべつ》は、陳儒（註・河南順陽郡）の知る所に非ず。孔子の老子に見《まみえ》る年と顔子の不幸にして死《みまかる》年と其の質の優劣と賢は以て孰《いず》れに在らむ。老子の孔子に訓《さとせ》し音《ことば》、孔子の顔子を讃《ほめ》し声《ことば》の其の気の尊卑と質は又、誰にか在らむ。何ぞ之を知《さと》らずして妄りに之を評せむ。

孟子の賢型、豈陳儒の能《よくするところにあら》むや。仁義の雙《ふたつ》と、四端の状、性善の論と養気説、先聖の品と異端の辨、孟子に於いて已に理の尽せるは先聖にして未だ及ばざる所なり。聖に非ずして是れ又、何人ぞ。其の分かるる品《くべつたる》や、孔子は是れ温、孟子は是れ敏なり。

之を以て之を別つは文王の温と周公の敏なるに、誰をか眞聖と為さむ。

風と状と行状とは唯、時に在て未だ賢と聖に在らず。老子の無為は仁義の元なり。應《こたえ》は仁義に在り。若し老子を棄て、別に仁義を執るは是れ、風俗の仁義にして聖人の仁義には非ざらむ。

若し、神仙為るの道と黄帝、帝舜を以て亦、異端と為与、孔子は龍と称《あが》めて師事も道を受けり。師にして異端と為《なさ》むか弟子也如何《これいかん》。汝、孔子為《たらば》、奈《いか》む。

釈迦は人間の倫《ともがら》に非ず。神仙の類に出づるものにして評を絶つ。孔子、周公を謂うて人《ひとのみち》に背かず、老子は天帝に伏《したが》って天に背かず。

釈迦は天帝、地后に皆事《つかえ》て仏に背かず。譬へば孔老は鑫鎏《きんりゅう》、銀錂《ぎんりょう》にして、釈迦は夜炎の如し。

鑫鎏は宝と為り、是れ人間に任さるも、夜炎（夜光）は宝為るも未だ人間の任《まま》ならず。任ならずと雖も之を得る則は鎏錂《りゅうりょう》中に在り。

汝、老孔に依て釈迦を狂と為せしは譬えば人の子の鑫銀の宝を知って夜光を知らざるが如し。知らざる者は其れ人の愚にして、夜光は宝に非ずと為《する》に非ず。

列子の眞は能く神仙に入る。神仙の明智は能く言物を知る故に虚言有ること無し。

之を推して寓《かこつけ》と為すは是れ己の偽に術《ならっ》て眞人を汚し、又天、荘子が自ら称して理に託す寓御と同じからず。

顔明は近《ちかごろ》の人なり。賢に近しと雖も而仏に不克《かてざること》を知り能く慧遠を伴って、蓮社念仏を知る故に汝と異るを智と為さむ。汝は是を愚なる迷いと為《なせ》り。

陶は是れ智なり。諸仙は五通を具《ともなっ》て眼に遠《はるか》を視て明暗壁屏に障り無く、耳に聞くこと微にして藐《とおき》を尽くし、身は気に乗って天に之《ゆ》き、磐石《いわ》を瓏《とお》して地に如《したが》い、宿《ほし》を記《おぼえ》て未然を知《さと》り、天帝に謁《まみえ》て月宮に入る。

汝の聖と称《あが》めて尊伏するは簾内《みすのうち》には不見《みえず》。日の後を不知。不見。不知者を以て其の能く所《され》、修め所《らる》る事の其を能く見、能く知るは成し得るを不能《あたえず》乎。益無き言は不取可し。劣る言は怪と成す不可。天帝、天神は常に天宮に居《まし》て、天卒に事へ奉り。恒に天政を為すは眞人の見る所、賢典の記す所なり。

汝は凡夫にして眼に視ること能わず。身に届《いた》ること能わざるを以て推して唯、理と為す不能を以て汝は我が佞なり。人は神祇の種有り。星辰と降ること有り。山川に化有りて人霊と成ること有り。物魂に現はる事有り。天地に齊《ひとし》く在るも時の変化に非ざらむ。孔子にして尚不測《はかられざる》なるを陳儒、何ぞ輒《たやす》く測《はかられん》や。

有情の鬼魂は一生に聚って一死に散るに非ず。其の始めも其の終わりも神仙にして未だ能く之を知る能はず。故に聖人は之を不云《いわざる》なり。末代の凡夫は短慮浅智にして冥みに泥《なじ》み、遠きに倦《あき》て作すに聚散と議り押して限極を立つるなり。其を利売と道《い》ふ汝、何ぞ之を免《ゆる》されむ。醫は薬に依て存し、筮は占に依て存す。此の依存を以て汝は之を売《うる》と名《いう》なり。

儒は講に依て存す。其の薬に依ると、占に依ると又、其の講に依ると共に存するは其は依ると存《ある》ならむ、売るの理は皆《いずれ》も同じなり。

醫は療治を布《ほどこ》し、病を避け安《やすらぎ》を売るならむ。筮は吉凶を暁《あきら》かにし、禍を避け、福を売るならむ。売《うる》は罪無く、買ふ者に得有り。

汝は終日、空言を売るも売るに徳を無《なみ》し、買ふに道を無《なみ》せむ。

醫筮は汝を徴《せむ》可し。汝は之を呵《しか》る可らず。詩賦は是れ情為り。理教に非ず。理に非ざるを以て是を戯論《けろん》と為《なせ》り。聖人の理教は其れ、何事を要《なかみ》とせむ。唯、情に克《かたん》のみ。

周公は詩を編し、孔子は詩を撰べり。聖人何ぞ為《これ》、虚妄の罪を作《おこ》さむ。詩風は古今なり。今の状は古に非ず、諸《すべて》は時を異にして成るなり。

情は即ち、元《はじめ》は一《おなじ》なり。地獄は仏の説なるも唯に仏説に非ず。吾が神祇は之を知て、説くに以て底根《そこつね》と謂ふ。汝の聖人も之を知て、亦説いて黄泉と示《おし》えたり。聖人、鬼神何ぞ虚言を為《なさ》むや。

世尊は覚王なり。欺邪有ること無し。加之《しかのみならず》汝の典に天府、冥府、と其の記《しるすこと》多端《ここだく》なり。

輪廻は仏の説なり。何ぞ唯に仏説ならむ。此死《これはまかる》、彼生《かはうまれ》、彼は没、此《こち》は産、旧跡勝《あげ》て計る可らず。

汝の是れ学ぶ人、當に史法を知って偽物を書かざるべし。之を知るは乃ち自らに在り。之を毀すも又、自らに在らむ。愚昧に非ざる為に又夫、何哉。学哿は即《よっ》て十界を了《さと》り、歓喜して涙を流し、退出せり。

【訳】

そしてこの時、太子は学哿を宮へ呼び寄せ、いましめ教えられた。

あなたは感性鋭く敏い人だからこそわが師として迎え側にいてもらったのだが、これは今現在だけのことが理由ではない。あなたはすでに宿命を失い他の外道と一緒に大聖を誹った。他の者のことはさておき、あなたとはこのことを論じよう。

顔淵と孔子の区別は陳儒に解ることではない。孔子が老子を訪ね会見した年と、顔子が不幸にして死んだ年とを比べ、その質の優劣、賢さはいずれにあるか。また、老子が孔子に対し訓した言葉と、孔子が顔子を讃えた声とを比べ、その持つ気の尊卑と賢さはどちらにあるか。これを解らずして妄りにこれを批評し得るのか。孟子の賢聖、陳儒が及ぶ域ではない。仁義の二つと四隅の状、性善説と養気説、先聖の品と異端の弁、孟子が理の尽し説いたのは先聖が成し得なかった新たなことについてである。これが聖でないなら何と呼べばいいのか。はっきりした違いは孔子は温かく、孟子は敏き人であることだ。この違いでいえば文王の温と周公の敏であり、では誰を眞の聖と為すというのか。

風状と行状とはただ時にあり、未だ賢と聖にあるのではない。老子の無為は仁義の元である。答えは仁義にある。もし老子（無為）を棄て別に仁義を執るなら、それは凡俗のいう仁義であり聖人の教える仁義ではない。もし神仙の道として黄帝、帝舜を異端というなら、孔子は龍と称えて師事し道を受けたのであるから、師が異端ならば弟子もまた異端となる。ならば、あなたは孔子を如何に見るか。

釈迦は人間の類ではなく神仙の域をも超越し、人が評価できる存在ではない。孔子は周公を想い人の道に背かず、老子は天帝に順い天に背かず、釈迦は天帝地后にみな事えて仏に背かない。孔老は譬えば金鎏《きんりゅう》、銀鋑《ぎんりょう》であり、釈迦は夜光のようである。鎏鋑《りゅうりょう》は宝となり人が手にすることができるが、夜光は宝だが人が手に入れられない。その宝を手に入れたならば、その中に鎏鋑は在る。

あなたは孔老に依り釈迦を狂と言うが、これは譬えば人が金銀を宝と知り、夜光を知らないということだ。知らないのはその人が愚かだからであり、夜光が宝ではないということではない。

列子の眞は神仙に通じる。神仙の明智はよく物事を知っているのでそこに虚言は無い。これを思い込みで寓《かこつけ》とするのは自分が偽の術を騙り眞人を汚すことだ。また荘子が自ら称して理に託す寓御と同じではない。

淵明は近ごろの人である。賢に近いといえども仏に克てないのを知り、よく慧遠を伴って蓮社念仏を知るゆえに、あなたは自分と異なるのでこれを智と認めず愚なる迷いとした。陶は智者である。諸仙は五通を具え遠きを視ることができ明暗僻屛を障害とせず、耳は小さな微かな音も聞き、身は気に乗り天に行き、磐石を透り地を行き、星を読み未然を覚り、天帝に謁え日宮に入る。

あなたが聖と崇めるのは御簾の内には見えない。日の後を知らず、見えず。知らない者がよく見えよく修められた事を己も成し得ようとしても、それはできない。

益無き言葉は取らず、劣る言葉は怪しきとしないことだ。天帝、天神は常に天宮に坐して天卒に事へ奉り。恒に天政を為す。眞人が見るところ、賢典に記述されたことは、凡夫であるあなたは見ることはできない。我が能力が及ばないからといって推測の思いつきで、それらのことを理と言う。あなたは我が佷である。人に神祇の種がある。星辰と降ることが有り、山川として成り、人霊と成ることもある。物魂に現れることもあり、天地に齊《ひとし》く在るが、時の変化とは異なる。孔子でさえこのことを測ることを慎んだものを、陳儒が何をたやすくはかれようか。

有情の鬼魂は一生に聚り一死に散るのではない。その始めと終わりは未だ神仙でも知ることはできない。ゆえに聖人はこのことを言わない。末代の凡夫は短慮と浅智恵で死後の世界を想像し、深く思うことをやめ、推測で生死を決めつけている。

醫筮はこの世の何より大切なことである。一日としてこれを無くしてはならない。それを利売というあなた、それは許されないことだ。醫は薬に依ってあり、筮は占によってある。この依存をあなたは売と名づけた。儒は講に依りてある。その薬に依ると、占に依ると、また講に依ると共に存るのはそれは依と存である。売るの理はいずれも同じなり。

醫は療治を施し、病を避け安らぎを売るのである。筮は吉凶を明らかにして禍を避け、福を売るのである。売るに罪はなく、買う者に得がある。あなたは終日、空言を売るも徳を無くし、買うも道を無くした。醫筮はあなたを責めてよいが、あなたはこれを呵《せ》めてはいけない。

詩賦は情である。理教ではない。理ではないから戯論とした。聖人の理教は何をもって要とするか、ただ情に克つのみとなる。周公は詩を編し、孔子は詩を撰んだ。聖人が嘘偽りの罪を犯したというのか。詩風は古今である。今のありさまは古ではない。すべては時とともに異なる。

情はすなわち、はじめは同じである。地獄は仏の説であるがそればかりではない。わが神祇はこれを知り底根と説いた。儒の聖人もこれを知りまた説いて黄泉と教えた。聖人、鬼神がどうして虚言を為すものか。

世尊は覚王であり、欺邪があることなし。それだけでなく、あなたの経典に天府、冥府と記されたところは多くある。

輪廻は仏の説である。ただ仏説のみではなく、ここに死に、彼の地に生まれ、彼に没し、ここに産まれる。あちこち旧き跡をとり上げ、こだわるものではない。

あなたは学ぶ人である。当に史法に偽りの事を書いてはならないことを知らなければならない。これを知り守るは自らの生き方であり、破るもまた自らの内にある。愚かではなく生きるにはいかにするか。学哿、始めて十界を理解し、歓喜し、涙を流しつつ退出した。
・太子は礼を尽くして師学哿に真理を説き、偽りと偏見の儒を格された。これ以降、終始側近として事えた学哿が、この時初めて迷いと悟りの世界を知り、聖人、そして弟子の区別があることを知った。太子の言葉を最もよく知る一人となった。
・慧遠は東晋の僧、廬山の東林寺に住み賢士劉遺民、宋炳、雷次宗等を招き、社を結び西方の浄業を修し、北院に白蓮を植えた。
・此の年、蘇我馬子大臣は石川宅に仏殿を造った。

十有四年（西暦五八五、太子十四歳）春二月。蘇我大臣は舎利を信じ、塔を大野嶽の北に起つ。衆を集め大いに齋会を設けり。

太子　儀《よそおい》を備《ととの》え臨で之に観《みそなわ》す。心柱を立つるに及で、合掌三拝し、左右に謂《のたまい》て曰ふ。

是、此の卒塔婆は仏舎利の器なり。舎利を不置《あんちせざる》ば塔を為《つくること》を得ず。釈迦如来の滅度の後、砕骨の舎利に感應而《し》出でしものにして、是れ即ち、如来の外家を加《ふやす》なり。聖人豈ぞ遠ざけむや。大臣にして、舎利を不能《あたわざる》ば此の塔は益を取るを不知《しらざらむ》、と。

大臣、之を聞《うけたまわ》り、舎利に感ぜんことを謀り、三七日の後、齋会の上に舎利一枚を得たり。大きさは胡麻子《ごまだね》の如く、其の色は紅白にして紫光、四《よも》に周《あまねくひか》る。

大臣は試みむと欲《おも》いしに、太子、誨えて曰く。

舎利は不思議なり。水に浮かべるに沈まず、半分穿而居《はんぶんうがってもとどま》り、鍛撃《ねりうつ》も砕けずに弥《いよい》よ妙なる輝きを吐《はなつ》なり。

馬子宿禰は試みに舎利を以て鉄鑽《かなとこ》の中に置いて鉄鎚を振るい打つに其の鑽と鎚《つち》とは悉く摧壊《さいかい》被《さ》れ而《しか》も舎利は摧毀《さいき》せず。

大臣は瑠璃の壺に納め、旦夕至心《あさゆうまごころ》で礼拝したり。

舎利は常に壺裏《うち》に旋り其の状は思議し得ず。或は二、三、或は五、六と為るも定まれる数有ること無く、毎夕光を吐《はなつ》なり。

太子は臨向され頭面礼拝され、大臣に謂い曰く。

是は眞形《まことのみすがた》の骨《みほね》の舎利なり、と。

時に大臣、會《もよお》を設し、塔の心柱の下に安《おさめまつ》りしなり。

其の頃、國に疫疾《はやりやまい》有って病民《やむひと》、死民《しぬひと》衆《おびただ》し。物部弓削大連《もののべゆげのおおむらじ》、中臣勝海連等は、表を上《たてまつ》り奏して曰く。

先の天皇從り、陛下に至《およぶ》も疫疾未だ息《やま》ず。人民も絶《たゆ》る可し。良、蘇我臣等の異夷《あだしくに》の仏法を興し行《はやらすこと》に由るべし。

詔《みことのりたまわ》曰く。灼然《しゃくぜんたり》、宜しく仏法を断つべし、と。

太子奏して曰く。

二臣は未だ天為《たかあまはらのなすこと》の理を識《さとら》ず。善《よきこと》を修《おこな》へば福《さち》至り、悪《わるきこと》を行《おこなわ》ば禍の来るは是れ天然の理なり。如来の教へたるや也《また》、神道《かみのみち》の密《うちのみち》なり。之、安《やすらけき》を皇《ひろむる》極《きめて》。時ありて東漸《とうぜん》せるなり。

今の此の國の疫疾たる也、興可《おこすべ》きを興さずに由る歟。妄りに興さざるを興す歟、天意の幽極、人何ぞ軽《かるがる》に知らむ。又、時に変有るは聖人も不免《まぬがれざらん》。

吾國は未だ遠《はるか》の異國を思ふこと有らず。而るに唐水殷旱《とうすいいんかん》の変有り、今の疫疾は徳を以て除きたまう可し。何ぞ更《また》、将《まさ》に興《おこら》むとするの法を滅《なく》し、能く将《まさ》に死《しなむ》とするの命を免れむ耶、と。

諸仏の世尊、其の法微妙にして神中《かみのうち》の覚神《めざめたるかみ》にまし、天中の眞天にます。諸神も之に随《つきたまうもの》にして、敢えて仏と違《たがいたま》はず、豈で神《かみたるもの》之に憤《いきどおりまさん》や。

若し神にして實《まこと》閟《うれえくるしみたま》はば、天《たかあまはら》の興《おこしたまう》には非《あらざら》む。今之を興《おこしたま》うと雖も遂に自ずと亡ぶべし。

若し實の天興《おこし》にして神の呵《せめ》るに非ずば今之を亡《ほろぼしたまわん》と雖も必ず果は自ら興らむ。

神　那ぞ非に負けて制すべきを制せざらむ。

若し神にして非に負けて勝つことを得ざれば悪《いずくん》ぞ聖神と道《いわ》む。天霊《あめのみたま》と為《なさ》ん乎。

二臣《ふたり》は未だ慮有らず。智れる大臣と謂い難し。必ず天の禍《わざわい》を蒙らむ、と。

天皇は、之を然りとされ玉ふも、二臣は聴《ききいれ》ず、尚弥《いよい》よ、怒り曰《もうさ》く。

帝の語《みことば》を定め玉ふべし。何ぞ変《かわります》、何ぞ改《あらためます》や、と。自ら寺に詣り、堂塔を斫《きり》倒し、仏像を破毀し、火を縦《はなち》て之を燔《や》き、焼けざる所の仏像を取て之を浪華の堀江に棄てり。

是れ、百済王の貢《たてまつ》る弥勒の石像尊なり。三の尼、喚び出づるに其の法服を奪い、尋いで海石榴市《つばきいち》の亭に就き、並に促し卒い笞を加え之に辱《はずかし》めり。

是日雲無く而、大風雨《おおあらし》に禁殿悉く焼けたり。太子　皇子《ちちおうじ》に謂《もうしのたまわ》曰く。

悲しい哉、禍は茲に始《はじまら》む。二臣の愚さ為り。私の為に唯己に依て天に依らず又、意に依りて理に依らず。王者の言の定むるは、理を致《きわ》め、事を格《ただ》すなり。若し誤を以て定め為《まさん》か天下の害も即て定まらむ、と。

此の時、始めて微瘡《わずかなかさおこ》発り、死者は國中に充満す。其の瘡を患ふ者は皆《ことごと》く於痛《ああいたし》と言い、焼《やか》るが如く、斫《うたる》るが如し、と。

老少竊《ひそか》に相い謂いて曰く。是れ仏像を焼矣《やきたる》の罪ならむ。

時于《ときに》、大臣　甚だ怒り、怨《うらみはらさんとしたる》　欲　に、太子　訓《さと》し曰く。大臣、恨みたまう勿れ。二《ふたり》の連に敵《てきすること》は也、天皇に敵するなり。礼に非ず、忠に非ず、加之《しかのみならず》　二連は凡《ただびと》に非ず。是れ不思議解脱の菩薩として化《おし》へ布《ほどこさん》而巳。

大臣の弘法は順弘に而《して》弱く、大連の弘法は逆弘にして強し。先帝（欽明）の時、佛《ぶつぞう》を焼《やきたまへ》ど仏は焼《やけ》ず、宮が焼けて仏は悩みませず、民が病めり。

天皇は今、仏《ぶつぞう》を焼《やきたま》ふも仏は焼けず、不病《やまず》。宮は焼け、又、民も病めり。先の験は中国の信。今の験は邊邦の信なり。是れ此は大臣に非ず。皆是れ大連の功ならむ、と。大臣、大いに悅《こころよく》して怒りを解き怨みを休《やめたま》へり。

夏六月 大臣、旧き疾《やまい》に依りて奏し曰す。臣の疾は久しくして癒えず、願くは猶ほ三宝に憑らむ。詔曰く。汝、独り行ふべし。唯餘民《よそのもの》の奉行は断《やめ》て乃《いまじ》の三尼を以て更《また》大臣に付けむ、と。新たに精舎を営み、三の尼が供養す。仏法を始めて立つ。茲自《ここより》、遂に興れり。

是年 天皇 高麗の欺きを悪《にく》み、即て太子に詔し、梵経を譯せし玉へり。太子は詔を奉って夢殿に入《はいりたま》へり。時《このとき》、北方自り一《ひとり》の童子来りて相に語ること三時。太子 筆を取て、楷字を認め、日夜入《ひくる》毎に来りて相に語り、是の如くして三日に心経（註・般若心経）、五日にして四恩経、五善経、三諦経を成《しあ》げ、八日にして得心経と六方礼経を成《しあ》げ、四日にして潤色せり。

此の六経は是れ、高麗より献《たてまつ》られし、梵本経なり。世に眞人《かんつひじり》の徳は誠に測る可らざると謂矣《いうなり》。

此時、中臣勝海大夫　時の風話《うわさばなし》を聞いて、異国《あだしくにのやりかた》を興さむと欲《する》を嘆き而《ここ》に表《ふみ》を上《たてまつ》り諫曰《いさめもう》す。

天皇は皇天の位を紹《つぎまつるもの》、日祚《あまつひつぎ》は神邦《かんくに》の正魂《みたまならむ》。天意は纔かにても理に背きまつる則は天下の道を失《なくしまつら》む。臣、不敏と雖も古實の家に生まれ、今にして熟々《つらつら》風言《うわさ》を聞くに、典言《のりのみことば》に有らざるを発《おこす》とか。異國には孔翁有《まし》て、奸邪を説き衆を惑わし、其の言は空言にして實蹟無く、時を得て國に来るも這の両法を禁せずば神明の威を失い、吾《あがくに》の道は土と成らむ、と。

時《このとき》、太子は座右に陪い坐せり。天皇、勅曰《みことのりたまわ》く。汝　幼稚《おさなし》と雖も生まれながらの才敏得《そなわ》りて世の測るところに非ず。大夫の謂《もうさ》る所の是非は如何。

太子　容《すがた》を正し勅に而《これ》答え曰す。

勝海の白状《もうすことたる》や、誠に切志《せつし》なり。陛下　悪《にくみたまうこと》勿れ。然り斯の如しと雖も、堅情《かたくなにおもうこころ》は小智にして、未だ公天の大命を知《さと》らず。天道《たかあまはらのみち》は、大理《ふとのことわり》を成し廻りて私なく、虚しきことも無く、時有って必ず成るなり。拒むと雖も不得《こばむことをえず》、払うと雖も不矣《なくならざるなり》。

儒、釈に今に来たるは、吾《あがくに》の神祇《かみがみ》を輔くるものなり。吾が霊國《かんくに》を益するなり。時は已に至れり。厥廻《そのめぐりあわせ》の即今《いまなる》も、風智の知らざる所なり。歎《うれうること》も又、其は咎に非ざるなり。小臣《われ》は且《ただ》、一《ひとこと》、二言《ふたこともうすのみ》。

天皇 千万に推知し玉へ。

孔子は實の聖なり。其の言や空言には非ず。若し、今にして證拠を不揚《あげずんば》何を以てか、世の大疑を払はむ。

孔子の訓言《おしえ》は久しく天下に満《あふ》れ、王公、庶人にして信受せざるは無し。辰旦（支那）には仙客（修法の仙人）多く常《ふだん》は下って人間と交わるに、諸仙普く之を見て一言も之を笑はず。其の句に若し非《わるから》ば神仙孰に誡《おも》ねて黙《ゆる》さむ。

諸家には才子又多し。普く赦して一子も撃ず。孔子は無権の人なり。誰に恐れて不非乎《しりぞかざるか》。諸《これ》天の赦したまうに非ざるや。又、万《すべてのひとびと》も尊ぶに非ざるや、其の言は理中の極《きめて》を貫き而以て邊邦《あたりのくにぐに》を牟《おか》さず。人は尊ぶ可しと為す、学ぶべきは言為《そのことば》り。

佛法に又、證拠有り。大天の夢に漢帝に告《おし》え、肇て宸旦に弘《ひろめむ》に、道士は之を拒み、天火道経を焼くも遂に天下に弘通せり。

吾が皇も、佛像を焼いて天雷乍ちに宮を焼けり。宮人は焼けずして自らを焼く。人は像を焼くと雖も不焼《もえざる》なり。異国の神仙も皈伏して諍《あらそわ》ず。吾が朝の神明に帰崇して像を作り、天帝、地后も悉く仏法に帰し、雨を請則《こうとき》は雨を施し、鬼を追う則は鬼を退《はらは》む。

假便《かりに》人間愚蒙にして虚實を辨えず、帰依すると雖も神天、何ぞ迷わされ偽りの法に伏《したがひまさん》や。

仏法は万機に面《むかい》て中者の議に不従《つかざる》なり。其の言の象《すがた》は不一《いちならず》。或は中道の理に位し、或は大過の言状、或は不及の句様《ことばのすがた》、或は偏りし、或は純の意方、或は現成、或は往昔、或は来世、或は生々、或は天内の事、或は天外の事、小智は迷う可しと雖も大智は明らかにして之を崇《あがめ》む。

左右《ともかく》も、人間の測るところに非ず。押して之を信ずる則は、感有《あら》む。加之《しかのみならず》、吾が神明は天帝、皇天なり。方《まさ》に天赦の法を得る則は當に威光を増すべし。若し、天赦の法に中り、或は其の威を損るは乃《これ》邪神と為《なら》む。

勝海　何をか謂わむ。吾が道は天中の大道なり。天赦の法を加え當に理を益すべし。然《かくのごとく》　其法に會い、還って土と成さんとは、又、是れ邪道ならむ。

勝海　何をか謂わむ。未だ彼の知る所に非ず、陛下　用いたまうこと勿れ、と。

是時、博士学哿、法華経を見《しら》べ、謂曰《もうしもう》す。

余《われ》、妙経（註・妙法蓮華経）を聞くに、釈教の頂上と。唯　不測の事有るも更に玄妙の理無し。余《ほか》の千万の経には微妙の理有《そなわ》りて還って頂と為すことは不審なり。何の理か有って然以て之に如《したが》わむ乎。

太子　之を聞《きこしめ》し、尋いで学哿を召し、其の意を謂《おしえ》曰わく。

法華には軆無し。華厳、磐若も併に皆是なり。理は已に彼に在り。今、又、何の理をか説かむや。別に名《なづくる》に、妙法と為爾《なせしのみ》。前の若く妙法に非ずんば其の厥《それ》は諸経の悉くは虚ならむ。

諸経にして或は皆虚ならば法華も又、是虚ならむ。諸経に理を説くは、菩薩も声聞も理に依って修行し悟を聞いて道を得て、已に成仏し、今成仏し、当に成仏すべき事象爾《のみ》。

是れ即ち法華にして其の人は誰ぞ。日月燈明、大通智勝、是れ已に成《じょうぶつせし》人なり。提婆達多、摩訶迦葉、是れ当に成人なるべし。諸仏に名を連ねし諸弟子然り。

観音　普賢は三世の行状なり。薬王　上行も亦、然るなり。其の事は即ち其の理を引《みちび》くなり。理と事は本は一にして二つに非ず。諸経の中には法華経有り。法華立て諸経を率い、其の方便を謂ふなり。理と事を為すに依りて、事を以て勝ると為す、学哿　当に知るべし。

孔子の精密は唯、是れ春秋のみ。春秋は何の理をか道《いわ》む。唯　是れ諸公の事のみ。己の儒の法を以て、他釈の法を知《さと》るなり。

学哿は法を悟りて遂に仏法を信じ、是の時、学哿は極楽経を見、愚人も罪人も當に往生し得らるべし。是れ聖人の説《おしえ》と異なると、疑われること不少矣《すくなからず》。之を左右の僧に問えり。彼は佛の願力と答う。尚、愚人、悪人に依怙し、聖教の旨を破り、愈よ惑うて相に疑いを益す。

太子　之を聞《きこしめ》し、学哿を召し、而《また》慰問して曰く。

汝の宗《もと》に詩経有らむ。周公、孔子の撰《えらびしもの》なり。其の経《おしえぶみ》は何の旨を説《おしへる》ぞや。

学哿　答へて言《もう》す。

詩は人を風諫《おしへただす》なり、と。

太子　告《おし》へ曰く。汝は唯に詩の表《うわべ》の趣を解くのみにして、未だ詩の本趣を解せざるなり。詩は唯、情に有りて、未だ曽て理は在らざるなり。猶　吾が先神、先皇は詠歌を以て情を置《もう》け玉いしなり。吾と異《あだしくに》とは自ら一《おなじくする》に至んで正誠も虚妄も離れざるなり。

佛法は何ぞ情の法《みち》無けむ。念仏は情に在って理に非ず。譬えば風人の月花に我を抛《なげう》ち、万邦の皆《ことごと》くを忘れ、聖の理に不偓《とどまらず》して情行を浄め、君子の情と成すが如し。念仏の道も亦復是の如し。

専らに彼の仏を念じ、唯《ひたすら》に往生を願い、一心不乱に名《みな》を称えまつり、善直取らず、況んや悪をや。

世妄を遠離し又、法理と離れ、求めざるに諸仏の情と成らむ。不修《おさめざる》に菩薩の道を得るは理の不知所《さらざる》なり。悟る者の不達所《たっせざる》なり。

法の前は是の如く、智愚の論無く上下の根も無し、と、此於り学哿は、念仏の道を會《りかい》せしなり。

【訳】

十四年、太子は十四歳の春二月のこと、蘇我大臣は舎利を信じ、仏塔を大野獄の北に建てた。そして大勢の人を集め斎会を設けた。太子は容儀を整えて臨まれた。心柱を立てるとき合掌三拝し、左右に向かい申された。「この卒塔婆は仏舎利の器である。舎利を容れなければ仏塔とはならない。釈迦如来入滅の後、砕骨の舎利が感応して顕れたものであり、塔を建てるとは後の者が如来の施しを得られるためである。聖人をどうして遠ざけるのか。大臣は舎利を得られなければ、この塔を建てた意味はない。」

大臣はこれをうけたまわり、舎利に感応しようと思案した。三七日の後、斎会の上に舎利一枚を得ることができた。大きさは胡麻の種粒のようで色は紅白、紫の光を四方に放った。

大臣が試したがっていると、太子が教えられた。「舎利は不思議である。水に浮かべても沈まず半分先が出ている。粒を叩いても砕けず潰れず、益々輝くものだ」と。馬子宿禰は試しに舎利を鉄砧に置き鉄槌を振りおろし打つと、鉄砧は鎚はことごとく壊れたが、舎利は砕かれなかった。大臣は瑠璃《るり》の壺に舎利を納め、朝夕に心を込めて礼拝した。

舎利は常に壺の内を旋り、その形状は想像できなかった。二三或いは五六となるがその数は定まらず、毎夕に光を放った。

太子は塔に詣られ礼拝され、大臣に謂われた。「これは如来の真の舎利である」と。そこで大臣は会を設け、塔の心柱の下に安置しまつった。

その頃、国内に疫病が流行し、多くの者が罹患しまた死者も数多くいた。物部弓削大連と中臣勝海大夫等は文を以て上奏して曰った。

「先の天皇の御代から陛下に至るまで疫疾の流行が病みません。このままでは人が死んでしまいます。これは蘇我氏が異国の仏法を興し行うのが原因です。」

天皇は「はっきりしている。仏法を断つべしである。」と命じられたので、太子は奏して曰われた。

「二人はいまだ天の理を知りません。善を行えば福に至り、悪を行えば禍を招くのは天然の理です。如来の教えはまた吾が神の道の内にもあります。これは国家泰平の極めです。時が満ち、わが國へも到来したのです。今のこの疫疾は法を興すべきを興さずによるのか、興してはならないものを興すからなのか、天意のみ知る理由は軽々しく人が測り知ることはできません。また天意による時の変化は聖人にも抗えません。

吾が国はいまだ遠くの異国のことを思わないでいますが、唐水、殷旱の被害がありました。現在の疫疾は徳を施すことで解決すべきです。どうして時機到来した仏法の興隆を断じて死なんとする命を助けることができるでしょうか。

諸仏世尊の法は微妙であり神の中の勝れたる神であり、真の天であられます。諸神もこれに随い仏もまた同じ天理のうちにあります。どうして吾が神がこれに憤ることなどありましょうか。

もし神が真に苦しまれるならばそれは天が興したものではありません。今これを興されたといってもそれは自然に亡びるのです。もし真の天のはたらきによる興りで神の責めがないのであれば、今興ろうとするのを亡ぼしても結果として必ず自ら興ってきます。何ぞ非に負け、制すべきを押さえないのです。もし神が非に負け、勝てないならばどうして聖神と称し天霊《あめのみたま》となりましょうか。二臣は未だ慮りなく、智《さと》れる大臣とはいい難い。必ず天の禍を蒙ることになります。

天皇はこれをもっともなことだと肯かれたが、二人は聞き入れることは無かった。なお一層怒り、言い立てた。

「帝の御言葉をお決めにならねばなりません。何が変わります、何を改めますか。」

と怒り、自ら蘇我大臣の寺へ行くと、堂塔を叩き毀し、仏像を破毀した。そしてそこに火を放ち焼きはらった。焼け残った仏像を取り上げ、浪華の堀江へ投げ込み棄てた。この仏像は百済王が貢ぎ奉った弥勒菩薩の石像である。泣き叫ぶ三人の尼を捕らえ法衣を剥ぎ取り、海石榴市の屋敷に監禁し、笞で叩き辱めた。

この日、空に雲がなかったが、風雨で嵐となった。宮殿は悉く焼けた。太子は父皇子（次の用明天皇）に謂《もう》し曰った。

悲しいことです。禍はここに始まります。二人は愚かです。私心を抱き、天に順わず我が意だけで理に外れています。王者の言葉は理を致《きわ》め、事を格すにあります。もし誤ちを以て決めれば即ち天下に害を及ぼします、と。

この時、始めは微かであった瘡（疱瘡）の感染が国中に広がっていき死者が溢れた。その瘡を患う者は悉く「ああ痛い」と言い、焼かれるような痛みだと訴えた。年寄りも若者もひそかに話しあった。これは仏像を焼いた罪にちがいない、と。

この時、蘇我大臣はこの有様に怒り心頭で、怨みをはらそうと思いつめていた。

太子は大臣に訓え曰った。

「大臣、怨むのはやめなさい。二人の連と敵対するのは天皇に刃向かうことになり礼を欠き、不忠となります。それだけでなく二人は容易な相手ではありません。これは不思議なことで菩薩が解脱への教えを説く方便なのです。大臣の弘法は順弘で弱く、大連の弘法は逆弘で強いのです。先帝の時、佛像を焼こうとしても焼けず、かえって宮殿が焼けてしまい民は病むことになりました。

天皇は今、仏像を焼きたまうも燃えず、宮は燃え、民は病み、先の験《しるし》は中国の信、今の験は辺邦の信です。これは大臣が行われたことではなく大連の功といえます、と。

大臣は大いに悦び怒りをおさめ、二人を怨むことをやめた。

十四年夏六月、大臣は持病のことで奏上した。臣の疾《やまい》は久しく癒えません。願わくば引き続き三宝に憑《たの》みたく存じます、と。

詔て曰く。

汝独りで行うがよい。汝のところの三人の尼のみで行い他の民の奉行は断り、新しい精舎を作り尼三人で供養せよ、と。

仏法はこれよりついに興った。

この年、天皇は高麗の欺きを怒り、太子に梵経（仏経典）を訳するよう詔された。太子は詔を奉じ、夢殿にお籠もりになった。この時、北方から一人の童子が来て、相語り合うこと六時間。太子は筆を取り楷書でそれを書きとめられた。童子は日夜来たが三日で般若心経を訳し、五日で四恩経、五善経、三諦経がしあがり、八日には得心経、六方礼経がしあがり、更に四日かけ潤色された。この六経は高麗の献じた仏経典である。世に真人《かんつびと》の徳は、誠に測り知ることができないと人々はいった。

この時、中臣勝海大夫は当時の噂話を聞き、異国の法を興そうとする動きを嘆き、上奏し諫めて申し上げた。

天皇は皇天の御位を紹ぎまつる方であり、日祚《あまつひつぎ》は神国の根本です。天意は、纔かでも理に背くとき天下の道を失います。臣は敏からずと雖も故実の家に生まれ、今つらつら聞く噂で古来の教えにあらざることを始めるとか。異国では孔子が奸邪を説き大衆を惑わし、その実は空言にすぎず実績もないものです。また、釈神が現れ、邪魅の術を説いています。今、時を得てわが国にきましたが、この二つの法を禁止しなければ神明の威を失い、吾が国の道は土塊と成りましょう、と。

その時、天皇の座右に侍り聞いていた太子に、天皇は勅《みことのり》曰うた。

汝は幼しといえども生まれながらの才敏そなえた者であるゆえ、世の中の噂とは違う考えをしているであろう。大夫の申すことの是非は如何か、と。

太子は威儀を正し、勅に答え曰った。

勝海の申すことは誠に切実な思いです。陛下、お怒りになりませんように。然り乍ら、かのような頑なな考えは狭い知見によるもので、未だ公天の大命を理解し得ないからです。天道《たかあまはらのみち》は天理によってはたらき、そこに私無く、虚も無く、時有って必ず成るものは成ります。拒むと雖も拒み得ず、払うと雖もなくなることはないのです。

儒と釈がわが国に来たるは吾が国の神祇《かみがみ》を輔けるものだからです。吾が霊国《かんつくに》を益するものなのです。時はすでに至りました。その廻りあわせが今であることは世の人の知るところではありません。よって憂えるもまた咎とはいえませんが、小臣《われ》はただ少し、申し上げます。

天皇、いろいろとお祭し願います。

孔子は實の聖です。その言葉に空言はありません。もし今、証拠を揚げなければどうやって世の人の疑いを晴らせましょうか。孔子の訓えは久しく天下に広がり、王公も庶民もそれを信じないものはいません。支那には修行を積んだ仙人が多くいて、ふだんは人に紛れ交わっています。彼らは孔子の言葉を信じる人々を一言も嘲うことなく、もしその言葉が間違っているというなら神仙は誰におもねってそれをゆるすというでしょうか。儒の諸家には勝れた人が多いが皆、孔子を認め誰も非難する者はいません。孔子は権力と遠い人であり、誰を恐れ非難しないというのか、これは天理にかなっているからではないでしょうか。また、万人が尊んでいます。その言葉は理を極め、理を貫き、だからこそ隣国を侵し攻めることはありません。人は尊ばなければならないという、学ぶべきはその言葉です。

仏法にまた証拠があります。大天夢で漢帝に告《おし》え肇めて震旦に布教した時、道士

（道教の士）はこれに反発すると天の火が道経を焼き、遂に天下に弘まることとなりました。

吾が皇も仏像を焼いたため天雷が落ち宮殿が燃えました。宮人は焼けず自らの罪を焼き、仏像を焼こうとしても燃えませんでした。

異国の神仙も帰伏して諍いせず、吾が国の神明に帰り崇め、像を作り、天帝地后も悉く仏法に帰し、雨を請うときは雨を施し、鬼を追う時は鬼を退けます。かりに人間が愚かで虚実をわきまえずに帰依するとも神天がどうして偽りの法に迷わされることがありましょうか。

仏法は万機に応じて中者の議に従《つ》くことはありません。平等です。其の言葉の象《すがた》は同じではなく、あるいは中道の理、あるいは大過の言い方、あるいは及ばざる言い方、あるいは偏り、あるいは純粋なる意、あるいは現成、あるいは遠き昔、あるいは来世、あるいは生きたまま、あるいは天内の事、あるいは天外の事など、小智は迷ってあたりまえですが、仏の智恵は明らかにこれらをすべて含みます。

ともかくも人間の頭で考えてわかることではありません。いかであろうとこれを信じるときは、仏智に感応し理解し得ることがあります。それだけでなく吾が神明は天帝、皇帝です。まさに天赦の法を得るときは威光を増します。よって、もし天赦の法にあたりその威を損ねるならばこれは邪神であります。

勝海は何を謂いたいというでしょうか、吾が道は天中の大道であります。天赦の法を加えまさに理を益すべきです。かのようにその法に合いながら、還って葬ってしまおうとはそれこそ邪道です。

勝海が何を謂おうとも未だ彼の知るところではありません。陛下、用いられませんように、と。

この時、学哿博士が法華経を見て謂った。私は法華経について仏教の頂点と聞いていますが、すべて解るわけではありませんが、玄妙の理があるとは思いません。他のたくさんの経には微妙の理がありますがそれらは頂点とはなっていません。この経を頂点となすには疑問があります。何の理があってそういえるのでしょうか。

太子はこれを聞かれ、尋いで学哿を召されると、その意味を謂《おし》え曰った。

法華には體はないのです。華厳、般若もともにみな同じです。理はすでにその内にあります。今、又、何の理を説くべきなのでしょう。別に名づけて妙法というのみです。妙法でないならばそれは諸経の悉くは虚ということになります。

諸経にして或いは皆虚ならば法華もまた、これ虚です。諸経に理を説くのは菩薩も声聞も理に依って修行し、悟りを聞いて道を得て、すでに成仏し、今成仏し、まさに成仏すべき事象のみです。すなわち法華にしてその人は誰であるか、日月燈明、大通智勝、これすでに成仏せし人なのです。釈迦自身が八歳の龍女（サーガラ龍王の娘）であり、人はみな一瞬にして覚りを得ることができると説いているのです。提婆達多、摩訶迦葉、これまさに成仏した人であり。諸仏に名を連ねた諸弟子もまたそうなのです。

観音、普賢は三世の行状で、薬王、上行もまたそうです。すなわちその理をみちびき、理と事は本は同じで二つではありません。諸経の中に法華があり、法華を立て諸経を率い、その方便を謂っています。すでに理と事があった上で、事を勝るとするのです。学哿はまさにこれを知らねばなりません。

孔子の精密はただこれ春秋のみです。春秋は何の理をいうのか、これは諸公の事のみです。つまり己の儒の法から他を、釈の法を理解することです、と。

学哿は法を悟り、遂に仏法を信じた。この時、学哿は極楽経を見て、愚人も罪人もまさに往生することができるとあるのは聖人の説と異なるではないかと疑い、これを左右の僧に尋ねた。

僧は仏の願力と答えた。学哿は、愚人、悪人に依怙した教えは聖教とはいえないと、いよいよ惑い疑いの表情になった。

太子は、これを聞きて学哿を召し、また慰問して曰った。あなたの宗、儒教には詩経を含んでいます。周公、孔子が選ばれた詩です。其の経はどういう意味を説き、またどのような道を示しているのでしょうか。

学哿は答えて申し上げた。詩は人のあるべき行いを遠回しに諭したものです。

太子はそれに教えて曰った。あなたはただ詩の表面のおもむきを読んでいるだけであって、詩の意味を理解していません。詩はただ人の感情を表し、そこに理屈はありません。そして吾が先神、先皇は情を歌として詠まれました。吾が国と異国とそれは同じことで、正義も虚妄もまた同じ、人の情も然りです。

仏法はどうして情を説かないということがありましょうか。念仏は情であって理ではありません。たとえば詩人は月花を観て己を投影し詩を詠むことで、世知から離れ聖の教えを超えて、その心を浄め、君子の情に帰るのです。唱名によって心を浄め格そうとする念仏の道もまたこれと同じなのです。ひたすら一心に仏の名を念じ、極楽往生を願う、それは善か悪かに限らないのです。このように智恵を用いず法を知らずとも諸仏の情と一つと成り、修行を積むことなく菩薩になる道は、理を超えたところにあります。行者や覚者が達しない世界なのです。このような法の前には人の優劣も智者も愚者も無いのです、と曰った。

これより先、学哿は念仏の道を理解した。

・夢殿　この時は夢殿はまだ無いが、習慣用語として記されたものか。
・東漸　仏教がだんだんと東に来たもの。
・卒塔婆　ソツトウバ、漢語で高殯。

・舎利を不能　感応しなければという意味。
・摧壊　くだけこわれる、摧毀はくだきこわれるの意味。
・瑠璃　ガラスの古名
・切志　切々たる志、切歯に通じる形容。
・小智　狭い了見。
・公天　ここでは大我の大道の意。

第二章　十五歳〜二十一歳

用明天皇元年春正月（壬子朔）庶妹の間人皇女を納れて以て皇后《きさき》と為す。太子の母なり。

天皇は酒を不《めさず》、倹約《つつましやか》にまし、憍伐《おごりほこることあらせられ》無ず、鷹犬の遊を無《なしたまわ》ざるに、大連守屋は大気にして酒を嗜み、鳥鹿の興《あそび》を楽しみ、故に天皇と不好《したしめず》。穴大部皇子は其の気、大連と同じく之に依って常に議って皇子を君と欲《のぞ》めり。今、天皇　即位し玉ふ故に大連不善《よろこばず》。

【訳】

用明天皇が即位され、太子の母である間人皇女を立てて皇后とした。厩戸皇子《うまやとのみこ》の母上である。

天皇は酒や遊びを慎まれ驕ることなく、鷹狩りなど生きものを殺傷することは無慈悲として好まれず、何ごとに対しても素倹約をよしとされた。大連物部守屋は大胆で酒を好み、狩りを楽しんだ。そのため天皇とは親しめずにいた。庶弟の穴穂部皇子は性格が守屋とよく似ていた。二人は意気投合し、守屋はこの皇子を天皇にと望み不軌を議っていたため、用明天皇の即位を喜ばなかった。

・用明天皇は、父を欽明天皇、母は蘇我稲目大臣の女《むすめ》であり、同腹の兄弟妹は次の十三人。長子が用明天皇と諱された橘豊日尊である。

大兄皇子即ち橘豊日尊、磐隈皇女（別称　夢皇女、伊勢の斎宮のちに解任）臘嘴鳥皇子、豊御食炊屋姫（後に推古天皇）、椀子皇子、大宅皇女、石上部皇子、山背皇子、大伴皇女、板井皇子、肩野皇子、橘本稚皇子、舎人皇女。以上の十三方である。

・間人皇后は庶妹にあたり、その母は堅塩媛の妹の小姉君。庶弟妹は茨城皇子、葛城皇子、涅部《はじびと》の穴穂部皇子、泊瀬部皇子（後の崇峻天皇）。

・先帝の敏達天皇は用明天皇の庶兄に当たる。蘇我家から母が宮中に上がる前に父の欽明天皇と石媛（宣化天皇の皇女）との間に田渟中倉太敷尊（敏達天皇）、箭田珠勝大兄皇子《やだたまかつおうえのみこ》と笠縫皇女があられた。また石媛皇后の妹の稚綾媛皇女からは石上皇女に御一方、また皇后の妹の田影姫皇女には倉皇子、その他に春日振臣の女の糠小姫からは春日皇女と橘丸皇子の御二方があり、合わせて二十五人からの御兄弟がおられる。用明天皇が欽明天皇の第四子とされるのは、このように箭田珠勝大兄皇子、田渟中倉太敷尊（敏達天皇）、倉皇子と三人の庶兄があってのことである。

・用明天皇の御子は、穴穂部間人皇后との間に厩戸皇子、来目皇子、殖栗皇子、茨田皇子。次に蘇我大臣稲目の女《むすめ》石寸名媛を嬪とし、田目皇子、葛城首磐村の女広子姫を妃とし、真子皇子、酢香牛姫皇女である。

・敏達天皇の陵は大阪南河内の太子町にある。

・憍伐は矜伐と同義で驕とも宛てる。高慢の意味。

・鷹犬は鷹狩り、鷹や隼を飼い馴らし獲物を空から獲る遊びであるが高麗を経て吾が国に伝習されたものという。

・守屋は物部尾輿の子、饒速日命の直流の家系である。父尾輿は欽明天皇の時に大連を拝し、箭弓連の祖、倭子連の女、吾雨媛《あさひめ》と香春媛の二人を妻にした。御狩大連、熟子大連、守屋大連と外一人の四人が同腹の兄弟であると皇孫本紀に伝える。この御狩大連の妹の物部鎌姫連公が蘇我蝦夷大臣の妻となり、入鹿の母となった。

・穴大部皇子（渥部の穴穂部皇子）は天香子皇子、住迹皇子の別称があり、間人皇后の実弟に当たる。後に敏達天皇の寵臣三輪逆の件によって自滅される。

太子　奏して曰く。兒《われ》　天体を　相《みまつる》　に遐壽《かじゅ》延ばず。願わくば仁徳を施し玉へ。諒陰に居《ます》と雖も勤めざるべからず、と。

天皇　喟然として詔曰く。

朕は唯、兒《みこ》の胤子《あとつぎ》とし不継《つげざる》を恤《うれ》へ、朕の年齢の不永《ながからず》を忘《おも》はず。

太子、答えて曰く。

是れ天の命にして過去の因なり。浮き世に不楽《たのしからず》ば尸《かたしろ》を解いて登仙せむ。魂を蓮花に胎み、亦復何をか恨まむ。如何とも可無し《せんすべなし》。

天皇　黙然たり。


【訳】

太子は、天皇の御人相をよくよく拝見されると、御寿命の長くないことを予言され、願わくば心から仁政に御励みになられますようにと申し上げた。だが天皇がため息をついて仰ったのは、朕《われ》の気がかりは自分の短命よりも跡を継ぐ子孫が途絶えることであるということであった。

太子は、人の命というものは前生の因縁によるものなのです、今の世では楽しくなくとも因業から解放されて昇天されます、そして御魂を蓮華に胎むのならば何を怨むことがありましょう、過去の因業はどうすることもできないのです、とお応えした。

天皇は黙って聞いておられるだけであった。

・用明天皇の皇太子は、敏達天皇と廣子皇后の間の嫡子彦太皇太子で、元年正月十五日の立太子されたが、崇峻の御代に物部氏の手によって弑される。
・太子という記述は当時はまだ厩戸皇子であるが、本記は薨去後に編纂され伝記執筆者が敬意を表して記述したためと思われる。

二月、太子、密かに奏して曰く。

叔王《おじ》は将《もっ》て姑后と不和《とけたまわず》、二臣も将《まさに》、天下に不忠《ただしからず》とす、と。

天皇　聞こしめして之を知《さとりたま》い、天下の不穏《おだやかならざること》を歎きませり。

この月太子、親しく進んで奏して曰く。

吾国は正直なり。字も又、これに従う故に只理に乗じて文巧の術は無く、神代より今に頃迄《いたるまで》、世は清凛《きよくけだかく》して人も朴雅にして文字無《なみ》すと雖も好くも、神代これ遠ざかるに随って向後は必ず人も曲らむ。

仁義の学を以て倦《おこたる》を促《せきた》て、背くを制えて之に直さざるべからず。仁義に学有る則は宜しく之を用ふべし。其の文を用いるに至んでは異国の文巧は之字《もじ》に非《あらざる》べからず。伏して願わくば韓《から》より貢がれし字を揚《もち》いて之を庸《つか》い以て吾《わがくに》の訓《よみ》を与えて、吾が文字と為し、韓人《からびと》にも吾に通は令《し》め、吾が民にも韓に通矣《かよわしめ》む、と。

【訳】

二月、太子は密かに天皇に奏して言われた。

「叔王はまさに姑后と不和となり、二臣にも天下に不忠の動きがみえます」と。二臣とは大連物部守屋と中臣大夫勝海であり、穴穂部皇子を天皇に擁立しようとしていたことを伝えたのであった。天皇はこれを聞かれると、天下の穏やかならざることを嘆かれた。

またこの月、太子は吾が国の文化の基本となる文字について重大なことを奏上された。

吾国は神国として正直を以て体とし、言葉を以て通じ合う文化があります。そこで文字は又それに随うものとしてあり、そのため理に乗せているものの、言葉を巧みに表すことに全く不向きなものであります。神代より今日に至るまで、清々しく凛然とし、朴純優雅な心を抱き、文字が不向きであっても言葉は美しく保たれ、神代より今日まで詠歌など豊かに続けられ、文化を維持してきました。去りながら吾国も神代から遠ざかるに随って、人心も濁り生活の態度も乱れ、その正直純朴さが段々と消え曲がってしまう人も増えますと、神を信じなくなります。仁義を学ぶことで怠惰に堕ちないようにしていかねばなりません。そこで韓から貢がれた文字に吾国の訓みをつけ意味を通じさせせ、吾が国の文字とし、韓人にも吾が民にも通じる文字にしたいと存じます。

・叔王は穴穂部皇子。姑后は豊御食炊屋姫（後の推古天皇）

天皇、之を然りとし、而《ここ》に許し玉へり。

太子　自ら学齋に入りて、秦字を集め、之を撰びて其の我國の義の有るを取りて一万三千字を挙げ、神代の字を以て訓《よみ》を附け点と為し、左に韓音を附け、右に吾訓を附けしは経典もまた然せり。先に論語に點し其の点も是の如し。

【訳】

天皇は、太子の意見に同意され、文字を興すことを許された。

太子は書斎に入られた。秦字を集めそこから一万三千字を選び、吾が国の言葉と同義の字を合わせ、秦字にわが国の神代文字で訓みを付け、左に元々の音読み右に吾が国の訓みを、また経典にも同様につけた。先ずは論語に同様の訓みを付けた。

・後にこの勅許により、民の知ることを晧かにせし天皇という意味を表す「用明天皇」と諡《おくりな》し奉られた。

・漢字を吾が国の言葉を表記するために用いるようになった経緯である。神代文字は、日本には二千種からあったといわれ、現在各神社の神札に伝えられているものに名残をみることができる。大同二（八〇七）年二月に齋部広成が古語拾遺を著し、「蓋し聞く、上古の世は未だ文字有らず、貴賤老少口々に相伝へ」と書いたことから、神職の中にもそれを真に受ける者が増えると古社に伝承された神札を理解する者が減り、しだいに喪失していき僅かに残るのみとなった。詳細は「神文伝」に記載されている。

論語の左に呂無五《ロムゴ》とし、右に阿解途羅比加多羅古登坡《アゲツラヒカタルコトハ》と是を曰い、又、学而の第一に、左に我久爾多伊伊地《ガクジタイイチ》と曰い、右に麻那尾鐵四加茂《マナビテシカモ》、途比頭非登途爾阿多留《ツヒヅヒトツニアタル》と曰う是なり。
己下の章句は義に随って訓を附けること皆この如し。是より己後は吾が國の卿庶《きょうしょ》も漢文の句を読むこと猶ほ吾が國文の如し。人民も大いに悦び皆文の造りと道い、経の化《みちびき》は皇子の天功なり。

【訳】
論語の左にはロムゴと漢音で宛字し、右に後天神文字を用いて字義を書いてわかるようにした。また学而の第一に同じく漢音でガクジタイイチとし、右にマナビテシカモ、ツヒヅヒトツニアタルというような具合である。

この先の文はみなこれと同じように意味に合わせて訓みをつけた。これより以後は吾が国の官民ともに漢文を読むのに、吾が国の文と同じように読むことができるようになった。人々は皆喜び、これぞ文の造りといい、おしえぶみによる導きは太子が成した神業と讃えた。

・論語《ロムゴ》といっても理解できなかった時代、漢字の音一字に日本語では音を十一音も宛てねば通じない不自由なものであった。たとえば論を「あげつらい」、語を「かたること」というように宛字で字義を書くことでわかるようにした。漢字の音と訓が共通してわかるように一万三千字を決め、役人を始め庶民すべてに伝えていったということである。用明二年のこの文化政策はわが国の歴史上、重要なことであるが記紀には伝えられていない。

秋七月、太子　奏聞し以て詔を奉じ礼経より大学を出し孝経と比《たぐい》する一経と為して而を初学に習わしめたまう。後日又、中庸を出し、大学に次ぐの経と為し、初学を熟せし者をして、理と行辟を正し而、習わすに之を推し之を延し、之を名づくるに三経と為たもうなり。

【訳】

秋七月に天皇陛下へ奏上し詔を承った太子は、礼記から大学を別け、孝経とともに初等の修学に用いることを定めた。次に中庸を大学の次に修めるべき学問とし、初等を修め終えた者が理と行の矛盾をなくし正しく理解するよう、これを推し勧めた。これを三経と名づけた。

・礼記《らいき》は周の末期から韓時代の諸儒宗者の古礼に関する説を集めて編著された五経の一つである。その内容は大学、曲礼、内則、王別、月令、礼運、楽記、緇衣《シイ》の四十九項から成り、緇衣は政治的教訓、聖者を好むことなどについて論じた。

・大学の内容は、明徳、親民、至善の三綱を以て纏められ、儒教経典四書の一つ、格物、致知、誠意、正心、修身、斎家、治国、平天下の八條目を以て成る。

・孝経は孔子の弟子曽參が語った孝についての孔子の語録をその門人が記録したという。戦国時代に出来たといわれる。

・中庸は孔子の孫子思の著といわれ礼記に収められていたものを後世に別け単行されたものというが、韓愈が出したのは太子が分類単行されて以後三百年も後のことである。太子による単行が定説となっていないのは徳川時代にこの神代皇代大成経（先代旧事本紀大成経）が林羅山によって無視され、以後の研究が阻まれたからである。


爰に学哿、啓し言く。

両篇は已に出矣《いでませり》。礼経於其れ之を欠けるも可《よかるべき》耶。

太子、答え曰く。

両篇（大学・中庸）は礼の極なり。聖義は天命なり。過《すぎること》も、不及《およばざること》も無く、義に如《したがっ》て儀を理めるは維《これ》明、維止を新めたり。礼は大道を包ねて古人は礼に編むなり。何ぞ愆《あやまり》て之に納れむ。今、両篇を出すは且《また》、学序と為し、以て学道の埒を設けて愚迷を導《みちびかんのみ》尓。豈《いか》で訛て之を欠き聖教を虚しからしむや。


【訳】

ここで学哿が太子に申し上げた。

大経礼記から大学篇と中庸篇の二篇を分離したなら完璧な経典が欠陥本となってしまわないでしょうか。それに対して太子は曰った。

大学、中庸の両篇は礼経の極めであり、それに教えられているものは天命ともいうべきものであり、過ぎることも及ばざることもない。義即ち、公の道と私の道を梁ぐ理は、君臣の間にあるべき道徳を行いの準則として身に修めることを教えるものである。それを明めることが明徳で、常に心を新たにしそれを行い得られるものが徳である。それが大学にいう「新たなるに止まる」ということである。その礼の中に天道のすべてが含まれているからである。古代の聖賢がこの礼経を編められるのにこの両篇（大学・中庸）を組み入れたのは、礼という実践の行為学を何故そうであるかという知識を以て理解させる必要からである。

今ここに、改めて分類して単行の本として引き出して教えるというのは、礼法実践の学究準備として埒（秩序）を造るということであり、多くの大衆が容易に近づくことができ理解しやすくする為に外ならない。礼経に余分であるとか、不必要だとして外したものではない。

八月、天皇は太子の徳を悦で命《おお》せたまうに学品を儒釈の経に立て、也《ここ》に各の学品に分ち、弘東の学を以て、太子は法を立つるに群卿に命じて曰く。

孝経と大学と中庸に依て文を習い、理を解き、跡を学ぶことを名づけ東学と為す者なり。是れ儒宗の大意なり。

【訳】

翌八月、天皇は太子の学徳非凡ぶりに加え、その実践の才能に秀でていることを悦ばれ、儒釈の経に学品即ち科目を順序立てて定めることを命じられた。太子は、民族啓蒙にかける高志を遂げるべく各長官たちに曰われた。孝経と大学と中庸によって学問を始め、理を学び、史学を識ることを束学とする。これが儒教の意義である、と。

・束学　儒学の大宗を理解させる概念としての必修科目に、孝経、大学、中庸と制《さだ》め、それによって学理を理解させるとした。そこに何故に人は道徳、倫理を学ぶ必要があるのか、その理論を体得させ、それによって眞人《かんつびと》とは、至人《なかつひじり》とは、或いは聖人《しもつひじり》とはどのような区別があるのか。何を考え、何を思い、何を為したものか、その手段、方法は元よりその人格、足跡に学び、それを我が身に体得すること。それを学問の功とし、それを得る学問を束学と名づけられた。これがその儒教の宗の趣旨であり、その概念を植え付けるために為された。

論語、孟子において是れを全束学と為し、其の大意を精しくするなり。

礼記、春秋、詩経、書経、易経の五は之を格めて弘学と為し、是を儒宗の理に格し、老子、諸史に至《およば》さむ。即って弘学は全《そなわ》るなり。諸《これ》儒宗を補益するなり。已上は儒学なり。

【訳】

礼記、春秋、詩経、書経、易経の五経とは大学、中庸、論語、孟子を以て四書五経と称され、儒教の主枢学という。この五経を格すことを前記の東学に対して、弘学とする。

ここにいう弘学を全うするというのは、儒教宗源の理を格め、老子の大道を理解し、諸史学を認識し得て初めて全弘学といえる。

史学、老子の学は、儒宗弘学の必修科目ではないが、儒宗の宗源を理解する為の補翼として採り入れる。

・孟子は、支那戦国時代の儒教哲学者で、初め孔子の孫の子思に学び、孔子の意をついで「孟子七編」を著した。名は軻《カ》、子與《しよ》と字《あざな》し魯の公族で孟孫の後といわれ鄒国《すうこく》に生まれた。道を天下に伝え広げようと斉、梁、宋、陳など諸国を遊説したが、時は周室衰微の極みに達し戦国擾乱の世であり揚子、墨翟《ぼくてき》説が用いられ、諸侯は合従連衡《がっしょうれんこう》を以て事とした。攻伐の功名を以て賢者と評価された時代であり、孟軻の勝れた才知で性善説を唱えようとも眼前の利のみを求める者には通じるわけもなく、現代において平和のために軍備の放棄を説く空しさと等しく、その尊さは採られることはなかった。

わが国は、六世紀末にすでに太子によって「孔道を尊ぶ者孟軻に若くは無し」と教えられたことがわかるがその後長い間忘れられ、北條政権の末期に朱子学が伝来して以降に儒学は再評価された。武家の精神的支柱とされたのだが、時とともに太子が尊んだ弘道からは変質していったといえる。学問への応答において儒学の根本と東儒を説いた言葉が重要である。

四恩経、五善経、三諦経は総て東学にして四十二章経、尸迦羅越経、得心経は別束の学なり。是れ此の両束は仏法の大意なり。

次に宗教を学ぶは是れ別の弘学にして兼ぬるに大蔵に通じる総弘の学なり。是れ釈学なり。

【訳】

太子は仏教の内容概念を把握させるために、儒学と同じく東学と弘学の二分を立てられた。

仏教の束学必修科目は第一に四恩といい、一般に四恩といえば一に父母の恩、二に衆生、三に国王、四に三宝と云うが必ずしも定説があるわけでなく人にとってあらまほしき四恩の忘却を戒めるものである。次に五善経といい五戒を守ることの経である。第三には三諦経である。三諦は三つのことを諦《あきら》かに知ることの経文である。何の三つを諦《さと》るのかについては宗派によって異なるが、いわゆる仏教の三諦は三身の如来であり、神道でいう理気質の三神である。この世の実相を空、仮、中と宛て、一般には三諦は仏果といわれ三身、日蓮は無作の三身の体覚といった。唱名さえすれば仏と妙合し、そこに法力があると教える。以上を修得するのが束学の概念であり、それを活かすのが四十二章経というものである。この経は中国最初の訳語とされ大乗と小乗との四十二章に分類された教えである。

次に尸迦羅越経《しからえつきょう》と得心経は束学を区別されたもので、束学と別束学に分かって初めて仏法の大意がつかめるということである。

次に宗教を学ばせる、ここにいう宗とは各派に岐れるその大本の意味で、仏そのものである。別の弘学が理解されれば大蔵経即ち一切経そのものに通じるという。大蔵経とは仏経文の称で経蔵、律蔵、論蔵の三蔵から成り、一切を網羅されていることからの名で別称一切経という。

仏教を以上のように分類し釈学として教えることとした。儒釈二教は用明天皇の時にかように位置づけられた。

釈学に宗別有りて、宗徒は必ず師を執る。師を執って諸仏を捨つるは是れ迷愚の常、凡我の常なり。所以は何ぞ。其の宗徒などは迷って人師に著《とらわれ》、人師は凡夫の迷ふ者なるを知らず。必ず我執の妄を好むこと有って其の好みを捨つること能わず。或いは其の好みに合えば非なりといえども、太《はななだし》く之を信じ、若し其の好みに背くときは是といえども嫌い憎み、還って師を是れ聖者に惟ふ。其の仏は権化の来る人なり。左右皆く師に従い、此の惑い有るの故を以て終いに仏教に合わず。人の勧めに邪路に入る故に弘束の学を立て、豫め其の邪路を閉じよ、と。

【訳】

宗教を奉る者が、迷いに陥る際の弱みについて戒めた項である。

釈学には宗別があり、天台、真言、浄土、日蓮など分かれた宗派がある。その信徒は属する宗派の教えをそれぞれの師によって導かれ、その宗に開眼されていく。師についで宗派に入り、ともすれば宗の「仏」を忘れ、自分の師、先生に執着しその言葉に囚われてしまうことがある。これは私心または我執の為すことで、師を取り諸仏を捨つということになるが、それは人の師でも所詮は凡夫であり、迷う者の一人であることを知らないからである。

御語本紀に、「我を取る則は敵有り、敵を取るとき仁に背き、仁に背くときに道を失ふ。仁を我とするとき敵無く、敵を無する則に我無し、我無きとき仁も無し、仁無きの仁こそ天の仁なり。聖人は之に則って治を為し、治めざるということ無し」と太子の教えがある。我執は仏を失うことであり、たとえどんなにその師がよくとも、それは仏の本体ではない。弘学と束学を併せて説くことであらかじめその過ちの道を断てということである。

四恩は是れ人と仏の万善の本なり。之に勤めざるは人に非ず、仏に非ず。天魔より拙し。四恩に止むるを以て是れ行善の元たり。五悪は五善を亡くす人中の非人なり。諸仏は捨て救いたまわざらん。而、能く五悪を断つ是れ悪を改むるの本なり。此の二教は是れ万宗の本なり。之教えずして宗教を教ふるも是れ人は仏法を知《さと》らざるなり。

【訳】

あらゆる善のその元は四恩に基づいている。生命をこの世に誕生させてくれた親の恩、自分の存在を認めてくれる国の恩、生命をつないでくれているこの世の衆生の恩、国王の恩、この四恩を勤めない者は人とはいえず、仏とはいえず、天魔王にも劣るものである。四恩に徹することが善行の元となる。善を行わず五悪に堕ちた人でなしを神仏は救わない。よって五悪を断ちきってこそ悪を改め善を行うことができる。四恩と五善の教えは仏道の根本である。これを教えずして仏を説いたとしても人は仏道を知ることはできない。

・仏教の五悪というのは、殺生、偸盗、邪婬、妄語、飲酒の五つの戒めを犯すことをいう。五善とはその五戒を能く守ることをいい、守らぬ者に仏の救いは無い。故に悪を改める本としてこれを自得させる為に此の四恩経と五善経をすべての宗《もと》として教えるのである。それを教えることなく宗教を信仰させても仏法を知ることはできない、それではよくないというのである。

・宗　ここでいう宗教は仏道に宗派が生まれる以前の大本の仏道という意味。

　三諦《さんたい》の道は仏法の総法なり。諸仏法は三諦自り出て、三諦に帰り、中間の諸法は壹《もっぱ》ら是《こ》れ焉を與うる方便に非ざる無し。然るに邪智は此の理を知らず。而《しかる》に総法を誨ず唯に宗別の法を教えるも、此の人は仏法の聖道を知《さとら》ざらん。是れ、此の三諦は仏法の元なり。

【訳】

三諦は仏法の総論である。それぞれの法はこの三諦に始まり、諸法を修めるのはこの根本を覚る方便であり、修めて然り三諦に帰るのである。これを自覚しない邪智は、己の宗派に拘り執着し、本尊の「仏」の道から逸れ、結局は邪宗になるのである。

邪智は仏道のこの原理を弁えないため、その本から派生した宗派の、真言や天台や曹洞宗や黄檗宗やら入口に過ぎないものを、それぞれの優越を主張し教えることとなる。俗諦と真諦を別物と思わされ、仏教は偏頗しているとして一般人から敬遠されるようになり、眞の仏を求め知ることができない、と戒められている。

四十二章は皆眞諦の行なり。尸迦羅越は是れ俗諦の道なり。得心経は是れ其の中諦なり。重《きびし》く三諦を精《くわしく》し、悪を改めて善を行い、以て眞俗の中道を立つるは是れ万蔵の本意なり。若し此の本意の道に背き、而、別法を立つるは是れ即ち外道の徒なり。三世仏の敵なるなり。世間の益を失い、出世に道を廃らせ即ち王国の賊にして又、仏界の魔なる故に、宗を説かむと欲《する》ものは先ず須《すべから》く束教を説くべきなり。天皇、之を聞こしめし、聖宗を解《さとり》明大いに喜んで行い奉《まつれ》り。

【訳】

四十二章経は皆、眞諦のことを教えているに外ならない。眞諦とは実相を諦《あきら》かにしているという意味であり、一切の我を追いやって自己を空にしておくことによって啓かれる本覚である。俗諦、中諦もあるが、空諦を重視されるのは出世間、離脱、咸相の実相のゆえである。

尸迦羅越経は俗諦道にして、三諦を空諦、中諦、仮諦すれば仮諦に当たり俗世間の人の悟りである。得心経は眞諦ではない。仮諦の俗諦でもない。客観の実相の悟りである。生死一如のその生命はあるべき存在と得心することが中諦というものである。ここにきびしく三諦を精しくし、悪を改めて善に向かう、そうしてその三諦に立脚するということは万経の教える本意である。つまり大蔵経の教えはいかに万教を説いていようとも仏の道は実相以外にないということである。

若し、その万蔵の本願に返して別法を立てるとするならば仏道ではなく外道でしかなく、過去、現在、未来の三世に亘る仏敵であり、この世を不幸へとしむけ道を廃らせる日本国の賊徒であり、仏魔である。ゆえに宗を教える立場にある者は何をおいても束教から教えるべきである。

天皇はこの理を聞かれ、儒釈の宗をよく理解され喜ばれると、御心やすく行われるようになった。

用明天皇元年七月、この月、太子は初めて儒学を興したまうに、群卿を日門の棟に集い、博士学哿をして講演せしむるに初めて懸篙を造り孔子の像を懸け、太子みずから香を焼き、先生の礼を厳かにし、正《しょうめん》に学哿を拝さしめ、経を持って前に坐し、八経を机上に積み、陣座の中心に置き、学哿は孝経を取りて是を文台に置き、通音の福利を右の座に坐《す》え、言語の遠《へだた》るを通わせり。

【訳】

七月、太子は日門の棟に公卿たちを集め、初めて儒学の講義を行われた。博士学哿に講演させるにあたり懸篙《けんこう》を造り孔子の像を懸け、太子は御自ら香を焚かれ、厳かに講師へ礼を執られた。八経を机の上に積み、並び座した聴講者たちの中心に置いた。学哿は孝経を取り文台に置き、言葉が通じるように通訳の福利を右に座らせた。

・懸篙は、はしわたし、篙は竹竿の意味、舟を漕ぐ竿。

・八経は、前節の五経即ち、書経、詩経、礼経、易経、春秋、大学、中庸、孝経など。

物部大連　之を聞き大いに怒り棒を執り、棟に至りて学哥を打つが若く、威を振い訶《しか》りて曰く。

吾が神は玄遠なるに、孔丘、孟軻は狗を食ふ夷人《えびすびと》なり。何ぞ神を知りまつらむ。皇子は敏達《みさとく》も瓢髪《ひさごがみ》の小童にまさむ。豈ぞ妙極を知《さとりまする》や。今より已後《いご》、異虚《あだしたわごと》を入れざれ。

諸臣、皆退くに太子、静然として大連に告げて曰く。

天は人を留《とどむ》るところに非ず、地は人を振ふところに非ず、時を誰か之を遮《さえぎ》らむ。理誰か之を無せむ。大連よ、寂《しず》かに思うべし。勇も撃てざる所有り。権も威ばれざる所有らむ。其の及ばざるに向かって強いて気力を費やすは是れ那ぞ、益乎《ふやさんや》。大連は言《ことば》も無く退くに学哥、血に泣いて訴ふるに太子、哀れみ答えて曰く。

時は未だし、当に至るべし。

【訳】

物部守屋大連はこれを聞きつけると怒り心頭でかけつけた。学哿をむち打つように大声で叱りつけて言った。わが神は悠久の古えより奉る神であるが、孔子や孟子は狗《いぬ》を食らう野蛮人であるものをどうして神と祀るのか。皇子は賢くあられるといえども未だ幼き童であられる。どうして神の玄妙さを理解できましょうか。今後は異国の戯言を取り入れてはなりません、と。

大連の剣幕に臣下の公卿たちは退席したが、太子は静かに座したまま大連に曰われた。

天は人を留めるところではなく、地は人を振るい飛ばすところではない。大連よ、心静かに思うべし。この世には勇ましさでは撃てぬこと、権威をもってしても勝てぬことがある。時の流れは誰にも止めることはできない。この理は変わらないということだ。思い通りにいかぬからとて気力を使い、何の利得があろうか。

大連は返す言葉もなく退いたが、学哿は泣き伏して悔しさを訴えた。太子は哀れみて曰く。

時はまだ満ちぬが必ずその時が来る、と。

二年夏四月、天皇　不豫《みやまいおもしたまうに》　太子は衣帯を不緩《ときたまわず》、明々昏々《ひもすがらよもすがら》　病に侍りて不退《のかず》。

天皇　一飯すれば、太子も一飯す。天皇　再飯し玉へば太子も再飯し玉ふ。醫の術無きを悲しみ、祭りの驗《けやき》無きを　恨《くちおしくおもい》　ませり。

群臣に勅て曰く。

朕は三宝に帰せんと欲ふ。疾を治すの術は欲せず。醫何ぞ定《さだめ》を転ぜむ。卿等、宜しく量らふべし、と。

【訳】

用明天皇二年（西暦五八七）太子十六歳、夏四月に天皇は重篤になられた。太子は父陛下に付き添われ、お側を片時も離れられず看守っておられた。しかし、神祭も醫薬も効かず寿命の定めを如何ともしがたいことを悟られた。

朕は仏を信じようと思う。病を治したいがためではない。医者がどうして定めを変えられようか。このことをよく計らうように望む、と大臣たちに曰った。

陛下は我身の疾病如何より、閣僚らのそれぞれの固執によって信教の自由がままならず、死に直面してなお仏の慈悲を恃むこともできない状況を悲嘆されての言葉である。

・御不豫　不豫は天皇、貴人の病気のこと。不豫は不例と同義。用明天皇のこのことは帝皇本紀中巻上に、磐余河上に新嘗を御《きこしめ》し、是の日、天皇　病を得て不　豫《みこころよからず》と伝えてある。

・天皇一飯、太子一飯は、太子の至孝を云い表した表現である。礼記に「文王に疾在り、武王は衣冠を脱がず而て養ふに、文王一飯すれば亦一飯す。文王　再飯すれば再飯す」と伝えるに習ったものとみえる。

物部守屋大連　中臣勝海連、曰く。

何ぞ、国の神に背いて他神を敬うや。唯に神代の由来を知って此の事に若《したが》ふを識らず、と。

【訳】

物部守屋大連、中臣勝海連はこれを聞き言った。どうしてわが国古来の神に背いて他国の神を敬うのか。わが神の由来を識る者にはありえないことだ、と。

・この頃の思想背景は神祭にあり、神学は未だ理論化されていない。用明天皇は情に於いてやるせないところがあって、その世尊の大慈悲に救われたいと心底思し召され、情と理性の葛藤からのお言葉であった。大連たち二人は神史を理解し、即ち神事さえ守れば、この世に病が無いという点を主張しているのである。


蘇我大臣　左右に押して曰く。

天は時有って法を出ださむ。勅に随って助べし。誰か異計を生ぜむ、と。

遂に豊国法師を引《みちび》き、内裏に入《あんない》し、教えを説く。

太子、大いに悦んで大臣の手を握り、涙を垂し語り曰く。

三宝の妙理あるも人は之を不識《さとらず》して妄りに愚説を生じ邪見の釁《なかたがいのつみ》を成さんも、如今《いま》大臣、心を福田に帰し師を率い苦を救いしは、兒意《あがい》大歓《はなはだうれし》く、悲しみ廻《かえ》て喜びと成せり。喜《こころよ》さを議可《はかるべ》し。


【訳】

蘇我大臣は左右に念押しして言った。

天は時機来たれば法を成すようはたらく。陛下の勅に順いてお言葉通りに叶えねばならない。誰か良き方法はないか、と。そこでついに仏僧の豊国法師を内裏へ案内することになった。法師は陛下に仏の教えを説かれた。

太子は涙を流して喜び、大臣の手を取り語り言われた。

仏の妙理を凡人は覚らず、愚かな邪見によって互いに嫌悪するが、いまこうして大臣が仏の慈悲を信じ、法師を率いて父陛下を苦しみから救われようとしてくださった。わたしはとてもありがたくうれしく思い、悲しみから喜びに廻りあえた。この喜びをお察しくださいと。

・帝皇本紀には「時に彦人太子　前で豊国法師を引きて」と伝え、白河三十巻本は「是に皇太子押坂彦人尊、豊国法師を引きて以て天皇に見り《まみえ》」と伝えている。日本書紀には「皇弟王子、豊国法師を引き内裏に入る」とあり、その註に「皇弟王子といふは穴穂部皇子即ち天皇の庶弟」とあるが、穴穂部間人皇后の弟のことで、陛下のお望みに心配りされたのが厩戸皇子であったことから推察しての伝とみえる。しかしここは旧事本紀説に従い、彦人皇子を採るべきであろう。当時、用明天皇の擁立に守屋大連と穴穂部皇子は不本意であり、自ら帝位を期待していられた経緯があった。もし日本書紀に伝えるように穴穂部皇子が豊国法師を率いて蘇我馬子や太子に感謝される事があったならば、後述の成り行きと悲劇には遭遇しなかったはずだからである。

・福田　田地から種が出て福があることからの語。第一義的に仏宝僧の三宝、第二義的には三宝を供養し善行を積み重ねて人生の福徳に預かる田どころの意味。

大臣、頭を叩いて曰く。
殿下の聖徳を頼み、三宝を興隆せむ。臣の死《まか》る日、復生年矣《またいまのときのごとなん》と。
大連は横睨みし大いに怒る。太子　左右に謂ふて曰く。大連は天の定《しくみ》に迷いて、
妄りに我意に取《とらわ》れ、強いて冥慮に敵す。不久して将に亡びむ。彼は之に不識《しらず》、呼《あぁ》
悲しむべし。

【訳】
蘇我大臣は、自らの頭を叩いて言った。
殿下の尊い徳を以て仏教を興隆しましょう。臣が罷る時はまた今の時のようになり
ますようにと。
物部大連はこれを横睨みし、たいそう怒った。太子は左右の者に教えて曰った。大
連は天のしくみを理解しえず、私心に惑いて神仏の深い思し召しに逆らっている。久
しからずして亡びるだろう。彼はこれに気づかない。ああ、なんと悲しいことよ。
・当時、蘇我馬子は仏法の功徳を普及するにはどうしたらいいかと心を傾けてい
た。だが肝心の宗教祭事の大権輔相の大連とその次官役の中臣勝海大夫と反目し

あっていた。天皇の求道発願さえも阻む勢いにどうにもならない状況であった。その時、上宮太子の御心くばりから、皇太子彦人王子の御手を以て豊国法師を禁裡に率い、天皇にその功徳を披瀝することとなった。馬子にはこれ以上の仏へ尽くす道はない。天皇の御心を安んじまつり、これ以上の満足はない、ということである。

・殿下の聖徳とは、彦人太子ではなく太子に対してのことである。これに反し大連の憤懣はゆるせないものがあった。ぶつぶつ当たり散らしたであろうことは原文の「大いに怒る」で伝えられる。そこで太子は側近にその所感を漏らされるのに、大連の小我はやがて時の大我に吹き飛ばされてしまうであろうといわれた。太子の呼《ああ》、悲しむべしという嘆きは神知によって予見されたからであろう。

この時、佞人《へつらいびと》有って密かに大連に告げて曰く。今群臣は卿を図る。慎まざるべからず。也、大連 之を聞き、吾戸宅《あどのたく》を退き、人衆を集め衆《な》し。中臣勝海連もまた、宅に人衆を集め、大連を助けむとし、兼ねて厭魅《えんみ》作し、大連と謀り賊党に命じ、皇太子の彦人尊の君を弑しまつる。輿《くるま》に乗るに及んで事は既に発覚し、爰に皇太子の舎人、迹見赤檮《とみのいちい》之を殺せり。

大連、使いを遣し大臣に謂ふて曰く。
吾の聞くに群臣　我を謀る、と。故に我は之を退かむのみ。

【訳】

この時、大臣にへつらう者があり密かに、いま群臣は卿を討とうと謀っています、ご用心をと告げた。大連は自邸に戻り一族を結集し人衆を集めた。中臣勝海連も同じく宅に人を集め大連を助けるべく厭魅を行い、大連と共に謀り賊党を使い皇太子彦人皇子を殺そうとした。しかし輿に乗る際に事が発覚し、皇太子の舎人である迹見赤檮《とみのいちい》が逆に之を撃った。大連は使いを遣り、大臣に謂った。群臣が私を討とうと謀っていると聞いた。ゆえに私はここを退くまでだ、と。
・倭人というのは、押坂史毛屎《おしさかふびとのくそ》という帰化人を指す。
・厭魅　呪法によって人を殺すこと、またその呪術。

この日、鞍造手為名《くらつくりべのたずな》という者、天皇の為に奉ると自ら出家し丈六の像と并に坂田寺を造る。

是より先、弓削大連（守屋）は、御悩《みやまい》の不治を知りて慶ぶ。皇太子の彦人王は、性に仁恕寛正にましましなり。又、其の易難《かえがた》きを知って之を悪み、而又、謀って遂に賊の事《しわざ》と称し皇太子を弑しまつる。

太子 之を聞いて喟然 嘆いて曰く。

於、皇太子は能く天下の王たらんに還って以て弑されるとは悲しい哉。大連は 長《とこしえ》の忠家を失さむ。災いは茲自り起らむ。浮世は 不喜《こころよからじ》。

【訳】

この日、鞍部《くらつくりべ》手為名《たずな》は天皇の病気平癒を誓願し出家し、丈六の仏像を造り坂田寺を建てた。

是より先、弓削大連（守屋）は天皇の御悩《みやまい》の治らざることを知り慶んでいた。皇太子の彦人王は寛恕で正しく心広き性格であられた。守屋はまた、皇太子の替え難きを知り、これを憎み遂に賊の為業にみせて謀殺した。

太子はこれを聞いてため息をついて歎かれ、言われた。

ああ、皇太子はよく天下の王《きみ》たる方であったがため、還って殺されてしまうとは悲しいことだ。大連は長年に亘る朝廷への忠義の家系を自ら亡した。禍はここから起きる。浮世は辛く苦しいことよ。

・時の皇太子は用明元年正月十五日立太子、敏達天皇と前広媛皇后との嫡男押坂彦人大兄皇子であり、もし用明天皇が崩御されれば次の天皇に即位されることは必定であった。その御人柄からしても衆人の要望するところとあってはと、守屋の一党が謀って弑しまつったものである。


是月（四月）天皇　弥留《びりゅう》。太子　泣絶し猶死せるがごとし。

九日正午、終に天皇　崩《かんさりま》せり。太子　踊唬《ようてい》、呼哭、涕泣して数《しばし》ば気絶、血涙乾かずして酔えるが如し、不言《ものいわず》、五日も不食《たべず》。

大臣　諫めて曰く。大王は豫め　知《さとりたま》ふ恒《いつ》も　憾《くちおしくおもう》　ことを延ばさざるに那ぞ今新たに迷われ玉ふぞ。太子、応えず。

大臣　数ば慰め洩《のべ》るに太子　久しくして答えて曰く。

人には必ず父母有り。恨《くちおしくおも》ふは児を使て悲絶しむるに有り。悲絶は我に有り、恨むらくは父母を無すなり、と。言い畢わり哭き伏したま矣て、殯宮に入り、月を経ても出たまわず。


【訳】

四月、天皇は危篤になられた。太子は自ら死なんばかりに歎き声をあげて泣かれた。

九日正午、遂に天皇が崩御された。太子は飛び上がらんばかりに身体を激しく震わせて叫び号泣された。泣き過ぎて気絶し、涙乾くことなくふらふらになりながら泣き続けられた。口をきかず、食事もせず、ただただ悲しみ涙を流された。

大臣がこれを諌めて言った。大王はあらかじめ死を覚悟しておられ、いつもはくよくよ悔やまれずに次へと進まれるのに、なにを今更迷われているのですか、と。太子は応えなかった。

大臣はしばしば慰めの言葉をかけていると、しばらく過ぎて太子は言われた。人には必ず父母がある。恨めしいのは児はその喪に会い悲しみに遇うことだ。ひどい悲しみは私にある。父母あればこその悲しみなのだから。と言い終わり泣き伏したままいられ、殯宮に入られた。月が変わっても出てこられなかった。

・踊唬《ようてい》　踊は飛び上がる。唬は泣く、大げさに号泣することの意味。

・呼哭　声を上げて泣くという意味。

・弥留　危篤の意味。

・この出来事についての法隆寺、四天王寺、興福寺における伝えは何れも異なる。

この本紀の伝えは大切である。

六月、皇后（太皇后）の炊屋姫尊は初瀬部《はつせべ》皇子及《と》蘇我大臣公を召し、左右に詔り曰く。

穴太部王（穴穂部王）は吾が親倫《たかきひと》なるも無道にして放《わがまま》の罪を多《かさね》り。三輪の君を殺し、天皇の存在を謀逆するに弓削の大連と党み、偽《く》りて皇太子（押坂彦人皇子）を害《ころ》したり。宅部《やかべ》皇子も又同じ党なり。早《すみや》かに二皇子を殺して天下の逆乱を平めよ。

時に大臣　詔を奉り、佐伯連公の丹径縄手《にぶなわて》等を遣わし兵を率いて、穴太部王、宅部皇子を夜撃ちせり。

【訳】

六月、太皇后の炊屋姫尊は初瀬部皇子と蘇我大臣を呼び詔された。

穴太部王はわたしの身内であるが人として道に外れた行為を重ね罪多き人である。三輪の君を殺し物部大連と組み謀反を企て、皇太子彦人皇子をも殺した。宅部皇子もまた同党である。速やかに二皇子を討ちこれらの反逆を止め平らげよ、と。

すぐさま蘇我大臣は詔を奉じ、佐伯連公丹径縄手等を使わし兵を率いて大太部王と宅部皇子に夜襲をかけ撃ち果たした。

・用明天皇崩御後、朝廷内の権力闘争は炊屋姫尊（後の推古天皇）の采配によって二人の皇子を討つことに始まった。天下の為とは云いながら忍び得ざることであった。この時、太子は大臣に「人の以て重んじるところは皆生命に在るのみ、彼の二皇子は天皇の天偏なり。その罪源を議るに應に経典に処すべし、願わくば寛恕して以て他国に調せよ」と仰せられた。しかし大臣は佐伯連丹経縄手、土師連磐村、的臣眞噛《いくはのおみまぐい》を以て殺したのである。そこで太子は又、左右に「大臣もまた因果の点に暗し、何れの日にか又、そのお返しがくるであろう」と仰せられたという。その言葉通り因果はめぐり、蘇我家もまた亡びる日が訪れることになる。大臣は仏教興隆を悲願とし仏法を信じていたはずであったが、仏の教えより権力を選んだ。政道における誤りを犯し、結局はお陰信仰を出ずるものではなかったということである。

・穴太部皇子の又の名を火炎皇子という。

秋七月、大連は稲城を築いて兵を集め、皇子の讐を報いむとせり。

時于《ここ》に、皇后炊屋姫尊また、初瀬部皇子と蘇我大臣を召し、左右に詔り曰く。弓削大臣（守屋）は代々の忠家といえども、無道にして忠臣を殺し、有道の太子を弑せり。天皇の位を謀り、なお逆乱を企つ。宜しく速やかに征罰し天下の乱を治むべし、と。

【訳】

物部守屋大連は天皇に擁立しようと諮っていた皇子を失い、その讐を討つために稲城を築き兵を集めていた。

太皇后炊屋姫尊（元敏達皇后、後に推古天皇）は初瀬部皇子と蘇我大臣を呼び、命じられた。弓削大臣の先祖は代々朝廷に忠義を尽くしてきたが、大臣の代で道を外し、わが臣下を手にかけ、将来を担う皇太子を殺すという非道に及んだ。天皇の位を謀りさらに逆乱を企てている。すみやかに征伐し、天下の乱を治めよ、と。

・稲城は、稲を租税にした名残の用語。上古の時代、租税を納めさせたのを城というが、敵の矢を防ぐの功用からその稲を以て造った城をいう。

皇子、諸王、大臣、諸卿は詔を奉り、軍を率いて向かうに大連を討つ。

初瀬部王は大将軍、馬子大臣は副将軍、又、大伴咋子連《おおとものくいこのむらじ》、平群神手臣《へぐりのかむてのおみ》等の兵を率い、磯城《しき》郡より渋川に会い、共に大連に伐《あた》れり。

是において大連は子弟及び聚兵等を率い、皆稲城を堅めて接戦と為れり。其の軍は強盛にして家を填《うず》め野に溢れ、皇軍は恐怖し三廻却還《しりぞ》く。

【訳】

皇子と諸公は詔を奉ると大連を討つべく出陣した。初瀬部皇子を大将軍に立て、蘇我大臣を副将軍とした。大伴咋子連、平群神手臣等の兵が磯城郡から物部大連の渋川へ向かった。ここで物部大連の軍勢は子弟の他、多数の地元衆兵を集めて隊とし稲城を堅めていた。衆兵は家々の間を埋めつくし溢れた。接戦となり皇軍は三回にわたり退却し、なお攻めあぐねた。

・初瀬部皇子は次に即位される崇峻天皇。

・渋川は物部守屋大連の宅で河内の渋川郡に在ったという。

・当時、この軍に加わっている主な皇族は、竹田皇子、春日皇子、浪花皇子などでのちに聖徳太子も加わった。始め大伴咋子連、平群神手臣などの兵を以て襲撃したのだが、守屋の軍が強力で政府軍が三回も退却させられるという状況であった。

是時、太子　皇后の詔に依って殯宮より出で、大軍の後に随い、其の軍状を見て自ら略して曰く。賊軍は兼兵にして多く、官軍は率衆して少し。少にして多に勝てざるは是れ、軍旅の不賢《すぐれざる》なり。陣に暁《あきらか》ならざるべからず。賊兵は愚率にして乱れ、官兵は智衆にして一つなり。一を以て乱に勝てざるは是れ、邪魅の所為なり。祈りもおこなわざるべからず、と。

即て、軍の允《つかさ》たる秦河勝連に命せ、陣を立てなおし衆を盛《ちからをい》れ、我を堅め、他を破り懸け為し、敵を追い、待《そな》えに造て衆を圓《まったく》し、是如《かく》術を為すに又、将軍大臣に命せ、方を撰び白膠木《ぬりてのき》を執って四天王の像を刻み、将軍の頂頭に安め、願を発《おこ》し、誠信と為す。

【訳】

この時、太子は太皇后の詔により父王の殯宮より出てこられ、大軍の後方からその状況をご覧になり計略を言われた。賊軍は民衆を動員し数に勝り、わが軍は少ない。少人数で多勢に勝てないのは戦法がよくないからである。兵の配置をよく練らねばならない。賊軍の兵は統率がとれず乱れているが、官兵は軍《いくさ》を知る者たちが一体となっている。その上で勝てないのは邪悪な気の仕業であるから祈祷を行い悪気を伏せねばならない。

そして軍の允《つかさ》たる秦河勝連に陣の立て直しの策を与えられた。みなの気力を盛り上げ結束して敵を破り追い払い、陣を固めて守り、また将軍は大臣に命じ方角を選び、白膠木《ぬりてのき》を取り四天王の像を彫ると将軍の頭頂に収め誓願を発し、誠信とした。

・太子は四月九日父天皇薨去の後まだ三ヶ月、諒闇のうちに起きた神祇祭儀の最高長官、物部守屋大連の反逆である。

・四天王は仏教に於ける四天鎮護神にして又、国家守護の四神である。東方の守護は持国天、西を守護するは広目天、南方の守護は増長天、北方の守護は多聞天。

大臣　願を発し曰く。今我を使て敵に勝たしめば護世四天王の為に寺塔を起立《たて》奉らむ。時《このとき》、願いを発し了へて軍を進めて相い戦ふ。此の時、太子進みて大王に白し請ふて先軍に在《ませ》り。

【訳】

大臣は誓願を発して言った。今我を勝たせてくださったならば、四天王のために寺塔を建てまつります、と。そして軍を敵方へ進めた。

このとき、太子は大将軍　初瀬部皇子に自ら請うて進み、前方の陣に加わられた。

大連、之を見《なが》めるに大榎木に登り誓いて大矢を放ち、太子の鐙《あぶみ》に中る。乃て舎人の跡見赤檮《あとみのいちい》に命せ、矢を給ふに之を発ちしに大連の胸に中り、倒れ木上に墜つ。賊家躁乱する間に河勝は城に入り大連の頸を斬《きりおとせ》り。

将軍と軍卒は直ちに大連の家に入り、子女、従族、資財、田宅の皆くを検分し、大連の田を分かち二万項を以て跡見赤檮及び秦連河勝に賜へり。

尋いで玉造岸上に於いて始めて四天王寺を基つ。飛鳥の地には法興寺を立つ。


【訳】

大連、これを眺め大榎木に登り、誓いて大矢を放った。矢は太子の鐙に当たった。そこで太子は舎人の跡見赤檮に命じ矢を与え、これを射たせると大連の胸に命中し、倒《さかさま》に木から墜ちた。賊軍が混乱している間に河勝は城内へ入り、大連の首を斬り落とした。

将軍と兵達は直ちに大連の邸宅へ突入した。そして子女、従族の資産一切を検めた。そこから田を分かち二万項を跡見赤檮と秦連河勝に賜った。

そして玉造の岸上に始めて四天王寺の基礎を打ち、また飛鳥に法興寺を建立した。
・四天王寺の玉造岸は今の大阪城の地という。西暦五九三年、推古元年に大阪天王寺に移し、戦後に飛鳥様式に復元されたと伝えられる。法興寺は五八五年に蘇我馬子が創建し、五九六年に完成（別名飛鳥寺）。現在は飛鳥の真言宗の元興寺となっている。

・飛鳥の地は推古朝時代前後百年の史跡、畝傍山《うねびやま》、天香具山とを結ぶ線の以南、飛鳥川扇状地域を指す。

・一項は三千坪、一町。

・跡見赤檮《あとみいちい》は、他本では迹見赤檮《とみいちい》とある。

秋七月、天皇を凡河内の科長中尾の陵に葬《かくしまつ》る。この時、太子は斬服（註・斬衰喪服）して随い歩き玉ふに両足に血を見し輿《みこし》を攀《ひきよじのぼ》り強いて進み、梓棺に下る間も躍叫、擗踊し絶えて更、蘇る。観る者大いに悲しみ、哀しまざるもの無し。この日、天陰り、微雨数矣《こさめしとしとす》。天《そら》にも思う気有りしか、人みな以為《おもへらく》、太子の孝に感じて其の致す所ならむ。

この年の太子　僧の未然と考え、説法明眼論を製《あらわ》し、豊国法師に給へり。法師之を拝すも不解句《のみこみしえざることば》多し。

【訳】

秋七月に用明天皇を河内国科長中尾の陵に葬った。太子は喪服の裾を端折り棺に付き添って歩かれ、両足に血が滲み流れた。柩を乗せた輿にすがりついて懸命に進まれた。梓棺を墓に下ろす間じゅう泣き叫び続け、悲痛に絶え絶えになられる様子に見る者たちも大いに悲しんだ。あまりの哀れさに悲しまない者はなかった。

この日、空は曇り小雨がしばしば降り注いだ。天も太子の孝心に感じ、涙しているのだろうと人々は語った。

この年、太子は僧にこれから必要になると考えられ、説法明眼論を書かれ、豊国法師に給わった。法師はそれを拝見したが、よく理解できない言葉が多くあった。

・御陵は羽曳市太子町にあるが、元はこの地を科長（磯長原）といった。
・梓棺　梓柩、梓宮と同義で、梓は百木の長と言われるところから天子の棺に用いたことによる。
・躍叫　身を震わせて泣くという意味。擗踊は哀泣の極みを形容した語。
・帝皇本紀には七月甲午二十一日、天皇を磐余池の陵に葬しまつるとあるが、都は磐余池の隻槻宮に定められていたので、そのままの古名を伝えたものであろう。
・説法明眼論は伝わったか否かは不明。

崇峻天皇元年（西暦五八八年、太子十七歳）三月、百済國が僧の恵揔《えそう》、念欣《ねんきん》、恵寔《えしょく》等、使いを遣わし仏舎利を献る。

恩率の首位等を使いと為し来って調を進るに別に仏舎利と聆照、律師、令威、恵衆、恵宿、道巌、令開等の僧を献り、寺工一人、鑪盤師一人、造瓦師二人、画工一人を並に之を貢ぎしまつる。

【訳】

崇峻天皇が即位。三月、百済国が恩卒首位、僧侶の恵揔《えそう》、恵寔《えしょく》等を遣わし、調貢した。それとは別に仏舎利と聆照、律師、令威、恵衆、恵宿、道巌、令開等の僧を献った。また寺工一人、鑪盤師一人、造瓦師二人、画工一人を貢いだ。

・崇峻天皇即位は用明天皇の御葬儀の七月二十一日の直後、八月二日。新たに秦河勝を大連に任じた。大臣には蘇我馬子。都は今の奈良県桜井市の倉橋に定められ倉橋宮と称された。神皇正統記では在位の年七十二歳と伝えるが、用明天皇が四十一歳で崩御であり、その皇后の実弟であるのだから年齢が合わない。記紀には東漢直駒に弑されたのが在位五年の十一月三日と伝え宝算は記されていない。

・恩率　百済国の位品、三品の位とされる。当時の威徳王は日本に仏教を伝えた聖明王の王子で餘昌太子の王位名である。

・鑪盤　塔の九輪の最下にある方形の台をいう。

其の上所《たてまつら》る表《ふみ》に曰く。

日本国王に傳え奏《もうしまつ》る。敬《つつし》みて承るに、陛下基《あまつひつぎ》を紹ぎ祚《たかみくら》を践み、肇めて仏道を興しませり。

漢帝東流の夢、法王西来の猷《みち》は昔從り霊兮《れいけい》とし今に於いて験《あらわ》る。傳燈の聖皇も復、附神の下に誕れ、憧れを立つるに眞人重ねて馬臺の前に出づ。

臣等　至喜に不勝《まさらず》、三蔵の大師と並《とも》に律学の比丘等を貢《みつぎしまつ》渡る。伏して請《ねがわ》くば陛下今、仏は日於若木《ひのわかぎ》の郷を照らして、慈雲を扶桑の邑に掩わんことを、と。


【訳】

百済の遣いが奉った親書に曰うところ、

「日本国王につつしみてお伝え申し上げます。陛下は天津日嗣の宝祚を践まれ、はじめて仏道を興されました。後漢の高明帝が夢に悟り仏道を西域から求め得られたように、今ここに霊験ありて、伝灯の聖王がお生まれになり、仏道を求められるに眞人が現れました。

臣らはこの上なき喜びにて、勝れた法師と律学の僧侶を貢ぎまつります。伏して願わくば陛下、今仏はこの若木の国を照らしてくださり、慈悲が国全体に広がりますように」と。

・表　明らかに相手に表すの語句。表白、表札、表現、表裏などの用ではっきりさせることの意味。漢書によると総て四品あり。一に章、二に表、三に奏、四に較とある。情旨を以て外に表白するのが表で、ここで親書《ふみ》をさす。

・紹基《しょうき》　皇基を継承することをいい、維紹を略して紹ぎ、皇基を略して基とした。

・践祚《せんそ》　虚、神、心、理、気、境の六極を履み、易《かわる》、中《ほどほど》の二極を践みの意で、宝祚《たかみくら》をふむの意味とし、皇位に就くこと。

・漢帝　後漢の高明帝のこと。東流の夢とは、夢に悟って仏道を東国に招いたことをいう。支那の永平三年のこと。夢に金人現れ、その殿中に光明を放ち西域に道を得たる者がいる、それを仏という、何で陛下の国にこの仏がいまさぬことがありましょう、という夢である。そこでこの明帝が博士十八人を選んで西域に派遣して仏法を月氏國に釈迦像と四十二章経を求めたという伝承を指す。

・法王西来の猷《みち》　仏法は西域からの渡来した道ということ。

・傳燈の聖皇　太子を指す尊称だがここでは欽明天皇を指すと解する。

・附神　富士山の義語。

・馬臺　ヤマトのこと。

・三蔵大師　ここでは法に精通している仏僧を指す。
・比丘　仏門に帰依して具足戒を受けた男僧をいう。出家僧の称。
・若木　戦火の跡に生えためでたい生命力の形容。准南子にも「灰野の山に樹あり、若木という、日出るところなり」とみえることから採った用語と解する。
・慈雲　仏の慈悲の流れを形容した句。
・扶桑　古代支那で東海の日出る地にある信じられた「扶桑国と神木の国」で日本の異称。曰く、「日は陽谷に出で、皆池に浴し、扶桑《くわのき》に登り是を晨明《あけぼの》という」とある。

太子　大いに悦び衆師に問うにまた大義を以て衆師に妙会し潤すに微言を以てす。天皇　密かに太子を召して曰く。人の言うに汝に神通の意有りと。又、能く人を相《み》るというも、朕の躰を相て形跡《しるし》有りや勿《なき》や、と。

太子　奏して曰く。陛下は利敏に過ぎ、恐らくは非命　忽《にわ》かに至らむ。伏して請《ねが》わくば仁寛に是非を忘れ玉いて左右を守って姦人を容れ玉ふこと勿かれ、と。

【訳】

太子は大いに喜ばれ、来朝した僧や寺工に色々言葉少なに会式を以て慰問したという。

何か天皇に気がかりなことがあってか、密かに宮中に召されて「人々がいうところによると汝は神通力を持ち、また人相を観るというが、朕を観ていかがか」と仰せられた。

太子がその尊相を判断され、御心がけについて奏上された。陛下は利に敏くあられ過ぎるのでおそらくにわかに命を落とされるかもしれません。伏して願わくば、是非にとらわれず寛大なるお心で仁慈をもって周囲を守り、悪人を寄せ付けないようになさいますように、と。

天皇　之に問いまつるに何を以て之を知るや、と。太子　恭《うやうや》しく伏して曰すに、赤文《あかすじ》の眸子《ひとめ》に貫くは傷害の相為るなり、と。

天皇　鏡を引いて自ら之を視たまうに大いに驚きたまいて不楽《こころよからじ》。

此の日、太子　左右に謂うて曰く。陛下の相は相い転ずべからず。是れ過生（前に生きていたとき）の報いの約《ちか》いの現天《うつみよ》の気稟に感じてなり。若し三宝を崇め四海に不実無為《まことせず》に心を断て、魂を般若と遊ばば、理法宜しく神化と合て免れるべし、と。即て群臣等に命じ、堅く禁闕（宮城の門）を護衛し近習に会ふに、宿寝《とまる》相い易《かわ》らしめ玉ふ。

【訳】

天皇はなぜ非命とわかるのかと問われた。太子は恭しくお応えし、人相学の秘伝ではひとみを赤い筋が貫いているのは傷害の相と観ますと答えられた。天皇は鏡を持ち自らを見たまうと大いに驚かれ、気分を害された。

この日、太子は側近に言われた。陛下の凶相を転じることはできない。これは過去世の報いの約束が現在のご気性に応じて顕れたものだからだ。もし仏道を信じ天下世俗から離れ、孤高にあられ、私心の浄化に努められるならば天の理にかない因果から解かれるだろう、と。

そして群臣に命じて堅く禁裏を護衛させ、近習には宿直を厳重にするように変えさせた。

・理法宜しく　理は神気、虚形霊息、一切の偏りを無くし空寂無関、正知正慧の本源のこと。法はここでは般若波羅蜜多の法をいい、善行を父としその六根清浄し私欲を求めず仁慈を施すことを母とすることで諸法無我の域に入る。

二年（西暦五八九年、太子十八歳）太子奏して曰く。

王は是れ、政の主なり。八方の憂へは國の縣の紛《もめごと》に在り。願わくは三道及び西海、西陸に遣わし、國の境を察らかにせしめたまうべし、と。

近江臣の蒲《かま》をして東山道に遣わし又、肉人臣《ししどのおみ》の雁《かり》を東海道に遣わし、畔上《あべ》臣牧吹《ひらぶき》を北陸道に、大連河勝を西国に遣わし、国、縣の境を百四十國に正したまえり。

民庶等も大いに伏《したが》い、諸使は復《また》之を奏《もうしまつ》れり。

天皇大いに悦んで曰く。太子の力に非ずば朕《われ》は敢えて外の国境まで知《つかさどる》ことを不能《よくせざらん》、と。

【訳】

二年、太子が奏上し曰く。

王は政の主であらせられます。八方の憂いはいなかの地での紛争にあります。願わくば、三道および西海、西陸に使いを遣り、土地を調査し境界を定めるようにしていただきたい、と。そこで近江臣の蒲を東山道、肉人臣の雁を東海道に、畔上臣の牧吹を北陸道に、大連河勝を西国に遣わして国と県の境を分け、正しく百四十国とした。

庶民等は大いに伏い、紛争を止めた。

天皇は大いに悦ばれ、太子の才《はたら》きがなければ、朕《われ》はあえて辺境の状況まで知る由もなかったといわれた。

・国境の制度は古来日本八洲、崇神天皇の四道将軍、五畿七道などは成務天皇の百三十三カ国にみられ、改正としては清貞天皇の吉備の前・中・後の分国、或いは雁越の前・中・後の分国などに見えるが、この百四十カ国は特筆される史実であるといえるだろう。

・八方の憂い　日本八洲の全体のことをいう。（日本書紀は東山道に近江臣満と宛て、ここまで詳しく伝えていないが秋七月の記にある。）

この年、太子　天皇に奏して曰す。

国を治める慮《はかり》の是非は必ず学問に在り。学問の美《よし》と忌《あし》のことは、必ず圓《まるみ》と闕《かけること》に在り。

その圓とは三法の相い具《ともなう》の是なり。その闕とは三を一とか、二と為すの是なり。その学には偏り無するなり。偏りを無するときはまた、学ぶ心にして敵を無す。敵を無するはまた、心を修めるなり。和を公にし、公に和して百官は官を官とせむ。これ政は正《かたよらず》、直《すなお》なり。是の如くして、民は理《おさま》り、国も治《シズマラ》む。庶幾《こいねがわく》ば、天皇三法の学を立てたまえ。

【訳】

この年、太子は天皇に奏上し曰った。

国を治める根拠とすべきは学問にあります。学問の善し悪しは偏りの有る無しにあります。正しく偏らないようにするには三法があいまってあることです。三を一、あるいは二とすれば偏ります。

学問の偏りをなくすることは対立を無くすることです。敵対せず心を修め、和をもって公の事を行い、和することで役人はその務めを全うすることができます。そうすることで政をかたよりなく枉げることなく行うようになり、民もまた落ち着き国は安らぎます。請い願わくば陛下、三法の学を立てられますようおはからいください。

・この項以下は太子の教学の哲理を窺わせられるところである。この項は日本の思想文化を啓蒙する上において重要な手がかりを与えているが、記紀は全く伝えていない。当時、日本に秘められていた学問は五鎮三才の至高学であったのだが、一般には知らされるべくもなかった。そこへ太子が現れ衆生済度の本願として人々を知的に啓蒙し、徳を八方に弘め総ていくことを志とされたのである。しかしいかに至高の日本神学がそこに秘められてあったとしても、当時の神道は未だ理論神学はなく儀式のみであった。それにより天皇の公心が培われなかったことが次にみえる。

朕に不審有り。三法は三國の法ならむ。皆二つに無くして足れり。何ぞ今無くして否と為すや。太子、答えて曰く。

世界は皆時なり。一にして足ること有り。二にして足ること有り。三に非ざれば否なること有り。上古の三國は皆神人為り。正直にして足れり。中古は曲がり、仁義の功に非ざれば治むるに由なし。末世は悉く邪なり。因果を知らざる則は制えるに拠りどころなし。上古も因果無きに非ず。眞因眞果にして可なり。中古も因果無きに非ず。善因善果にして又可なり。

上古に仁義無きに非ず。無為にしてその中に足る。末世に仁義あらざるに非ず。以て因果の法に正す。中古も正直有るに非ざるに非ず。以て仁義の体と為す。末世に正直有るに非ざるに非ず。以て因果の用《はたらき》を為す。神道は正直なり。その仁義無きに非ず。又、因果無きに非ず。有るを以てし、有るを又、微為り。

儒宗は仁義なり。最《すで》に正直無きに非ず。又、因果無きに非ず。之を根と為す。且隠れ、有ると雖もことを為さず。

仏法は因果なり。乃、正直無きに非ず。又、仁義無きに非ず。有るも是を専らせざるなり。有って隆《おおく》を言わず。

就中《なかんずく》、後葉は三法を兼ねざれば己に執られて迷い、多くは政道を妨ぐなり。神を純《もっぱら》にしても儒に通わざる者は怪に住《とどま》って君子を知らず。又、その釈に通わざる者は長寿を幾《こいねが》い、業報を忘れむ。儒を純らにし、神に通ぜざる者は常を執って天政を知らず。あるいは又、釈に通わざる者は表を繕って裏《うち》なる邪を想わず。釈を純らにして神に通わざる者は成仏を楽しんで天理を棄つ。またまた、儒に通わざる者は出離に精しくも人倫に粗《うとき》なり。

凡夫は皆執我の法を以てし、成すこと能わざると雖も押し之を用いること、譬えば威儀の衣服を為すに夏衣を以て冬を凌がむとし、内儀を以て陳を治めむと欲するが如し。その法の非なるに非ず。更に利無し。

三法の学人、其の純学者にして各二失を帯び、行状に善を尽くすことなくば政道に妨害有らむ。

臣は少稚《おさな》しと雖もまた敏くなくと雖も、生を王家に得て何ぞ政の失を嘆かむ。

【訳】

崇峻天皇は太子に、三法は三国それぞれの法である。みなその一法で事足りていたではないか、なぜ今になって三法がいるというのか、朕はその意味を理解し難いがどういうことかと御下問された。

それぞれ一教にて事を済ませていたのに、今になってその三を兼ね合わせねばならないのはなぜか、それに対し太子は、世の中は時とともに移り変わります。道は順序あっての道となり、人は時に支配される命であり、その命を全うさせるのは心である、その心づかいが一で足る時、二つで足るとき、三つなくてはならない時ということがあるのです。

上古の三国は皆神人で正直で居られました。中古に至ると人の心が曲がり仁義の功のみに偏り、末世になると人の心はことごとく邪悪に冒され、その理由がわからなければ格すことも制することもできません。上古といえども因果がなかったのではなく真因真果でよかったのです。中古も因果がなかったのではなく善因善果でまたこれもよしと。

上古に仁義がなかったわけではなく無為にしてその内にありました。末世も仁義が全くないのではなく、因果の法で正すのです。中古も正直がないわけではなく、仁義によって表しました。末世も正直が全くなくなるわけではなく、因果のはたらきによって正します。神道は正直であり、その中に仁義、因果がないのではなく、すでに細やかに含み隠れてあるのです。

儒教は仁義であり、正直、因果がないのではなく根本にありますが、教えにことさら表れません。仏教は因果であり、正直、仁義が中にあっても中心には置かず多くは言及しません。

とりわけ後代に至ると、三法を兼ねなければ我執に迷い政道の妨げとなります。神道のみに固執し儒を識らない者は怪異にとどまり君子の道を知りません。また仏教を知らないと長寿を願うばかりで因果応報の定めを忘れます。儒教に通じて神を理解しないものは現実のみで判断し天政を知りません。あるいはまた仏教を理解しないものは表裏を使い分けるばかりで心の邪を恐れません。仏教を信じ、神道を知らないものは成仏を楽しみ天理を無視し、儒教を知らないものは処世に長けても人倫を大切にしません。普通の人はみな自分がいいと思う法のみを信じ成らないこともそれで押し通そうとします。たとえば礼服を着るのに、冬なのに夏服で通そうとしたり、内々の決め事を外の他人にも通そうとしたりするようなものです。その法が非というのではなく、それでよくなるということはないということです。

三法の学人が自ら信じる法の他二法をも学び、善行に尽くすのでなければ、政道の妨げとなります。臣は幼い身でありましても、また敏からずとも、王家の一員として失政を歎かないでいられません。

天皇、又日う。

大王《でんか》の言や、理に於いては誠に然り。或は学に於いては雑学と為らんか。

太子　答えて曰す。

如今《いま》、天下の政を相《たすくる》の大家は最《すで》に三家在り。蘇我、物部、尾治の是なり。蘇我は王姓にして高（家）、物部及尾治は天姓にして相次、眞道神（眞道味命）と陰山命と竹内公は併に功有り。而《これ》三家立て又三家なり。何ぞ雑家ということ有らむ。

互いに其の功を知りて不非《そしらず》、不妬《ねたまざる》則は政を相け、正《かたよらず》に私を無《なみ》し、敵を無《なみ》し、三家として各々相《とも》に忘れ、唯《ひとり》我家有ると思い而、互いに非《そし》り、互いに妬む則は政の相も乱れ社稷も衛れざらむ。是れ皆私のみ。

天有の三法は世界の三理にして私無く妄も無し。別に立て別に益すに何ぞ妬み非《そしること》が有らむ。何の雑学か有らむ。水を尊ぶ者は唯水を云い、木も火も無して何の水の功有らむ。木を貴ぶもの、火を貴しとする者も亦然らむ。

天に五行有り。何ぞ非為ること有らむ。何ぞ雑為ること有らむ。水火の勝劣は時に依らむ。事に依らむ。常に依らむ則は齊《ひとし》く、三法の勝劣も又、廃立も然り。

この三は道を興す。道は万機を相《たす》けんもその間に妬み非《そし》りの有る則は還って万機を覆さむ。

厥《それ》妬《ねたみ》非《そしり》を為すことは唯、他を非《とがめる》に由る。厥他を非と為すは三法を学ぶ者として其の有智及び無智と気質の凡夫にして未だ天理を尽くさず、天下一有って二無く、

唯　我が宗のみ正法にして他は異の外と思う所以なり。

天気の五行　焉ぞ此れ一ならむ乎。天霊は三光、豈ぞ亦一ならむ乎。

五行には得失有り。一を闕くる則は立たず。三光の勝劣為り、功を成すに微緲を無《なみ》するは、是れ即ち天理なり。

霊宗は仁義なり。人倫に限て立つ。神道は正直成り。日月に限って立つ。仏法は因果なる世界に限って立つ。人倫の有るの間に儒学無みして如何せむ。日月の有る間に神教無みして那為《なんとせむ》。世界有るの間に仏道無くして作麼《そも》。

互いに己を宗と為し、互いに他を天と為して尊ぶ則は、非《そしること》も無く、雑《みだすこと》も無からむ。是れ王者の道なり。


【訳】

天皇はさらにもうされた。

大王《でんか》の言うことは理においては誠にその通りだが、それは雑学ではないか。

太子は答えて曰った。

今、天下の政治を与る大家はすでに三家あり、蘇我、物部、尾治です。

蘇我は王姓で高家、物部と尾治は天姓にして相次ぎます。真通神と陰山命と竹内公はともに功あり、三家並び立って三家です。どうして雑家といえましょう。互いにその功を知り、誹らず、妬まない時は、政治を相《たす》け、かたよりずに私心なくし敵もないのですが、三家がそれぞれが唯我が家があることのみ思い、他を謗り、妬み合えば、即ち政治は乱れ社稷を護ることはできません。これはみな私欲に執着するためです。

天の恵み三法は世界の三理であり、ここには私無く妄なこともありません。それぞれ別にあって栄えているものを何を妬んだり非難することがありましょう。何の雑学というのでしょう。水を尊ぶ者はただ水を云うのみで木も火も無くして水が何の役にたちましょうか。木を尊ぶ者、火を貴しとする者もまた同じです。

天に五行、木火土金水があります。どれも優劣はなくどれもそれぞれにはたらき必要です。その勝、劣は時と場合により、また常に等しく在ります、三法の勝劣、また廃立もこれと同じです。

この三は道を興し、道は万機を相《たす》けますが、その間に妬み誹りがある時は還って万機を覆します。この妬み誹りは唯、他を非難するからです。他を非難するのは三法を学ぶ者として智ある者、無智の者いずれもその気質が凡庸で未だ天理を理解し得ず、偏りて天下に一法ありて他はないとし、わが信じる宗のみが正法であり他は間違っているいう考えだからです。

天気の五行、これが一つではありましょうか。天霊は三光、どうして一つでありましょうか。

五行には得と失があります。一つを欠けば立たず、三光の勝劣となり、功を成すに多寡はないこと、これが天理なのです。

儒教の本義は仁義にあり人倫を格すことを目的にし、神道は正直で日月を限って立ち、仏教は因果で世界を限って立ちます。人倫のある間、儒教が無ければどうなりましょう。日月のある間に神道を無くして如何なりましょう。世界のある間、仏教が無ければこれまた如何なりましょうか。

互いに己を宗《もと》と為し、互いに他を天と為して尊ぶ則は、誹りも無く乱すことも無く、これが王者の道なのです。

・三光　神を示《あらわ》すに日月星の三光を以てする。大自然の姿に学び神代に天思兼命、天物梁命、天太魂命の三公神により、日神の光沢に浴せしめた神事。

・神武天皇の皇極を制めて以来は物部の遠祖 眞道味命、尾治の遠祖 陰山命、三輪の遠祖 天日方地日方命を以て三公とされる。この項は政道輔弼《せいどうほひつ》の三相として蘇我、物部、尾治の三家が担ったことをいう。次官家は大夫を以て充てた。

・蘇我氏は、開化天皇の弟、彦太忍信命にして父は孝元天皇、母は五香色女開化天皇皇后であり、母からすれば崇神天皇の兄に当たり、この彦太忍信命の子、家主忍男武心命が紀直の祖、菟道彦の女 影姫を娶って竹内宿祢を産み、その児の石川宿祢に至り蘇我となった。その児の満智が雄略天皇の時、齋蔵、内蔵、大蔵の三蔵（註・内蔵は履中天皇、大蔵は雄略天皇の朝）を検校したことから勢力を得た。その曾孫の稲目の時に宣化天皇の大臣となる。その女が欽明天皇、用明天皇の二朝に納まり外戚となった。略系は、竹内宿祢↓蘇我石川麻呂↓満智↓韓子↓高麿↓稲目↓馬子↓蝦夷↓入鹿に至り六四五年「乙巳の変」で一族は失脚となった。

・物部家、尾治家は先代旧事本紀大成経　皇孫本紀に詳しい。

・三家それぞれの役分は、物部大連は皇儀に臨み神璽の瓊を戴き持ちて天皇に奉り神言を奏上する。尾治は神代の史（内録）を以て天皇に奉り、神代七代の　御《しろしめたまう》如く、神代五代の法約に　住《とどまりたまう》　如く云々の神言を奏上する。後は卜部、忌部に代わったが、尾治家が雑家とはならず、相互に相手の立場をよく認識しあい敬いあって今日に至っていると申し上げ、三法、三理について述べられた。

天皇　問云《といたまわく》。

道を学ぶ数《かず》員に奈ぞ三を揚ぐるや。

太子　答て曰く。

世に法多しと雖も、鬼神　人倫と賢聖との三法は一切の法を攝《と》るなり。

霊怪の万法は鬼神に於いて　攝《とりおこな》い、世常の万法は人倫にて攝える。悟覚の万法は賢聖に摂《とりおこな》われるなり。

三法は互いに具有すと雖も且《また》其の長を取りて主を立つなり。人に法多しと雖も、生元と存庸と死極の三法は一切の法に摂《と》る。命気の万法は生元に摂理、日用の万法は存庸に摂り、死逝の方法は死極に摂らむ。三法は互いに通度すると雖も又、其の隆《ひいでる》を取りて官を立つなり。世界の中間《うち》に鬼神無きこと無く、人倫無きこと無く、賢聖無きこと無し。人間の一世に生元無きこと無く、存庸無きこと無く、死極無きこと無し。三法の中の両、鬼神と生元、合わせば神道と成らむ。人倫と存庸と合わせば儒道と成る。賢聖と死極を合わせば仏道と成る。故に三法を立つるなり。

【訳】

天皇が下問になられた。どうして三道を揚げるのか、と。

太子はお答えした。

世の中に法は多くありますが、鬼神と人倫と賢聖との三法は一切の法を網羅しています。霊怪の万法は鬼神において摂り、世常の万法は人倫に摂り、悟覚の万法は賢聖に摂ります。三法は互いに具有しあい、その特長を摂って主を立てます。

人に法はたくさんありますが、生元、存庸、死極（つまりいかに生まれ、いかに生き、いかに死ぬか）の三法は一切の法を摂り、命気の万法は生元に摂り、日用の万法は存庸に摂り、悟覚の万法は死極に摂ります。三法は互いに相通じるものがあり、その秀でるところを摂って官どるものを立てます。

世界のうちに鬼神が無きことなく、人倫無きことなく、賢聖無きこと無しであり、人間の一世に生元無きこと無く、存庸無きこと無く、死極無きこと無しなのです。三法の中の二つ、鬼神と生元を合して神道《かみのみち》と成り、人倫と存庸と合して儒教と成り、聖賢と死極を合して仏道を成ります。ゆえに三法を立てるのです、と。

・三法は何故に立つのか。立てねばならないのか、互いに通じれば人類の度《すく》いとなるからという大儀を説かれた。

・霊怪の万法は魂に活きることであり、己の神霊《うちつかみ》によって己の心を攝《おさ》め、私《えてかって》を追いやって公の大我に活かす。これを「霊怪の万法は鬼神が攝る」というのである。

・世の中の日常の全ては五常五倫に外れないことに外ならない。君臣の義、親子の親しみ、夫婦の和、朋友の信によって仁智義礼信の五心がみな生かされる。

・悟覚に於いて万法に攝むることは非凡の業であり、賢聖といわれる人はそれを期しているのであり、真に大覚すれば吾は神《あまつみおや》の命にして即身成仏となる。煩悩即菩提として自己葛藤も無く、成すべき人の人たる道を行い得るのである。悟覚も得ないものは偏って神仏を知るから自己処罰して或いは病身となり、或いは自失することになる。その説き方は如何にあるべきかと誨えられた。
・この項は先代旧事本紀大成経のみ、他本では欠文である。

天皇　問曰く。三法の理　然《かくのごとく》して國を渡《すくへ》ざるは奈《いかん》。
太子　答え曰く。未だ三法は有らず。其の國は禽獣に類し、八難は其一なり。
亦復《またまた》　問曰く。震旦に神道、天竺に儒道、とは未だ其れに至《およべる》を聞かず。
即《すぐ》　答奉り曰す。天竺の輪王は彼國の儒道、震旦の陰陽は彼國の神道なり、と。
亦復　問曰く。然即《されば》、天竺は儒、仏、神にして足らむ。他國に来るに不期《またざらん》。若し然らば勝國ならむ。震旦も、儒、神にて足り是を以て中國為む。只　我が日本は纔に神道を出し、他は他國に期むとは劣國に非ざるや。
即ち之に答曰く。神史の明す所、高皇産霊《たかみむすびのかみ》　天竺に人を生む。大己貴神《おおなむちのかみ》は震旦に人を生む。皆是我が神にして吾の之《ゆき》て彼と為せしなり。伊弉諾神《いざなぎのかみ》は既に古佛に謁え、大國主神も還《また》謁えて法を得玉えり。加之《しかのみならず》　吾が大祖　仏の道を頂尊と為し、三法と合わせ見《あらわしたま》えり。其の理に私無く、又、吾が先皇《たかみこと》は吾國の儒にまし、其の上は両國を集《むすびたまう》なり。然即、我國こそ最も尊き勝《けなる》國なり。

天皇　之を聞《きこしめ》し大《はなはだ》信伏したまえり。

【訳】

天皇の「三法が用意されていたのに、なぜどこの國も救い得なかったのか」という御下問に対して太子が返答された。

どの国も未だ三法を兼ね施してはいないからです。生き様は禽獣の域と大差なく実相から外れ、飢餓と湿害、寒冷、暑熱、水害、火難、兵戦の八難の中にあります、と。

さらに問われ、震旦、天竺にしても神道が普及されているとは初耳であると仰せられ、太子は天竺の輪王（インド神話の帝王）はかの国の儒道であり、震旦の陰陽はかの国の神道にあたります、とご説明された。

またさらに天皇は問われ、されば天竺は儒、仏、神があり足りており勝れた国であり、震旦も儒と神にて足りほどほどの国である。ただわが国は纔かに神道を持ちて他は他国から来たるを待つとは他に劣ってはいないか、と曰った。

太子はこれに答え曰いて、わが国の神史に明らかであるとして、過去仏と神祇が無関係ではないことを説かれた。高皇産霊は天竺に人を生み、大己貴神は震旦に人を生むとあります。伊弉諾尊はすでに古仏に謁え、大国主神もまた謁えて法を得られました。それだけではなくわが大祖は仏の道を頂尊《たかみこと》として三法として顕されました。その理には私無く、また吾が先皇は我が国の儒であられ、その上は両国を通わせ結びたまわれました。よって吾が国こそ最も勝れた国であります、と。

天皇は太子の言葉を深く理解され信頼を寄せられた。

此の年、太子は学哿に問曰く。

天の旋転の状《さま》は、如何に学びしや。学哿、答曰す。

臣の國の学は、元は陳に学べり。然《かくのごとく》二説有り。其の一は、天輪の日月は西より地に入る。東の地より出づ、と。是れ我の正と為し学びし所なり。其の二は北自り東に旋り、東より南し、南自り西に、西より北に、是を異と為す。

【訳】

太子十八歳の時、学哿に問われた。天の旋転についていかにして学んだのか、と。

学哿は答えて申し上げた。

わが学びは元は陳の学問によって得ました。二説ありまして、転輪の日月は西より地に入る。東の地より出ずる、と。これを正しいと学びました。もう一つは北より東にめぐり、東より南へ、南より西に、西より北へとあり、これはまちがいとします。
・陳は、舜の後で侯尊、武王が殷を滅して虞舜の後胤を探して今の河南省淮陽区に封じたが西暦六〇〇年頃に楚に滅せられた国をいう場合と、支那南北朝時代に出来た場合と二つあるとされるが今にいうは後者。前説に対し、太子は次の如く説かれる。

太子、之を聞こしめして喟然《ためいき》し、嘆き曰く。

汝の正しきと為すを学べば、是れ後儒の見耳《みかたのみ》。其れを非《よからず》と為す所は是れ、先儒の説なり。

我は今、論《あげつらう》に、理《ことわり》有って、須く理に帰《もどっ》て不僻《かたよらざる》べし。

月は日を以て照らされる為り。然即《されば》望月は、其の中天に在る則は、日は地中に在らむ。而《しから》ば、其の地の遮りを得て、月は以て當《また》光《てること》無かるべし。然るに月は盛に輪を成げるなり。其れ非《よからず》と為すの一なり。

又、天漢《あまのかわ》の流分は天の八分に流れ、四分の陸有り、是れ天形の状《かたち》なり。汝の学べる如くならば、天は車輪の如く常に竪に転ずるならむ。然らば即ち、天河の状は當に唯東西に浮沈し、四分の陸天は時に中天を旋るべし。然らば瓦輪の如く恒に横転為し、或宵は東西、終曉は南北し、或宵は南北し、又、曉天に東西し、古来庸《つね》に此の如けむ。其の非と為すの是れ二なり。

天には上分と下分と有らむ。上分の辰星は常に見はれ、下分の辰星は不見《あらわれず》。或いは汝の言の如くば天は南北に横ぎり、上下に相い転がるならむ。天には上下は無し。然即、隠るること無く、衆星は悉く見はれむ。然るに其の陰下の首尾の大老、更庸《またつね》に見えざらむ。其れ非と為す其の三なり。

蕃国の眞《かんつひじり》至《なかつひじり》は已に以て横と云う。西天の古仏、吾が朝の天尊、皆方に横と云すに何ぞ多聖を疑って一《ひとり》の凡《ただびと》を信ぜむ。

神童は視《しらべて》言い、凡敏は議って言う。這の一にして是の如し。余《ほか》の千も顧《おもうべ》可し。

学哿、信伏し、頓拝し退出せり。

【訳】

太子は学哿の返事を聞きため息をつき、歎かれ曰われた。

あなたの正しいとしているのは後儒の考えかたです。先儒（周公、孔子、孟子）の説からみれば正しくありません。そもそもの理があり、その理に沿って偏らないようにしなければならないのです。

月は日によって照らされて在ります。されば望月が中天にあるときは日は地中にあり、よってその地の遮りがあれば月は翳ります。月は盛りに輪を成すので、これが非である理由の一つ。

また天の川の流れは天の八分に流れ、四分の陸があり、これは天の形状です。あなたの学んだとおりならば、天は車輪のように常に縦に転じることになります。そうであれば天の川の形状は東西に浮沈し、支部の陸は時に中天をめぐります。そして瓦輪のように常に横転し、ある宵はただ東西に、明け方には南北し、ある宵は南北しまた暁に東西し、古来常にこのようにあることになる、これが非である理由二つ目です。

天には上分と下分とあります。上分の辰星は常に見え、下分の辰星は見えません。あるいはあなたのいう通りならば、天は南北に横ぎり、上下に回転することになります。天には上下は無く、よって隠れることなく衆星は悉く見え、そしてその陰下の首尾の大老、またつねに見えません。これが非の理由三つ目です。

未開の国の真人《かんつひじり》、至人《なかつひじり》を間違いとし、西天の古仏、わが国の天尊などみな間違いといい、多くの聖を疑って、なぜ一人の凡庸なる人を信じているのか。

われはよく観て調べて言い、おろかびとは相談して言う。この一つとりてもこうである。他のこともみなよく考え直すべきである。

学晉は太子の言葉にしたがい、お辞儀して退出した。

・学晉に先儒といかに相違しているかを天文を引用して説明した。学晉は若い太子の非凡さに刮目させられ、また深く納得した。

三年（西暦五九〇年、太子十九歳）三月、学尼の善信等は、百済より来る。

此時、太子　天皇の請に依り、試に釈の律義を問いまつるに尼等　未だ曽て由を知らずと辨え答えを能くせず。

天皇　勅《みことのりたまわ》曰く。

　何《なんたることか》、道を遠かに求め、海表國に問《まなびし》に、労《つとめ》以て功《そのかい》無しとは。

此に三蔵の大師聖　有乎《いますなり》と。

太子　辞譲す、時《このとき》歳十九なり。

這時　太子　天皇に奏曰。

陛下は希有にして今、仏法を信じませり。夫れ此の法には総て然《かくのごと》く三大有り。

心性の法界、覚りの体大、身行の如理、修め之《ゆく》の相大、三宝の信帰、事《つと》め行の用大、となり。

迷う人は佛及び法の助力に頼って身《みずから》の行いに悪行の非を作すを棄て、以て法を仏に委ね、還って自らの恣《きまま》なるは豈ぞ之を名づけて古仏道と為さむか。那《なん》ぞ仏は悪に同《くみ》して非戻《ひれい》助けむか。

設《たと》い大悲の徳、之を捨てたまわざるの理有りと雖も悪《なん》ぞ終《つい》に、その益《りやく》を得らんや。仏に帰する者は、迷う所を豫め知らざるべからず。

冬十有一月、太子　詔りて　冠《みかふりしめたまう》焉、群臣　悦《こころよ》く之を賀《いわい》もうせり。

此の年太子、釈の流《つたえ》し相《すがた》を考え、末法應機論を製りたまえり。法の末だ度《すく》い得ざるを憂いてなり。

【訳】

三年三月、学尼の善信等が百済より来た。この時、太子は天皇に請われ試みに仏教の律義を問うたが、尼たちはまだよく知らずと弁え答えることを控えた。

天皇は勅曰く、何たることか。道を遠くに求め海外の国に問うてもその成果がないとは。ここに三蔵の大師聖はいるのだ、と。

太子は謙遜し控えた。この時十九歳であられる。この時、太子は天皇に奏し曰く。

陛下は稀有にして今仏法を信じておられます。この法を統べると三大があります。心性の法界、覚りの体大、身行の如理、これを修めると仏の導きがあり、三宝に帰依し、その功は大なるものとなります。

迷う人は仏と法の助けに頼り自らの行いを正しくし悪業から離れ、法を仏に委ねます。還って、自らの勝手気ままや悪に与する非道をどうして古仏道といえましょうか。仏がそれを助けたりしましょうか。たとえ大悲の徳があったにしても、非道を行う者にその利益は得られません。仏に帰する者は、人に迷いあることをあらかじめ知り、仏道にその身を委ねばなりません、と。

冬十一月、天皇は太子に詔し元服せしめた。群臣は悦びこれを祝賀した。この年太子は仏教の伝える形を考え、末法應機論を著された。仏法による済度が未だ実現しないことを憂えてのことであった。

・天皇の悪行は三年当りからで、その前兆は九月の苛政の詔を以てして以来のことである。陛下の仏法帰依は、守屋の神祇職に対しての戦略からのものであり、仏は何の悪でも寛恕されると信じ、その御利益に預かるという了見からであるとみるべきだろう。太子の奏言は予めそのことを察知されてのことである。

・冠焉　元服のこと。

崇峻四年八月（西暦五五一年、太子二十歳）、群臣に詔して曰く。朕は今、任那を建てむと欲《おも》ふ。卿等如何に思うや。

群臣、奏して曰く。皆、詔旨《みことのりのみむね》と同じなり、と。

太子　奏して曰く。

新羅は犲狼《さいろう》なり。今、軍を興すと雖も済成《すくいなすこと》を得ざらむ。軍旅の大地は仁義なるのみ。

先ず仁義を堅め、以て主自り堅めて将卒を堅め玉え。将卒にして能く敵を呑んで后《のち》に三軍は発るべし。然るに未だ敵を呑まずして三軍を利せんと欲す。未だ将卒を堅めずして敵を呑まむと欲す。未だ主自り堅めずして将卒を堅めむと欲す。

未だ仁義を堅めずして軍略を利《よくせん》と欲す。是に處《ことわり》の有ること無し。假復《たとい》、時運に乗り、一旦の利有らむと雖も、猶　浮雲の今有るがごときなり。終いに利と成らむか。況んやまた、宮庭の近きに血《ち》臭《なまぐさき》の有るに於いておや、と。

天皇　聴きたまわず。血の臭《なまぐさきこと》を不問《たずねたまわず》。

冬十有一月、紀臣男丸《きのおみのおまる》（註・紀男麻呂宿祢）、巨勢臣猿（註・巨勢臣比良夫）、大伴連咋、葛城臣小楢等を差し、将軍と為し、奇正二万六千の兵を率いて船出し、筑石に到《とうちゃく》せり。

太子　左右に謂いて曰く。

此軍は遂に征くこと能わざらむ。行くと雖も必ず止て、徒に人力を費《むだづかい》せむ。停休《とどまる》に若かざらむ、と。

天皇、聞《きこしめし》て之を悪《にく》む。

【訳】

四年秋八月、天皇は群臣に詔りし宣った。「今、われは任那を興そうと思うが皆はいかがか」と。群臣は詔に同調したが、ひとり太子は奏上した。

新羅は犲狼の国です。いま軍を送っても任那を救うことはできません。軍の大義は仁義にあります。まず仁義の志を自ら固め、敵をよく知りて後に軍一体となって方策を立ててからです。よって未だ敵をよく理解せず、新たな軍を発すべきではありません。未だ自らを固めずして将兵を固めようと欲し、未だ仁義を固めずして軍略をよくしようとしても、そこに理は通りません。たとえ時運に乗って一時勝利してもそれは浮雲のようなものですぐに流され消えてしまいます。ましてや宮廷に近きところに血生臭い気がある今、その時ではありません、と。

天皇はこの進言を聞かず、また血の生臭きことも問われなかった。

冬十一月、紀臣男丸《きのおみおとまろ》、巨勢臣猿《こせのおみさる》、大伴連咋《おおとものむらじくい》、葛木臣小猶《かつらぎのおみおなお》等を将軍とし、二万六千の兵で船出し、筑石に到着した。

太子は周囲に教え曰った。

この軍は征くことができないだろう。行っても必ず途中で止まり、いたずらに兵を無駄遣いしただけに終わるはずだ。

天皇はこれを耳にし、甚だ不快とされた。
・犲狼　犲は山犬、狼のこと。残酷で悪い者という意味。
・貪婪　性を貪り猥ること。漢書に「死亡する者あれば父母、兄弟、夫婦、姉妹と雖も永く看取らず、これを以て観れば慈の無きことの甚だしきこと豈ぞ禽獣と異ならむや」とあることからの引用か。
・新羅　朝鮮半島南東部の辰韓一二国を斯盧《しら》國が統一して建て慶州に都を置いた。垂仁天皇八十六年頃に朴赫居世が建国し第十七代の奈勿王の時、神功皇后に征された。以後、唐に封冊を受け、百済、高句麗を攻め滅した。天智天皇七年（六六八年）、朝鮮全土を統一したが九三五年に高麗に滅ぼされた。
・皇族の一員として太子の発言は勇気のいることであったはずだ。或いは天皇はもしこれでその目的を遂げられていたとしたら、伝えられるような狂気の悪行はなさらなかったのかもしれない。道があってもその道に案内することの如何に至難のことかを教えられるところといえよう。

此月、太子　左右に謂曰く。
世に盗人有り。之と離れざる則は苦禍に會わむ。其の一は身を盗むの是ならむ。骨

肉　気體は父母に得たり。骨肉を愛し、気體を養ふ焉が為に還って父母を捨てるは何ぞ唯、身体のみならむ。

恩愛養育の労、量る不可の其の中に長じ乍ら父母を忘るは王政に在りては功無く、臣事に在りても功無く、民稼に在りても功無く、学道に在りても功無く、是人は即ち是れ身を愉《ぬす》むの盗人なり。

其の二は命を盗むの是なり。衣と食と居と族とは主君に得たるものなり。王國に住み、王食を嘗め、忠勤を忘れ、忠信を失し、世の安《たのしみ》に在り、心身に安《うれいもな》く、治世《おだやかなるみよ》に在り、體壽を保つに、其の恩は何処にか在らむ。何ぞ人と為《たる》を知らず、義を断つに及《いた》るは即ち愚人なり。義の断に過ぐるは即ち禽獣にして是れ命を愉むの盗人なり。

其の三は、理盗の是れなり。三才の理に差《たが》へばなり。天は転《めぐり》の天なり。地は到《さだま》って地なり。人は力《つとめ》て人為り。人に六民有っての天民なり。政と事と農と工と商と芸とは須臾も休楽《やすむ》こと能わず、互いに行《はたら》き、互いに立つは是れ天道なり。別けて以て之を道えば、政為す者の休楽《たのしみ》を好む則は乱と為りて苦しめられむ。

事者《じむとるひと》の事めを休楽む則は官の為に苦しめられむ。農者の休楽み、遊び為すときは登《ものみのら》ず、苦見《くるしめられ》む。

工者の休楽に徊《さまよわるるとき》は不用《つかいものがなくなり》て苦しめられむ。商者が休楽に遊《たのしまるるとき》は利を無くして苦しめられ、芸人の休楽に在るときは未だ錬られずして苦しめられ、又総じて之を道えば、婬色《むさぼること》を楽しむ者は労《つか》れ来たりて之に苦しみ、酒肉に楽しむ者は傷み来たりて之に苦しみ、狩猟を楽しむ者は害来たって之に苦しみ、博奕に楽しむ者は失い来って之に苦しまむ。

何ぞ諸《これ》、唯《ひとり》の苦しみのみならむや。理を愉むの盗人なり。

天皇　之を聞こしめし且《また》、恣《きまま》の楽《あそび》を恐れたまへり。

【訳】

この月、太子は周囲に謂い曰く。

世に盗人あり。これと離れないときは苦しみ、禍に遭う。その一つ、身を盗むことである。骨肉、気体は父母に賜れたものである。骨肉を愛しみ気体を養うために還って父母を捨てるとはなんということか、ただ身体のみでなく養育していただいた労は量りようもなく、育てていただきながらその父母の恩を忘れる。このような者は王政に、臣事に、民の稼ぎに、学道に何の功も成し得ない。これはすなわち身を愉《ぬす》む盗人である。

その二は命盗である。衣と食と居と族とは主君から与えられたものであり、王国に住み、王食を口にするに拘わらず、忠勤、忠信を忘れ失い、世の中の楽しみに走り、心身に憂いもなく、治世に安住し寿命を保ちながら、その恩はどこにあるのかを考えもしないならば、人であろうか。義絶するはすなわち愚人である。義を断つのは人でなしの禽獣だからである。これは命をぬすむ盗人である。

その三は理盗である。三才の理にたがえるからである。天は転じて天たり、地はさだまって地なり。人はつとめて人なり。人に六民あっての天民である。政と事と農と工と商と芸とはすこしのあいだも休むことはできない。互いにはたらきがあって互いに成り立つのが、天道なのである。別の言い方をすると、政為す者の休楽《たのしみ》を好むときは乱となり民は苦しめられる。

事者のつとめを休楽《やす》むときは官の為に苦しめられる。農者の休楽《やす》み、遊び為すときは収穫するものがなくなり、苦しめられる。

工者の休楽みに徘徊されると用具がなくて苦しめられる。商者が休楽に遊ぶときは利益なくなり苦しめられ、芸者が休楽めば未練のために苦しむ。これを総じていうと婬色《むさぼり》を楽しむ者は労れ来たって苦しみ、酒肉を楽しむ者は傷来たって苦しみ、狩猟を楽しむ者は害来たりて苦しみ、博打を楽しむ者は失いて苦しむ。これがただ己が苦しむのみであろうか。理をぬすむの盗人である、と。

天皇はこれを聞かれ、恣《きまま》の楽を恐れられた。

・盗人に三種を挙げて戒める、一に身を二に命を三に理を以て誨えとされた。ヒフミ神言で太子は盗《とう》と音義し奸邪の戒めに採り、官を私し主の権を劫《おびやか》す悪と教える。


是年、獲服《えぞ》発て頻りに毒箭を放つ。この箭に中《あた》る者は、小疵を得ると雖も乍《たちま》ち痛み労《くるし》みて死す。天皇　群臣　之を如何ともせず。よって太子に問う。

時于《このとき》　太子　解毒丹を煉って之を兵衣に付けて、進み拒《こば》ましむ。之に依って官軍も勇を得てまた進み、急に賊軍を破り、獲服《えぞ》の王《かしら》の夷狼《いがみ》等の賊を捕らえませり。

太子また、奏し夷狼等をして三師《みもろ》の岡に居らしめ　親《みずから》至って其の縄を許し饗《みあえ》を給い酒を与え、君徳に伏《まつら》しむるに、齋《きよ》むることを誨え、　敬《いやまいごと》を誨えるに、之を率い行いて、至りて三輪の広前に陪《はべら》せ、巍々たる大社に畏き霊妙の神徳に　帰《もどさしめたま》ふ。

又、大連に命せ、三の鐵盾《てつだて》を造り、獲服《えぞ》に之を射さ　使《しめたま》ふに、　庶《おごる》の獲服、之を射るに悉く透すことを得ず。

時に、夷狼　慍《いかり》て自ら起て之を射るに更《また》透すことを得ず。赤檮《いちひ》　射て二を透すに大連は射て三を透し、太子　親《おんみずから》ら射たまうに三枚の鐵盾を透《いぬき》ませり。

夷狼　庶《おおく》の獲服も大いに驚き悉く恐怖せり。

此時、太子　夷狼に　告白《おしえたまわ》く。

吾國の卿《きんだち》等は射を善くし、竪を透すにまた二の理を有《こころえ》るなり。一には力に在り。二には術に在り。弱いと雖も善く射る則は透るなり。寡人《われ》は小児なれば何ぞ力あらむや。國の習いとして射を錬るなり。汝 夷狼等、射に伐《ほこっ》て叛《そむくこと》勿れ。寡人《われ》には天皇有《まします》なり。是 汝獲服《いまじえぞたち》も照らしまさむ日輪の胤《みたね》なり。汝《いまじ》の勇に劣る故に補被《たすけらるる》なり。又 力も劣る故に透らざるなり。君國の理を知らざるが故に、今已に臨て戮さるべくに、今必《あきら》かに尅《きび》しくすべきと雖も、天心《あまつみむね》として孥《しもべ》の國として愍《あわれ》む故に一往罪を赦したまうなり。

獲服等 甚だしく悔い天に誓い、神に約《ちか》い、伏して永く日國の孥と為ることを契り、金綴《こがねつづり》の 衣服を奉り印として為せり。

如今《いま》、太子は此の如き行《ふるま》いを成したまうは、彼の夷等《えみしども》の性《ひととなり》は好むに似て酒を嗜むなり。酒に著《しゅうちゃくし》て命を舍つるも、其の性は信にして偽りなく、一伏《ひとたびしたが》へば叛《そむか》ざるのことを、太子は知《さとりたま》いて斯くの如く之行《ふるまい》しのみ。

【訳】

この年、獲服《えぞ》が蜂起した。盛んに毒矢を放ちて、矢に中った者は小さな傷でもたちまち痛み苦しみ死に至った。天皇は群臣にこの対策をご下問されたがどうにもならず、太子に問われた。

このとき、太子は解毒丹を煉り、これを兵服に塗りつけて進軍させた。官軍はこれによって勇気を盛り返した。ついに賊軍を破り、獲服の王《かしら》の夷狼《いがみ》等の賊を捕らえた。太子は天皇に奏上し、夷狼等を三師岡に連行させ、自らそこへ行かれるとその縄を解くことを許され食事を供され酒を与えられた。そして君徳に随わせ齋《きよ》め、また敬いを教え、彼らを率いて三輪大社の広前に侍らせた。賊たちは厳かで威厳のある様子に畏れ、神徳の霊妙さを感じ帰伏した。

また大連に命じて三つの鉄盾を造り、獲服にこれを射させた。獲服たちはこれを射貫くことができなかった。王の夷狼が慍《いか》り自ら起きて之を射たがまた射透すことができなかった。赤檮《いちひ》が射て二を透し、大連は三を射透し、太子親《おんみずか》ら射たまいて、三枚の鉄盾を射貫かれた。夷狼と多くの獲服たちは大いに驚き、悉く恐怖に慄いた。

この時、太子は夷狼に告曰《おしえられ》た。吾が国の公達は射の腕を磨くことに努めている。盾を透すには二つの理を心得ることだ。一に力、二に術である。弱くとも善く射るときは透るものだ。わたしは子供なので力があるわけではない。わが国の慣習で射ることを鍛錬している。汝、夷狼よ、射ることを誇り叛く勿れよ。

われには天皇がましまして、汝等が蝦夷を照らし給う日輪の御胤である。汝等が勇力は劣るから輔けられた。また力も劣るゆえに透らない。君の国の理を知らないので今すぐに殺されてもしかたがないが、今あきらかに殺すべきといえども、天皇は汝らを孥《しもべ》の国として哀れみて一応罪を赦された。

獲服等は甚だ悔い、天に誓い、神に約《ちか》い、伏して永く日国の孥と為ることを契り、金綴《こがねつづり》の衣服を奉り印と為した。

今、太子がこのようなことをなされたのは、彼の夷等の性《ひととなり》は好むに似て酒を嗜み、酒に執着して命を粗末にするが、その性は信にして偽りなく、一《ひとたび》伏えば叛かないことを覚られたからであった。

・獲服《えぞ》と宛字されているのは、彼らは日常農耤（耕）して生活している民族ではなく禽獣の狩りで生計の糧を得ていたからである。服は衣《ソ》に通じキモノ、コロモの古語で粗服の意味も含めての宛字。ソサノオノ尊の場合も素佐、服佐と宛てたのも同型。

崇峻天皇五年（西暦五九一年、太子二十一歳）春二月、密かに太子に勅曰く。

天は尊く、地の卑きは貴賤の位なり。君は南面し、臣の北面するは是れ人倫の常理なり。而に蘇我臣は内に私欲を縦《ほしいまま》にし、外は詐飾に似たり。

昔日、天下に功有って又、初めて如来の教えを興せしこと有と雖も、今は謙下《へりくだ》るの忠義の情を無しなるが汝、何以為《いかんおもう》や。

太子　奏して曰く。

臣《われ》　吾《わがくに》と異《あだしくに》との古今の常状を見るに、三綱、五常は聖人にして行い難し。陽九、百六は愚臣の害為り。

如今の大臣は驕臣と謂うべし、然るに是の如きに中るは明君の制《おさえ》と為《たら》む。能く天理に中るなり。

夫《それ》、上天道《たかあまはらのみち》は冥《くらみ》にして微《かすか》なり。云何之《いかにして》中《あたら》んか、王者《きみたるもの》臣を制えるに先ず仁寛、正淳の位に顧み、毫私芥味《ごうしかいみ》の妄りに入らず。時に制理を尽くす時は天に帰るなり。

尚、制理の有る則は其の制を議って、祖功、先忠の大を見《かえりみ》、毫憎芥邪の妄を入れ玉はざれ、其の功の理に勝る則は退いて和に復し、尚　制理に有る則は其の己を議って、君弱臣強の則は黙して時を得るべし。

臣は不敏と雖も常に天皇を慮ふ故に、天皇と大臣との威を思ふに、天皇は敏荒にまして其の敕に堪えず。群臣　怖れ厭《にく》むに、大臣は愛和して能く其の恩に堪え、群臣、憑り頼るなり。

天皇　功無く唯、姉后の勇討仁徳に依り玉ふも、大臣は功多くて天下普く感じ、代々の功を続ぎ族として一朝を総《すべ》り。

天皇にして大臣を権《はか》りたまはば恐らく還って社稷を危うくせむ。枢機を発《おこす》ときは也《これ》栄辱の主なり。陛下は口を閉じ妄りに発動し玉ふ莫れ。

天皇 之に順い玉ふも天皇の 性《ひととなり》 為るや剛腸にして纔かと雖も物の非を 不容《ゆるしたまわざる》 に群臣、日《ひび》に厭い災いを 欲《ねがうこと》 山谷なり。

冬十月 人有って山猪を朝に献る。天皇 猪を指し威く勢いで曰く。

何日《いつのひ》か、此の猪の頸を断つが如く、朕の嫌所の人を断たむと、 親《みずから》 猪を捕えて劒を抜いて断ちたまえり。

太子 側に侍て驚き密かに奏して曰く。

禍は此に始まらむ。謀は唯密なるに在り。宴を群臣に給うて其の放告《つげぐち》を塞ぐべし。

遂に宴に 寄《ことよ》 せ各に禄を賜焉《たまへり》。

太子 自ら戒めて曰く。

卿等 今 勅《きょうのみことのり》 を以て他人に語り身を危うからしむる莫れ。爰に宦女の寵衰えて恨める者有り。大臣に告げて曰く。天皇急に大臣を謀る、と。

時に大臣、之を聞いて已に嫌わるを恐れ、 東 漢 直 駒《やまとのあやのあたへのこま》 を乍ちに忍ばせ天皇を殺さ令《しめ》るなり。

駒の性は癡驕《ちきょう》にして擔力有り。亦、禁中に出入りすることを得て夜、宿衛の中に入り、陛下の起居を問い、安かに寝静まるの密を聞いて直ちに入って劒を抜いて、天蹕《てんひつ》を犯し得たり。群臣 大いに驚く。

太子　之を聞いて大いに悲しんで曰く。
陛下は理を信ぜず、愚児が言を用い玉はずして終いに禍害に崩《かんさりたま》へり。
更に将《また》大臣　其の報い忽ち至らむ。駒は大臣に諂ふと雖も亦復、免れざらむ。
大臣　大いに怒り左右に謂うて曰く。
當に所以有るべし。由って以て之を捕え精しく其の事を問わむ、と。
是より先　大臣の女　河上嬪は朝に在り、駒は天皇に愛有り、常に禁後に出入りし居れり。故に河上嬪を奸せり。已に事は露われむとし、大いにこの難を恐れしに幸いに、大臣　天皇を恨みまつる。此の時、天皇を弑せば事は當に之に紛れ隠るべし、然らば大臣　還って寵ぜむ。内に奸罪を隠し、外に大臣に應むと、此の権を以ての故に乍ちに天皇を弑しまつれり。
大臣　大いに怒って物部に命じ、即て庭前に率い　髪を木枝に懸け、大臣　親ら射つ。而駒を責めて曰く。
汝は吾の用いると雖も天皇を弑逆せり。此の罪是れ一つ。汝は性《うまれつき》妄乱にして天皇の嬪を奸せり。此の罪二つ。汝は吾を悪名として千歳の後に伝えり。此の罪是れ三つと。
一罪を数える毎に即ち一矢を放つ。駒は叫呼して曰く。
吾は當に其の時に当たって唯大臣の威を識り未だ天皇の尊きを識らず。余は敢えて辞謝せず、と。
大臣 大いに怒って劔を投げ、腹を潰し、次に其の頸を斬る。
太子 之を聞き左右に謂曰《のたまわ》く。
君を弑《しいしたまわる》の名は此の誡め有りと雖も千歳の後までも之を雪《そそ》ぐこと能わざらん、と。

【訳】

五年春二月、天皇はひそかに太子に勅して曰く。

天は尊く、地は卑し。これは貴賤の位である。君は南面し臣は北面するのが人の道において当然の理、しきたりである。しかし蘇我の臣は私欲をほしいままにし、外面は取り繕い偽っているようだ。昔は天下に功があり、仏道を初めて弘めんとした功徳があるといえども、今は謙虚さを無くしているように思うが、汝はこれをどう思うか、と。

太子は奏して曰く。

わが国と異国の来し方と現在の状況を見てみますと、君臣、父子、夫婦の三綱、仁智義礼信の五常は聖人も行い難きことです。禍と厄運は愚臣の害あってのことといえ、今の大臣は驕慢に過ぎているといえます。賢明な君主がこれを制えるのは天理に適っています。

その上天道《たかあまはらのみち》は奥深く厳密です。いかにしてそれを行うか、王者《きみたるもの》は臣を制えるにはまず、おもいやりと広き心をもち、清く正しき位であることをお忘れなく、微塵も私意や感情的なことを入れず対処するとき、天の理に適います。

なお相手に制えが必要な場合は、先代の功や忠義の大きさをも考慮し、今ある憎しみや嫌悪の感情を入れずに議ることです。また制えより、なお功の方が勝るときは責めず、和する方に戻します。なお制えをすべき時は自身を顧み、臣の力がより強き時はしばらく様子を見て、時をお待ちになるべきです。

わたしは敏からずといえども常に天皇を慮りますため、天皇と大臣との恐れ多い対立の様を思いますと、天皇はまっすぐに感じやすくあられ厳しくあれ、多くの臣下らはそれに怖じ気づき、かたや大臣は彼らに和やかに接しよく恩を与えるので頼られています。天皇は功なく、ただ姉后（間人皇后）の勇敢さと仁徳のお陰あるゆえですが、大臣は功の多さは人々の知るところであり、先祖代々の功を継ぐ一族の首です。

天皇が大臣を謀られればおそらく還って朝廷は危うくなります。大事な決断をするときは栄辱いずれの結果も背負うのです。陛下は口を閉じ、平静を保たれますように願います、と。

天皇は太子の言葉に順われたが、その剛腸で纔かの非も見逃さない性格に、臣下らは日々恐れ、災いが起きることを欲していた。

五年冬十月、ある人が山猪を朝廷に献上した。天皇は猪を指し威す勢いで曰った。「いつの日か、この猪の頸を断つように吾が嫌う人を断つだろう」と。そして御自ら猪を捕らえ、剣を抜いて斬られた。

側に侍っていた太子は驚き、ひそかに天皇に奏して曰った。禍はここに始まります。謀議は秘密裏にあるものです。宴に臣下らを招き告げ口せぬようにしなければなりません、と。そして宴に託《かこ》つけ、それぞれに褒美を賜った。太子は自ら戒めて曰った。皆さん、今日の天皇のお言葉を他人に語り我が身を危うくされませんように、と。ここに寵愛を失い君主を恨みに思う女官がいた。その女官が大臣に告げた。天皇がにわかに大臣を謀殺する、と。

大臣はこれを聞いてすでに嫌われていることを恐れ、東漢直駒《あやとのあやのあたいのこま》をたちまち忍ばせ天皇を殺させた。

駒の性格はおろかで傲慢で胆力があった。また宮中に出入りすることができ、夜に宿直の衛士に混じり、陛下の寝所へ侵入し、安らかに寝静まっているところを剣を抜き天皇を殺した。臣下らは大いに驚いた。

太子はこれを聞かれるとたいそう悲しまれて曰った。陛下は理を信じておられず、わたしの言うことを用いられず終《つい》に禍に遭われ崩じられた。大臣もまたその報いはすぐに来るだろう。駒は大臣に諂うとも罪を免れることはできない、と。

大臣は大いに怒り周囲に謂われた。まさに理由があろう、捕らえて精しくその事を問え、と。これより先に、大臣の女《むすめ》河上嬪は宮中に上り天皇に仕えていたが、駒は天皇の寵愛を得て常に禁裏に出入りできた。そして河上嬪に不貞をはたらいた。これが露見しそうになっていた駒は罪に問われることを恐れ、大臣が天皇を恨んでいることを幸いに、天皇を殺せば己の罪はこの事に紛れて露見せずにすむだろう、そうすれば却って大臣の寵愛を受けることができると考えた。内に奸罪を隠し、外に大臣に応じようと謀り、たちまち天皇を殺してしまったのだった。

大臣は大いに怒りて物部に命じ駒を庭前に引き出し、髪を木の枝に懸け、大臣自ら駒を射て、責めて曰った。

汝は吾が用いたと雖も天皇を弑逆した。この罪が一つ。汝はうまれつき妄乱であり天皇の嬪を奸した、この罪二つ。汝はわれを悪名として千歳の後に伝える、この罪これ三つと。一つ罪を数えるごとに一矢を放った。駒は叫喚して曰く。

吾はまさにその時、ただ大臣の威を知り、天皇の尊きことを知らなかった。わたしはあえて謝らない、と。大臣は大いに怒り剣を投げ、腹を潰し、次にその頸を斬った。

太子はこれを聞かれ、周囲に曰った。

君を弑しまつる罪はこの誡めがあったにしてもなお永遠に消すことはできない。

・三綱　君臣の間の義。親子の間の親しみ、夫婦の間の和をいう。その義は君臣の綱、父子の綱はその間の親しみ、和は夫婦の間の綱であるという意味。そこから綱紀という言葉があり、大いなる綱、小なるを紀といい、綱は張るもの、紀は理めるものとする。

・陽九　陽の厄の五つ、陰の厄の四つが九つとして陽《あらわれる》の用語。

・百六　卦にいう百六の災厄。愚人の人災だということ。

・枢機一発　栄辱の主　漢書に採った例句。

・癡驕　痴愚、驕は奸佞にして高位にある者が驕るさまをいう。

・天蹕　天神《あまつかみ》を示す人の義。蹕はさきばらいの意味で貴人の向かう道を護って行くこと。

第三章　二十二歳〜三十六歳

推古天皇（西暦五九三年）、春正月。
天皇　親ら拝され　巫《かんなぎ》を以て大神を降ろし、舎利を撰んで法興寺の刹柱に　安《おさめたま》ふ。百済国より　献　所《たてまつらるるもの》なるも、異国には　奸　偽《わるきにせものさわ》多なればその疑いを無《なみ》せんと欲したまうなり。
太子　駕に命《おう》せ　礼《まいられ》たもうなり。其の礼に臨《むか》う時、舎利は紫光を放ち照耀くこと三廻なり。天花（雪）即ぐ下《ふ》り、視る者大いに奇《あや》しむ。

【訳】

元年春三月、天皇は御自ら拝され、巫《かんなぎ》により大神を降ろし祈祷された。そして百済国から献上された舎利を選びて、それを法興寺に安置された。従来より異国からの貢ぎ物には偽物が多くあったことから慎重を期してのことである。

太子は篭を命じ、礼拝に向かわれた。太子の礼拝の際に、舎利は紫色の光りを放つこと三度、照り光り輝いた。雪がすぐに降りはじめ、周囲で観ていた者たちはこの光景を不思議がった。

・百済が献ったという舎利は、崇峻天皇元年に献上されたものである。元興寺縁起に推古天皇元年、島の大臣宅より舎利を以て法興寺の刹柱の礎の中に置く。一丁巳に刹柱を建て是に種々の之楽を設えし種々の之師を作すとある。

・法興寺　太子十六歳に大和国飛鳥の地に建立されたとされる。三重貞亮大人の説は、寺は一説には四方に懸けられた額の名が異なり、西門は元興寺、南門は飛鳥寺、東門は法佛寺、北門は法興寺と書かれていたという。後に元正天皇の時に奈良に遷され元興寺と称した。

・物部守屋滅亡後にその資産を没収したものを寺に収められた。

・第三十三巻帝皇本紀推古天皇記には次のように詳述されている。

天皇は不審に思われ側近のお奨めによって神前に神楽をあげてその真否を神問いたまふに巫にかかって誨られたのは「天功《あめ》に降り置く雪の白圓《しらつぶ》の金光を帯び、牡鹿の鳴く秋の紅葉の赤圓《あかつぶ》の紫光を帯ぶは、西天《とうからくに》の梵《かみ》、聖《ひじり》の尊き梵骨、梵肉なり。金の台より離れて御《ましま》すは竹薄《かみ》に試《もち》いて通じ之くなり。餘は弟子等の知識《ひじり》の其の骨なるのみ。なんぞ輙く土に近づける礎に置き奉らむ。金の壺の中の銀箱の中心を以て得難く馴れ難きの極みとなせ。若し軽々しく馴れなれしくせば禍と為らむ、と。

夏四月、天皇群卿等に詔して曰く。朕は弱婦《たわやめ》なり。性《うまれつき》物を解らず。万機は日に慎むも國務は滋多《はげしくさわ》なり。宜しく天下事《おおやけごと》は皆く太子に啓《もう》すべし、と。即日《そのひのうち》に太子を立つるに以て皇太子と為したまいて、万機の悉くを委せたまう。

【訳】

夏四月、天皇は公卿達を召して曰った。わたしは弱い女であり生来、物事をよく覚っているほど敏くはない。日々、すべての事に配慮していても国務は激務であって難しい。天下のことはすべて皇太子に報告し対応してもらいたい、と。その日のうちに太子を皇太子として立て、すべての公務を委ねた。

・物を解らず　この物とは天地万物は牽牛《ひこぼし》によって起こることから牛へんをもって字とする。つまりこの世のすべてをよく解っているとは言えないという慎み深い御言葉。

・厩戸皇子が正式に皇太子摂政を御受託になられたのは、四月十二日となっている。（日本書紀では四月十日）その経緯のことは次の項に伝えられている。

是時、太子は即ぐ辞去して曰く。

臣は今、忝《かたじけな》くも儲君《もうけのきみ》の宣《みことのり》を受けたまわる。然りと雖も不肖に為て其の任に非ず。早く良任《よきひと》に中らば諸《これ》、命せに叶うべし。于時《このとき》、天皇 強いて命せて聴かず。是の如くして三《みたび》に廻《およべ》り。


【訳】


この時、太子はすぐに皇太子の詔を辞退され曰った。

わたしは今、かたじけなくも儲君《もうけのきみ》の宣《みことのり》を受けましたが、しかしながら私は愚かにしてその任にふさわしくありません。早く良い人がいればその人に命じてください。しかし、天皇は強いて命せになり聞き入れられなかった。このように三度にわたってやりとりがなされた。

・推古天皇には二男五女、竹田皇子、尾張皇子というお二人の皇子があったが、当時の内憂外患の世情に対応できる器でなかったことは後の記録にも窺える。太子のいわれた良任とは竹田皇子もしくはご自分の弟、来目皇子ということになるだろうが、太子以上の適任者が他にいるはずもなかった。

此時、人有りて天皇に奏して曰く。

上宮皇子は其の性《うまれつき》は至賢ませり。天下の至富を以てしても落葉の軽薄の如けむ。

王位の至貴を以てしても脱毛《ぬけげ》の如く益なきが如し。千勧、百請も何ぞ肯承《ききまつること》有らむ。竹田皇子は生質賢良にませり。早やかに上宮を損《すて》て速ぐ竹田皇子を就《つかせ》たまえ、と。

【訳】

この時、ある人が天皇に奏上した。

「上宮皇子はうまれつき賢い方であります。名誉や名声、財産などに目もくれません。王位という貴い位より届かぬものを望まれる方に、いくら勧めようとも承知はされることはないのです。竹田皇子は性格がよく賢い方であられます。すみやかに上宮を諦めて竹田皇子を皇太子に就かせられますように、と。

時に天皇、勅曰く。

乃凡者《いまじのただびと》曷《なんぞ》之を知らむ。賢は唯に富貴を捨つるに非ず。世理を以て更《また》克く棄つるものなり。

聖の富貴は理に任るの故に理也《また》捨つること無し。上宮の聖眞は豈ぞ猥りに理を拌《すて》んや。

竹田皇子は古《さき》の天皇（敏達）の子、朕の乃《むかし》、之を産《うみたり》。子は賢と雖も、類《ほかにもあるところの》の賢なり。

上宮の賢は聖なり。是《このかしこさ》は絶世《このよにまたとなき》の人なり。

朕は不肖《おろか》と雖も、悪ぞ子類者《わたくしびと》を取りあげて、他子《よそのこ》を絶世《またとなきひと》を損てむや、と。終いに更に捨てたまわず。


【訳】

その時、天皇は勅していわれた。おまえは普通の人であるからこの意味を解らないだろう。賢さとは単に富貴を捨てることではなく、捨てるにはその理由があってのこと。聖の富貴とは理に根拠があるのだ。真の聖である上宮がその理を捨てるだろうか、否だ。

竹田皇子は先の天皇の御子、わたしが産んだ子である。われは賢く貴い人を尊び、子への愛情よりもそれが大事である。わが子竹田皇子は賢いといえども他に類をみないほどの賢さではない。上宮の賢さは聖人のそれなのだ。この人はこの世にまたとない人である。われは愚かと雖も、どうして私情を挟みて吾が子を選び、余人に替え難き人を他人であるからといって捨てるものか。最後の最後まで諦めはしない、と。
・天皇は、仏は仏を知り、神は神を知るということで、その心眼によりこの神国に使わされた神聖の公人、朝家の宮人は厩戸皇子をおいて他にないことを見抜かれていたということである。そして兄弟までも死をたまわった自分も最早、子の一母親ではなく、天照大神の代行者であらねばと心に決しておられ、おまえ達凡人の知るところではないと言われた。苟も人の上に立つ者はその人を得ることによって世に役立たせることにあるからである。

・至貴、至富を捨てるにはそれだけの理あってのことというその理とは國を救うという大志と天賦を最優先するということであり、それは小我（私事）の煩悩に左右されない。

是時、表《ふみ》を上《たてまつ》り、更に強く之に辞《いなみまつ》る。其の表に言曰す。不肖にして儲君《もうけのきみ》の撰に預かる。不敏にして以て委政《まつりごと》の宣を蒙る。命《みことば》の貴きに還って己を顧み、情を推して、退いて理に照らすに天性、幾《ほとん》ど薄愚《いたっておろ》かにして志気中庸に疎し。然るに今命に伏《したが》いて叨《みだり》に儲君に預り、輒《たやす》く委機《まつりごと》を攝らんか、神器を満し難く、宝祚を頽《きずつけ》易《まつら》む。

伏して惟《おもんみる》に陛下は、徽號《はたじるし》を紹《つい》で紫極《あまつひつぎ》に居し、八洲《やまとのくに》を御しめたまうに、仁壽を以て三才を撫《ほどこさ》れ、礼和を以て海表を化《みちびき》随え、卒土を践むに因て喜瑞頻りに來らし、豊穣相い係《つぎ》たまへり。
伏して願わくば陛下 賢良を択んで政を輔けしめ、善哲を用いて以て民を撫でたまえ。然る則は慮う應《まま》に万國《すべてのくに》の心を歓し、四海も平安とならむ。輔佐の賢も邦に集まらむ。
嗣續《ひつぎの》聖世も出でむ。何ぞ臣のごとき愚を為《もちい》るに限らむ。臣を除きたまいて無きものとしたまえ。

伏して望むらくは、臣の生涯は唯り、群卿に入って奴《つかえびと》と成らむ。天皇の為に奉《つかえまつらん》に先皇を興して國を正すに、后母《ははぎみ》に事め、身を償うに兆庶と與に神の幽微《うちなるかみごころ》を暁《あらわ》し、國の基を建《かたむる》に吾が齊元を鎮り、儒を弘め、文を興し、釈に通わせ、迷いを廃《すて》させ、國を徳に帰《もど》し、縣を明かにして安んじまつらむ。

此の五事を吾が業と為さむ。若し五事を庸《もちう》る人の在る則は臣は幽谷に在りと雖も、君に事うること、朝廷に在ると為《おなじ》ならむ。

是 焉、願う所なり。其の他は僕《やつがれ》の望まざるのみ、と。

【訳】

この時、太子は陛下へ文を奉り、さらに強くこれを辞退した。その文に次のように書かれた。

不肖にして皇太子に選ばれたること、敏からずして政を任を与えるとのお言葉を賜ったこと、そのお言葉にあらためて我が身を顧みてみますと、ありがたきお言葉ではありますが理に照らして、私はうまれつき愚かであり志も気持ちも中庸からほど遠きものです。したがって今、お言葉に順いて軽々に皇太子の任に就いて政に当たっては、神の思し召しに順い難く、宝祚を傷つけることになります。

伏して思いますに陛下は旗印を紹がれ天皇の位に坐し、八洲《やまとのくに》を治められますに、思いやり深くして長生きされ、三才を施され、礼知をもって治められ海外の国をも随え、天下みな従うによりて喜ばしき限り、豊穣の時が続くことでありましょう。

伏して願わくば陛下、賢き者を選びて政の補佐としてくださいますように。賢き善人を用い民をいたわられますように。そうなれば思いのままにすべての国と人々の心を歓ばせ、世の中も平安に治まりましょう。そしてさらに物事に通じた賢き補佐官が集まってくるでしょう。日嗣の聖の世が表れましょう。わたしごとき愚か者の任用にどうして限らねばならないでしょうか、私を除きその撰から外されますよう願います。

伏して望みますのは、わが生涯をかけ、群卿の一人としてお仕えすることだけです。天皇のために事え奉るに先皇を興し、国を正し、后母《ははぎみ》に事えして身を償いますに、人々とともに内なる神を覚り、国の基を堅める吾が齋元をまもり、儒を広め、文を興し、仏道を伝え、迷いをなくすることにつとめ、国を徳に帰《もど》し、地方もまた泰平になるよういたします。この五つの事を私の務めとしたく存じます。もしこの五つを行う人が在る場合、私は俗世から遠く離れていようとも、陛下にお事えする気持ちは朝廷にいる時と変わりありません。

是だけが私の願うところであります。その他は望みません。

・神器を満し難く　神器は三種の神宝と十種の神宝を指す。神宝は神のみことばを誨える器教である。その神教を役立てる道を全うし難いという太子の謙虚な態度をいったもの。

・徽號　徽は美《よし》、號はしるしで、たかみくらの印の意味。徽は三捻りの縄を意味し、霊宗、宗源、斎元の三つを捻って大綱とするという意味を表した字で、書経に「慎んで五典を徽《よく》す」との句に学んだものか。太子にして始めて含蓄される字句といえる。

・紫極　高御座《たかみくら》にして、これ以上の位のない至極に通じる。紫は紫微、極は北極の合成語。その心は変わることなく万姓これに向かい従うという意味に用いる。

・海表　異国の意味。

・卒土　土《くに》の卒《はて》の字意からの地続きの意味。詩の小雅に「溥天の下は王土に非ざること無く、卒土の浜も王臣に非ざること無し」との句から採った用語。

天皇　不聴《ききたまわず》、詔て曰く。

汝　之を道勿《いうなか》れ。汝　耳目と為れ。姥大王に非ずして何に由てか國を治めんや、と。

太子　奏して曰く。

儲君を設くることや践祚の序なり。臣　命を考ふるに壽《ながいき》せず。天皇の禅《ゆずる》に至らざらん。必《あきらか》に儲君としては虚《むなしか》らむ。虚を以て實に任焉《よざすこと》の之、敢《がえんぜ》んや。

時に天皇　皇后宮に幸《みゆき》し、礼を理《ただ》して詔曰く。

大后　何の意《みむね》にて豈ぞ聖子《みこ》の治天を庶幾《こいねがわ》ざるや、と。

皇后　奏して曰く。

孺《わこ》は、私の幾《ねがい》には無《あらじ》。然雖今也《なれどもいままた》　天皇のために奉えまつる更《ほか》に盍ぞ庶《ねがわ》ざらむ。

天皇と皇后と倶に儲君を請ふに、太子　奏して曰く。

父母を以て君に事ふ。之を天道と為すなり。天皇と皇后と共にとは敢えて聴かば辞する所無けむ。時《このとき》　卿庶　大いに悦び慈父、愛母に遭はむが如し。

【訳】

しかし天皇は聴き入れられなかった。汝、これを言うではない。汝はわが耳目となれ。吾は大王ではないのにどうして国が治められようか、と曰った。

太子は申し上げた。皇太子は践祚の準備として必要です。わたしは自分の寿命を考えますに、長生きしないのです。天皇から譲られるまで生きていません。当然ながら皇太子の役目を果たせないので、その任には就けないのです、と固辞し続けた。

すると天皇は太子の母（用明天皇妃の間人皇后）のところへ行幸され、礼を尽くして詔りされた。

大后、太子の即位を願わないのはどうしてでしょうか。

皇后は奏して言われた。わが子は私事で辞退しているのではありません。されど、いままた天皇のためにお事え奉るほかに願うことはございません、と。

天皇と皇后が、ともに皇太子にと請われたので、太子は奏して曰った。

父と母に仕えるように天皇にお事えする、これを天道といいます。天皇と皇后とお二人のお言葉を聴かないわけにはいきません。

このとき、公卿たちはあたかも慈父と愛母と遇ったかのように、大そう悦んだ。

・儲君　皇太子にとの要請を太子が重ねて固辞されたのは、他本に記されているような単なる個人的な仏道求道のためなどではなく、皇道伝統への心遣いからであった。救世救国のためには太子の人格を見抜かれていた天皇が重ねての固辞を赦されなかった。

推古二年（西暦五九四年、太子二十三歳）春二月、太子　天皇に奏し、親ら神教経、宗徳経等の書を編り、初めて神家の学を立て並びに学習に命じ、儒宗の学を興し又、使いを州々に遣わし、農《なりわい》の節、稼方の教え、是の時に至って卿庶《ぎょうしょたち》等も始めて神人は一致し、吾儒、異儒と同理なるに通じ、其の幽微、玄遠の地、国民夷兆も農も克くし、稼ぎを克くし豊年の富に厭《あい》て飢寒の憂も無《なみ》せり。

時の諺に曰く。

先皇の御恵みは唯に季《とし》、唯代《ひとりのみよ》なるも吾が太子の恵みは万年万世なり。天と倶に名を存《とど》め、地と倶に慶びを存《とど》めむと。於《ああ》、吾が太子こそ尊《とうときかな》哉、喜ばしき哉。

又、更に諺に曰く。

昔の神は社に在り。社外の異神吾太子は万歳に在す。吾が太子は永法に在り。神社は限有り。於、豈ぞ忘るべけんや。亦復、諺に曰く。

文は是れ喜成。異文は異国に在り。吾が太子に不《あらず》ば其の理は誰か之に通わせえん不忘《わすれざらん》や。異聖は異国に在り。吾が聖者に有らざれば、其れ誰をか蹟を之に傳えむ。不忘《わすれざらん》や不忘《わすれざらん》や。

【訳】

春二月、太子は天皇に奏上し、みずから神教経、宗徳経などの書を編まれた。初めてわが国の神学を明かにされ、学習に命じて儒学を興された。また地方に役人を使わされ、農業の時節ごとのやり方、商いのやり方を指導された。この時に至って、役人も庶民も初めて神と人とのつながりと神人一如の教えを知ることとなった。わが国の儒と、中国の儒教との一致点を学び、その奥深く密やかなる神秘のはたらきが、はるか彼方の地と国民と夷狄の民も含めて、作物が豊かになり、それぞれの生業が盛んになり豊年となり、飢えや寒さの憂いを無くした。

当時の人々は口々に言った。先皇のお恵みはその時代かぎりであったけれども、わが皇太子の恵みは万年万世に続くものだ。天とともに御名をとどめ、地とともに慶びをとどめる。わが皇太子こそ尊きかな、喜ばしきかな。

また更に言った。昔の神は社に在った。社の外のわが神、皇太子は永遠である。わが太子は永く法としてとどまる。神社は限り有り。どうして忘れられようか。またまた、人々は言った。

文はこれ喜びなり。異し文は異国に在り。わが太子でなければその理は誰かそれを解らせてくれただろうか。異聖は異国に在り。わが聖者でなければ、誰がその教えを我らに伝えてくれようか。忘れてはならない。決して忘れてはならない。

・神教経と宗徳経の著作は日本の神の道、日本の皇《すめらぎ》の道を明らかにし弘く伝えるためである。

・儒学　神道学の他に太子は儒宗の周公、孔子、孟子の理論と実践学を広めるために学哿を登用された。その儒教は孔子の門人曽參の著した孝経を採用し、孝は百行の基たるの理を説かれた。孔子の孫の子思の作と伝えられる中庸を礼経より抜粋し、その中庸と孝経の二経などを要とされた。

・儒教の経書　書経、易経、詩経、礼記、孝経、春秋、孟子、中庸、大学、論語など、四書五経をいう。そのうち書経は中国最古の経典に挙げられるもので、易経は天文、地理、人事、物象に於ける陰陽の変化に基づいて現世の生活に及ぼす吉凶、善悪を教える書である。礼記は周末から秦漢の時代に集成された古礼を伝え、大学、中庸、典礼、内則、緇衣《しい》、王制、礼運、楽記、月令の九編からなる。詩経は殷の時代から春秋の時代のまで含む詩三一一編。春秋は魯の史官の手によるもので魯の陰公から哀公に至る十二公の事蹟、二百四十三年間の事蹟を納めた春秋左氏伝、春秋穀梁伝、春秋公羊伝の三種がある。

是より先、太子及び蘇我大臣に詔し、三宝を興立令《せしめたま》ふ。

時に太子　奏して曰く。

像を造り堂を立つの功は福田の第一なり。然り是の如しと雖も自ら財宝を惜みて国の財を懸け、洲縣《くにあがた》の蓄へを費《むだづか》いし、その役《えだち》を民に懸け、庶民の憂いを発す。諸斯《これこれ》は福に非ず。即ち是れ罪なり。仏は之を受《うけたまわ》ざらむ。之を悪《にく》む。或は領《おさめむ》者を益せむと欲し、偏に任《つとめ》為し貨を棄てるは為《これ》仏の為に非ず。又、庶《もろもろ》の為に非ず。為《これ》、領《おさむる》と為と為《なす》は天は福を奪いて禍を与ふ。神は利を変えて禍を與へ罰を成さむ。若し造立を能く欲《せん》とする者には一束の役に五束を与へ、百束に五百を棄て成せ。

一像成って一縣潤い、一堂成って一國富むは是れ大悲の仏心に應《かなわ》む。之に依て理に合い災いを滅し福を生じ願いを成《とげ》て祚《さいわい》を護《まもりま》さむ。

天皇　之を聞《きこしめ》し、群卿之を聴くや皆大いに歓喜せり。是時、諸臣、連等も各々の恩為とし、仏殿を造り、即ち焉《これ》を寺と謂ふ。

【訳】

これより先、天皇は太子と蘇我大臣に詔し、三宝を興すことを命じられた。三宝を興すとは寺を建てることである。それに際して太子が曰れた。

像《みすがた》を造るのは仏の功徳の第一です。よって建立するにしても自分の金を惜しみて国の財を使い、州や県の蓄えを出させ、労役を民にさせては庶民にはつらいことです。それでは功徳とはならず罪となります。仏はこれを歓ばず嫌います。または領主が利益を得ようとして金を出し仕事とするならば、仏のためではなく、また人々のためでもない。これを領主のためにするのならば、天は福を奪い禍を与え、神は利ではなく禍を罰として与えるでしょう。もし造設をしようとする者には、一束の役には五束を与え、百束の役には五百束を与えるのです。一像ができあがれば一県が潤い、一堂が建てば一国富むということとなれば仏の慈悲にふさわしく、つまり天の恵みに適い災いをなくし福を生じ願いが叶うこととなり、国の平安を護ることができましょう。

天皇はこれを聞かれ、また群卿もこれを聞くや皆大いに喜んだ。このとき、諸々の臣と連たちはそれぞれ恩の為であるとし仏殿を造った。すなわち、これを寺という。

・三宝　ここでは仏、法、僧の三を指し、興立するとは寺を営むことをいう。
・束　単位。稲十束のこと。古代はどれほどの米が採れるかによって計算した。

三年、夏四月（西暦五九五年、太子二十四歳）、異木、淡路に寄《ただよ》い来れり。人は沈水とは知らず、以て薪に交えて竈に燃やすに、其の香りは絶妙《またとなきもの》なり。之を異として献《たてまつる》矣。

其の太さは二圍《ふたいだき》、長さは一丈余りなり。太子、観《みたまい》て大いに悦び奏上して曰く。

是は沈水香とは焉なり。此木は栴檀香《せんだんこう》と名ふ。這木の生ずる処は、天竺の北国の雪山中なり。枯木の倒株にして水と与《とも》に流れ出し、生処《いきつくところ》も多く、南天竺の國、南海岸のところなり。

夏月《なつごろ》には諸々の蛇が此木に相い纏わり、清冷なる故に也《また》人は矢を以て射、冬月は蛇は蟄《かくる》るに即って斫り之を採るなり。水に沈んで久しき者は沈水香となり、其の久しからざるものは浅香と号《いうもの》なり。仏国に生る竃《めずらしき》木なり。今、自ら吾国に倚《よれ》るなり。仏法興起の瑞《めでたきしるし》なり。


【訳】


三年四月、不思議な木片が淡路に漂い流れてきた。人々は沈水というものを知らないので、拾い薪と一緒に竈に焼べると、初めて体験する香しい香りであった。これは不思議だと思い、献上するに至った。

その太さは二抱え、長さは一丈余であった。太子はこれをご覧になり大いに悦ばれ、奏上して曰った。これは沈水香というもので、名を栴檀香と申します。この木の産地は北天竺の雪山の中です。枯木の倒れたのが水とともに流れだし、行き着くところも多く、南天竺のあちこちや南海岸の方に流れていきます。

夏ごろには蛇がこの木の清々しく冷たいのを好んで集まり纏わりつくので人はこれを矢で射ます。冬に蛇が地に隠れると、木を斫ってこれを採ります。水に沈んで久しいものを沈水香といい、まだあまり時を経っていないものは浅香といいます。仏国に生じた珍しい木です。

今、わが国へ寄ってきたのは仏法興起のめでたきしるしであります。

・二圍　圍《いだき》という単位はいくつか説があるが、ここでは大人の腕の広さを六尺として二抱えならば一丈二尺とみるべきだろう。

　五月、高麗の僧恵慈《えじ》、百済の僧恵聡《えそう》等が来朝した。この両僧は博く内外に渉りて尤も釈義に深《くわし》く、太子は篤く寵《おもんじ》て師と為し道を聞《ききま》せり。一を聞いて十を知り、二を聞いて百を知る。二僧、相《とも》に語りて曰く。是れ實の眞人なり。或は不思《おもわず》して達すこと神の如し。論外に出るの道は顕幽に被り、或は謙下《へりくだ》って問い玉ふこと愚の如く、善和にして住《とどまりませ》り。

【訳】

高麗、百済の二国から恵慈と恵聡の二僧がやってきた。二僧は博識であり仏典、儒典に深く通じていることがわかり、太子は真心をもって待遇され、自らの師として仏道について問われた。一を聞いて十を知り二を聞いて百を知る聡明なる太子に接し、二僧は語りあった。

これは本物の眞人《かんつひじり》である。真理を覚ることの素早さは神のようだ。仏道も儒道も理解したうえで、へりくだって問われる様は愚か者のようにもみえやさしく、和やかで善き人である、と。

・内外 仏典を内とし、儒典を外という。

・幽道は仏道、顕道は儒道を指す。それらを内包しているのが神道である。

六月、高麗、百済の訟《うったえ》あり。高麗八人、百済六人、同時に声を共て白《もう》すこと紛然たり。太子、一、一に答え玉ふ。各、其の情緒を得て復更に再び諮《たし》無し。

【訳】

六月に高麗と百済の人々が訴訟を起こした。高麗八人、百済六人が同時に一斉に訴えるので紛らわしく騒々しかった。太子はその一人一人に答えられた。それぞれ気持ちを静め納得し、再度尋ね求めることはなかった。

推古三年七月、太子　神道学を興す。宗徳経及び神教経を以て物部連獲小子《もののべのむらじえさこの》公に与え玉い、隆《さかん》に神教を講じ、普く忌部、卜部に命せ、互いに宗源、齊元に通はせり。この時より神家、邪《わたくしごと》に秘《かくすこと》無く、初めて神学を行いませり。

【訳】

七月、太子は神道学を興された。宗徳経及び神教経を物部連獲小子公に与えられ、盛んに神教を講じ、諸卿らに学びを広められた。また併せて忌部と卜部にも教えられ、互いに宗源、齋元を理解しあうよう説かれた。この時より神家に私利私欲や隠し事を止めさせ、初めて神学を行われた。

・太子は古来伝わってきた神道の教えの意義を神教経と宗徳経の二書に著された。物部連獲小子公に二書を与え、神事に携わる忌部と卜部には、神道三部を教えて理解させ、自分の領分のみに拘ることがないようにした。

・文字を興して儒教経典を広め、寺を建て、そして神学を明かにし、これにて仏教、儒教、神道の三法を国政の精神的支柱とする仕組みを整え終えたわけである。

・この文は記紀及び旧事本紀十巻本には欠文しているが、太子の業績として最も重要な出来事である。

八月、詔によりて大臣　群卿敢えて御名を奉るに即ち、豊聡八耳太子《とよさとやみみのたいし》。大法王聖徳太子と称し奉るに太子は辞去して敢えて之を不納《ききたまわず》。

【訳】

詔によって大臣と群卿たちが太子に敢えて御名を奉ることになり、豊聡八耳太子、大法王聖徳太子としたが、太子は辞去され受け入れられなかった。

・厩戸皇子、上宮皇子という若き日の呼称とは別に皇太子としての功績に対して贈られたこの尊称は太子がご生前に辞退されたが、薨られた後、推古天皇が神代皇代大成経（先代旧事本紀大成経）序伝において諡《おくりな》として大王聖徳太子と記されている。

・この年の六月八人の訴えることを聞き届けて裁決されたことに対して認識されて

の別称が豊聡八耳に当たる。また前年の詔から霊宗の法、宗源の法、齊元の法を二著（神教経、宗徳経）として著され、将来の国家運営に備えられことにより大法王三字の冠詞となった。


推古四年（五九六年、太子二十五歳）夏五月。太子　二僧を徴《め》し、恵慈法師に曰く。今の法華経の中を見るに、某《あるところ》の行《くだり》に句が落《ぬけて》あり。師の見る所は何《いかん》と。驚き答え啓すに、他国の経のまた、句有ること無し、と。

太子　更に謂ふて曰く。

吾の昔に持つ所の経を思うに、便ち此れ句有り、と。

法師也、答え啓す。殿下の持所《もたる》る経は、其れは何処にありや、と。

太子　微笑みたまいて答え云すに、大隋の衡山寺《こうざんじ》般若臺の上に在らむ而巳。法師大いに奇とし、合掌　礼拝せり。


【訳】

四年夏五月、太子は二僧を呼ばれ、恵慈法師に言われた。

今の法華経の中をみると、ある箇所の行に文章が抜けているところがある。師がご覧になっている経本はいかがですか、と。法師は驚いて答え申し上げるに、他国の経もまた同じようにありません、と。

太子はさらに言われた。わたしが昔持っていた経を思い出すと、それには文章があったのだ、と。法師はまた答え申し上げた。

殿下のお持ちになっていた経本はそれはどこにあるのでしょうか、と。

太子は微笑みながら応えられた。大隋の衡山寺の般若台の上にある、と。法師は大そう不思議なことだと、合掌し礼拝した。
・衡山寺 今の存在と前生との一貫したつながりにある場所、因果関係と霊しきはたらきについて語られた話である。勝れた法師恵慈はそのことを理解されて平伏合掌して恐れ入った。

冬十月、法興寺成る。

此の日、勅命し、恵慈、恵聰をして初めて法興寺に住《とどまらし》めり。

太子 天皇に聞し、無遮会を設け、既に夕の時、一の紫雲有りて花蓋の形の如くして上天より降り、圓かに塔上を覆い、又、仏堂を覆い、変じて五色となる。或いは龍鳳の鳴吟と為り、或いは神仙の言語と成り、良久《やや》しふして西に向かって去る。

太子は目送りして左右に謂うて曰く。
此の寺は天に感《ひび》きする故に此の祥有り。但三百年ののちは草露に衣を濡し、五百年の後には塔殿も廃亡《ほろび》む。

【訳】

冬十月、法興寺が完成した。この日、天皇の命により恵慈と恵聡の二僧は初めて法興寺に住まうことが許された。太子は天皇に許されて、無遮会を設けた。すでに夕暮れになり、ひとかたまりの紫雲があり花笠のような形をし、天より降り塔の上を覆った。また仏堂を覆い、五色に変化した。さらにまた龍鳳の鳴き声となり神仙の言葉になり、しばらくして西へ去って行った。

太子は見渡すと左右に曰った。この寺は天につながっているのでこのさいわいな現象があった。ただ三百年ののちは草が生え、五百年後は塔も本殿も亡んでなくなるだろう。

・紫雲　仏の来迎を表す紫色の雲。
・法興寺は奈良県明日香にある元興寺の古名、真言宗で飛鳥寺ともいう。法興寺の寺名は太子生涯の理想を表した名である。「変じて五色と為る」とは啓示だと読み取れるものであったろう。都が飛鳥から奈良に移されると、霊亀二年に元興寺が左京六条に、次いで養老二年に法興寺も移し、初め元興と法興は二つであって、此の地に移して以来、合併し元興寺と改名されたという。太子の予言の如く、縁起由来は諸々曖昧であるのも廃亡ゆえである。

五年（西暦五九七年）夏四月、百済国（当時の威徳王）の遣いとして阿佐王子は調を貢来《たてまつりき》て、阿佐啓して曰く。

僕《われ》聞《うけたまわる》に、君国に人の聖人有《まします》と。僕は自ら拝《まみえまつら》ば、意《こころ》の願い方《また》足らむ、と。

太子 之を聞き即て宮中に召す。阿佐 驚《おそれ》拝み、熟々、太子の顔を見《あおぎみ》て、左右の掌、及び左右の足の踵を見て、起って再拝するに、両段乃ち退いて庭上に出で右膝を以て地に着け合掌 恭敬して曰す。

救世の大慈観音菩薩 妙教を流通し、東方の日国に四十九歳。灯を伝ふるの説を演《のべまさ》む。大慈大悲の菩薩に敬礼しまつる。

太子、目を合《ふせたま》いること須臾《しばらく》眉間より白光を放つ。長さ一丈量り、時に三《みたび》縮みて入る。

阿佐 大いに畏れ、更に立って再拝し、両段 罷り出づ、阿佐は異人にして能く、儒、釈、天文の諸典に達し、太子の徳を愛《した》い、久しく留まって事へ奉れり。

【訳】

五年夏四月、百済国の遣いとして威徳王の皇子、阿佐王子は朝廷へ調をたてまつった。阿佐は願いを白《もう》しのべた。

わたしは貴国に一人の聖人がおられると聞いておりまして、直接お目にかかることができましたらわたしの願いは足ります、と。

太子はこれをお聞きになりすぐに宮中へ王子を召された。阿佐は驚き拝し、よくよく太子の顔を仰ぎ見、また左右の掌や左右の足の踵を見て、起きて再拝しようと両段をすばやく下がり庭上に出て、右膝を地面に着け、合掌しつつしみ敬い白した。

救世の大慈観音菩薩、妙教を流通し、東方の日國《ひのくに》に四十九歳、灯を伝えるの説を演《のべ》まさむ。大慈大悲の菩薩に敬礼しまつる、と。

太子はしばらく目を伏せられ、やがて眉間より白光を放たれた。その長さ一丈ほど、三度放たれ縮んで入った。

阿佐はたいそう畏れ、更に立ちあがり再拝し、両段下がり退出した。阿佐は並外れた才の持ち主であり、儒、仏、天文の経典によく通じていたため、太子の徳を慕い長く留まり事《つか》え奉った。

・日本書紀はこの阿佐王子の来朝について簡略ながら伝えている。十巻本旧事紀、古事記には全く伝えられていない。当時の両国の関係や思想を知る上に必要な記録である。

・儒者からみれば眉間の白光といっても遅疑されるが仏者には常識である。現在ですら人格高く徳篤い人には顔から後光がさすという。そのような評価、感想なので排除するにあたらない一文である。

六年春三月。天皇　群卿に詔し、菟道貝鮹皇女《うじのかいだこひめみこ》を以て、上宮に納れ妃と為し、七王子を生《なしませ》り。四男三女なり。

殖栗王《えぐりのきみ》、卒丸《おまろ》、菅手女王《すがてのひめみこ》、春米女王《ついしねのひめみこ》、御財王《みたからのきみ》、日置王、手島女王。

此の月又、勅あり。膳大娘媛を挙げ、妃と為し、侍らしめ、九王子を生り。

山背大兄王、是れ王の長子なり。茨田王《まむだのきみ》、近代王《ちかよのきみ》、桑田女王《くわだのひめみこ》、磯部女王、三枝王、丸子王、馬屋女王《むまやのひめみこ》、片岡女王なり。

天皇　甚だ歓び宴を群臣に賜ふ。女孺《にょじゅ》に物を賜ふ。


【訳】

六年春三月、天皇は官たちに詔され、菟道貝鮹皇女を選ばれ太子の妃とされた。妃は四男三女の御子をお産みになった。

殖栗王《えぐりのきみ》、卒丸《おまろ》、菅手女王《すがてのひめみこ》、舂米女王《ついしねのひめみこ》、御財王《みたからのきみ》、日置王《ひおきのきみ》、手島女王《てじまのひめみこ》である。

この月また勅があり、膳大娘媛《かしわでのおおいらつめひめ》を選び太子の妃とされた。王子と姫合わせて九人をお産みになった。

長子の山背大兄王《やましろのおおえのきみ》、茨田王《まむだのきみ》、近代王《ちかよのきみ》、桑田女王《くわだ》、磯部女王《いそべのひめみこ》、三枝王、丸子王《まろこのみこ》、馬屋女王《むまやのひめみこ》、片岡女王《かたおかのひめみこ》である。

天皇はとてもお慶びになり宴を催し群臣を招かれ、妃らの女官たちにも褒美を与えられた。

・女孺《にょじゅ》　後宮の下級女官。めのわらわ。

夏四月、太子、命じて良馬を求め玉ふ。諸国に府せて貢《たてまつらせ》しに、兆岩国《かいのくに》より貢所の馬は、驪駒《くろこま》にして四つ脚白くして数百の駿し中に秀絶《はなはだすぐれるもの》なり。

太子はこの馬を指して曰く。是れぞ神馬なり、と。餘は皆還され玉い、舎人の調子丸をして厳重に飼養加《かいほどこ》し玉えり。

【解説】

六年夏四月、太子は諸国に優れた馬を求め命じられた。中でも甲斐国から貢がれた馬は驪駒《くろこま》で四本の脚は白く、数百の駿馬の中でも特に勝れた馬であった。

太子はこの馬を指して言われた。これぞ神馬である、と。他はみな元の場所へ還され、舎人の調子丸に厳重に飼養するよう命じられた。

・調子丸　調教師はこの調子丸が初めである。調子丸について三重貞亮大人は次のようにみている。「太子十三歳の夏四月八日、百済国より初めて参る、その歳十八歳也、百済国の聖明王の弟、調宰相の一男也といえり。調子麻呂は、太子に属して鵤宮の西北、法隆寺の東北の方に棲住みして、日夜常に承事す。其の子は足人という十四歳にして出家し、大安寺に住居す。調子麻呂は八十四歳にして卒去す、と玉林抄に見えたり。」

秋九月　太子　試みに此の駿馬を馭し、轡《くつわ》を挙げ鞭を打ち雲に浮き虚《そら》に昇る。太子、御進みて東に向い、飛ばしむるに群卿の仰ぎ観るうちに独り調子丸の御馬の右に在りて直ぐに雲間に入る衆臣、奇しきことと驚く。

五日の後に轡を廻して帰り来って左右に謂うて曰く。

吾、此の馬に騎って雲に跳《ふみのぼ》り、霧を凌ぎ、降士《ふじ》の嶽に到り尋いで陸奥に就き、転じて科野《しなの》に入りしに飛ぶこと雷電の如く、三の越《えつくに》を経て竟に今帰り来たるを得たるは、汝丸の疲れを忘れ、吾に随いて空まで翥《とびきた》りしことまことの忠士なり。

時に丸　啓して曰く。

意には空を覆を知らざるも、両脚で猶地を歩むごとく、千里を逝くに苦しむこと無く猶は間の町の安きがごとし。唯、諸山を看るに脚下に在り。

此秋　新羅王　孔雀一隻を献る。天皇　御看《みそなわ》し其の美麗を奇とし玉ふに、太子　奏して曰く。

是れ怪しむに足らず。唯、鳥に鳳と称する者有り、南海の凡穴山に在り。聖人の徳に非ざれば、之を到《とらう》ること能わず。

天皇　太子に勅して曰く。

朕は夢にだも見得れば足矣《たらん》。其の夜　天皇　夢に鳳凰を見る。晨《あさ》、其の容《かたち》を説きたまうに、太子　大いに悦び曰く。

是れ　遐壽《ながいき》の表《しるし》ならむ、と。

【訳】

秋九月、太子は試みにこの優れた馬に乗られ、轡を挙げて鞭打ち雲に浮かんで虚空へ昇った。太子は馬を東へ向かい飛ばされた。役人たちが仰ぎ見ていると、独り調子丸が馬の右に在りすぐに雲間に入った。役人たちは不思議なことだと驚いた。

五日後に轡を廻し帰って来られ周囲の者に言われた。

わたしはこの馬に乗り雲を超え、富士の高い山に至り、次に陸奥に着き、廻って信濃に入ったが、雷電のように飛び越前、越中、越後を経て、いま帰ることができた。丸よ、君は疲れを忘れ、わたしについて空まで飛び来たった真の忠義の士であるぞ、と。

その時、丸はつつしみて申し上げた。空を翔ているとは知りませんでしたが、両足でなお地を歩むように千里を行っても苦しみもなく、いつもの町にいるかのようでした。ただ、いくつかの山々が脚の下にありました。

この秋、新羅王が孔雀を一隻《せき》献上してきた。天皇はこれをご覧になり、その美麗さを不思議に思われた。太子は奏して申し上げた。

是れは怪しむに足りません。ただ、鳥に鳳というものがあり南海の丹穴山に棲んでいます。聖人の徳でなければこれを捕らえることはできません、と。

天皇は太子に勅りして言われた。われは夢に見られるだけでも満足である、と。その夜、天皇は夢にて鳳凰を見られ、よく朝にその形を説かれると、太子はとても悦んで申した。

是は、寿命が長い兆なのです、と。

・秦河勝の大成経序伝に、習わざるに万巻を覚り、不聞に百慮を察し、四海を度《すくわ》んと欲し則ち大虚に御り四浜を巡り玉へりとある。

・三越は、越前、越中、越後を指す。この地は清貞天皇の時に分けられていることからである。駿河国の富士に飛んで、陸奥、信濃、越国に廻られたのであるから相当の日を要するのであるが、これを五日ですまされたという。まさに神業であることを伝える。

・孔雀　日本に初めて到来したことを伝えている。この鳥の原産地は印度であり、孔雀明王の神咒を説いた経文もあり、孔雀明王を本尊とする密教では息災、延命で病魔を除くことを教える。

・醴水　うまい水、あまい水。

秋八月、太子三師岡《みもろのおか》に行啓《みゆきま》せり。道の頭に伏せし客《ひと》有り。太子駕《のりもの》を寄せ此の人の姿を見るに、太癯《はなはだやせ》息細く、即て奇病と知《さとり》て丸丹《がんたん》を与ふ。踞《うずくま》っていた客は乍《すぐ》に身体を起こし、礼をして退いた。太子は已にしてお還りになり、天皇に奏して曰く。

人の憂いは病に在り。故に上世の君は先ず醫治を教ふるは世を助くるの方なり。先ず醫に在るのみの故に政に専ら畜ふべし、と。

天皇、之を然りとし、太子　卿士を率い親ら山に入り根を掘り、野に遊んで花葉を取り、毎年五月薬猟《くすりがり》し、二月、八月、之を掘り薬部を定め之を司らしめ、醫師を決めて之を療《なおさせめたま》へり。諸臣　大いに慶び天下大いに楽《こころよく》せり。

【訳】

秋八月、太子は三師岡《みもろのおか》に行幸された。道の先の方に伏している人があり、太子は駕《のりもの》を寄せられこの人の姿に気づかれたが、痩せ衰えて息絶え絶えであった。すぐに奇病とわかり、丸薬を与えられた。踞っていたその人はたちまち起きると、礼をしてその場を離れた。太子は宮にお戻りになり、天皇に奏して言われた。

人の心配や不安の元は病気にあります。そのため古《いにしえ》の天皇はまず医治を教えました。それが世の中を救う方法です。まず医が大事ですからその備えとして薬を蓄えなければなりません、と。

天皇はこれに賛成された。太子は卿子を率いてみずから山へ入り、根を掘り、野を歩き花葉を摘まれ、毎年五月に薬猟《くすりがり》をされ、二月、八月にこれを集め、薬部を定めて管理させ、医師を決めてこれを治療に使わせた。公卿たちはたいそう慶び、世の人々は安らいだ。
・三師岡《みもろのおか》は、奈良県、神聖な三輪山の麓に広がるなだらかな丘。
・大神神社境内の狭井神社では例年四月に鎮花祭が行われ、忍冬《すいかずら》と百合根を奉納する行事がある。

秋十月、越国より白鹿を献ず。長大なること上世より来たりしか人の未だ見聞せざりしものなり。角は十七、胯に十七文有り。太子　之を見そなわし天皇に奏して曰く。白鹿は麟《きりん》の徒なり。十六に胯がる角は是れ即ち鹿王にして白鹿は有難く又、是の鹿王は此れ鹿として希有に見る鹿王にして白鹿なり。白鹿にして鹿王、万歳にして得難く、吉瑞の勝るものなり。徳の瑞に負る則は吉も凶と為る。慎んで仁化を施し玉え、と。仍て以て奏聞し、天下今年の貢を免じたまえり。民兆大いに喜で曰く。此の貢は家に納め、子孫に伝え救わむ、と。

【訳】
秋十月、越国より白鹿が献上された。その長く大きな身体は太古の時代のものかとも思われ、誰も見たこともないものである。角は十七あり、その分かれた付け根に十七文字が刻まれていた。太子はそれをご覧になり、天皇に奏して言われた。

白鹿は麒麟のたぐいです。十六に胯がる角は鹿王のしるしであり、白鹿は求めがたく又、この鹿王は、鹿として希に表れる鹿王でさらに白鹿なのです。

白鹿にして鹿王、万年にあるかなきか得がたいもので、この上なくめでたきことの徴です。徳が足りず、めでたきしるしにふさわしくない時は吉も凶となります。慎みて天下に仁を施されますように、と。このように申し上ると、天皇は今年の貢を免除することを命じられた。人々はみな大いに喜んで言った。この貢は家に納め、子孫に伝え救いとしよう、と。

推古七年（西暦五九九年、太子二十八歳）、春三月、太子　天色を望て、以て考え、奏して曰く。

応《まさ》に地震　到《おこる》べし、と。

即て天下に府《おう》せ、屋舎《いえいえ》を堅めしめたまえり。

【訳】

七年春三月、空を観察し、考え、そして奏上された。まさに地震が起こります、と。すぐにそのことを民に知らせ家々を固めさせ備えられた。

夏四月、大地震有り。屋舎大半倒破せり。太子　密かに奏して曰く。

天は陽にして男と為す。地を陰たる女なり。陰理の不足に度《すくい》の差《たがう》則は陽迫って通ふことを能くせずして陽道も不塡《ふさがらず》、度《すくい》滞るときは陰塞って達《とおる》ことを得ず。故に地震あり。

天気の位を失うは人の才行に依る。陛下は女王として丈夫の位に居《ませ》り。唯、陰理を御し玉ふも陽徳を尽くさざる故に此の譴《せ》め有るなり。

伏して願くは陛下、内に微情に慎み、外は徳沢を潤し玉ふに善行し、宝祚を鎮り、仁を化《おしえ》ることを民庶《ひとびと》へ被《くわえたま》へ、と。

天皇、大いに悦び、天下に勅を下し、兆庶の望《ねが》ふ訴を悉く奏聞せしめ玉ふ。

【訳】

夏四月に大地震が発生した。家屋の大半が倒壊した。太子はひそかに奏して言われた。

天は陽であり男性であり、地は陰であり女性となります。陰の理が足らない時は陽が迫りても地に通うことができず陽の理もまた徹らず、この理の流れが滞るとき地震が起きます。

天の気と人の気が調和しないのは人の行いによります。陛下は女王として丈夫《ますらお》の位にいらっしゃいますが、陰の理を治められるのみならず陽徳を尽くさなかったための天の譴《せめ》があります。伏してお願いいたしますのは陛下、お身内への情けを慎んで世の人々へさらに善行され、皇位を鎮《まも》り、人々におもいやりをお与えください。

天皇はたいそう悦び、天下に勅を下し、庶民の訴える願いに悉く耳を傾けられた。

・この災いは天の気に人の気が調和し得ないために起きた現象なので反省をと奏上した。

・この地震は四月乙未朔、四月二十七日のことであり、日本書紀でも簡単に伝え、天起り四月二十七日となっている。帝皇本紀推古天皇七年の記にも伝えている。陛下はますます太子の奏言に意を注がれ、同年に小墾田宮を造られた。

秋八月　百済国よりの使い表《ふみ》を上《たてまつ》り、國物駱駝一匹、驢馬一匹。白羊二頭、大躯の異羽白雉一隻を貢される。

太子　奏して曰く。

白雉は鳳の類にして余の彼土物《かのくにのもの》にして奇と為すに足らず。厚く其の使いを修《もてなさし》めむと。信に答える陪《ひと》多し。並に祥瑞を敬い普く国々に勅し、鰥寡孤独を召して悲田院を立て衣食を施し玉ふ。天下周く君徳に悦ぶ。三年にして貧者無くするに至れり。

是の月、太子　天皇に奏して吾古礼を以て儒釈の理に合わせて補欠を為し玉ふに、遂《すすん》で新たに礼儀を製め天下の悉くを道に入《みちびき》たまふ。

是の歳また奏して、禁延の量を定むるに東西三百六十五歩、南北三百九十五歩とし、三十有八正殿と並に立つ。

此の年、国法の大底を定め禁法を以て位し万黎大いに悦ぶ。

【訳】

百済国の使いがきて書簡を奉り、駱駝一匹、驢馬一匹、白羊二頭、大躯の異羽白雉一隻を貢した。太子は奏上して言われた。白雉は鳳の類いで、他はかの国の物で珍しいものではありませんが、丁重に遣いの者をもてなすよういたします、と。陛下へ信をもって心を尽くす人が益々多くなり、同時にめでたき兆しのあることを敬った。国のすみずみまで届くよう勅りされ、鰥寡孤独《かんかこどく》の者を宮殿近くへ呼び寄せ、悲田院を建て、衣食を施された。世の人々はみな天皇の徳に悦んだ。三年間で貧者を無くすることができた。

この月、太子は天皇に奏聞してわが古礼をもって儒仏の理に合わせ不足を補うようなされた。ついに新たに礼儀を定められ、天下のことごとくをこの道へ導かれた。この年又、禁裏の面積を定めるにあたり、東西三百六十五歩、南北三百九十五歩とし、二十八の正殿が並び建った。

この年、国法の基礎を定め、法による禁止規定が決まり、諸々の人たちがとても悦んだ。

・禁延の量を定めた　第五十九巻礼綱本紀に詳述されている。

・朝鮮から異物が持ち込まれた歴史上のことである。日本書紀には秋八月が秋九月となっている。献上物の珍しい価値よりも、それに対し心を格されるということ。摂政として修交の礼にそなえるためにはまず自国の威儀をただすことであった。内に仁、外に礼と御心を配られていた。

推古八年（西暦六〇〇年、太子二十九歳）春正月天皇　詔に計って曰く。

新羅　任那を攻む。此のこと是、如何。

太子　奏して曰く。本より新羅は虎狼国なり。我が命を不承して数ば任那を犯す。滅亡さずば、彼は猶不暇《まま》ざらむ。臣乞ふ。寡人《われ》直に至りて衆を領《ひき》い討ち加て種断《ねだやし》にせむ。

天皇　不聴《ゆるしたまわず》。

太子　重ねて乞ふ。

天皇　詔て曰く。宜しく大神《おおみわのかみ》に問いまつるべし、とて即ぐ、神巫《かんなぎ》に命じて三輪の広前に於て庭火を焼いて神を降し玉ふに巫に託って、妙音《みことば》し告《おしえ》て曰く。

今の吾國は也、大法の発す時なり。設《たと》へ新羅軍に其の利無しといえども國と為て怡《よろこ》び無し。神また騒ぎを無《なみ》せむ。今や太子は纔《わずか》の時も國に在らざれば法を成《しあげる》に云何止止《いかんせんやむなんやむなん》征きたまうこと勿れ。

是に詔を命せ畔上臣を大将軍と為し（註・鵤鶄伝及び書紀は境部臣と宛つ）、穂積臣を用いて副将軍と為し、即ち二万余（註・鵤鶄伝及び書紀は一万余と伝える）の衆を将い任那の為に新羅を伐つ。

急かに五城を攻め之を抜きしに新羅王は惶《おそれ》て白旗を挙げ、麾下に到り乃ち六城を割き、之を上《たてまつ》りて降らむことを請ふ。将軍は使を以て詔を奉じ之を免せり。

太子は命を下し十一城を堅め、已にして将軍は新羅自り到《もど》る。新羅は又、発て且《また》任那を侵せり。太子は之を聞き左右に請うて曰く。寔《まことに》議りし如し、と。

【訳】

推古八年春正月、天皇は新羅の任那侵攻にあたり、いかがすべきかと太子に問われた。

太子は極めて強硬な態度で、新羅は元来虎狼すなわち非道な國であり、この際徹底的に征伐して息の根を止めることが必要であると自らが軍を率いてとまで仰せられた。

天皇はことの重大さに三輪大神に神意を伺い、「今日本は大法すなわち国の方向を定めた制度を明確に示すべき時である。新羅を征伐したとしてもその結果に得ることは何も無く喜びもない。太子が不在ではわが国の法を整え仕上げることはできない。出陣より内に在って国の将来に備えよ」とのことであった。

朝議の結果、二万余りの軍勢をひきいて征き、新羅は怖れすぐに降伏し六城を渡し退いた。これに対し、太子は十一城を固めよと命じられたが、すでに畔上臣大将軍は新羅から還った。すぐ又新羅は任那に侵攻した。

太子はやはり思っていた通りだと言われた。ちょっとした油断から戦勝を無駄にしてしまった出征であった。

・鵤鵤伝、白河本及び日本書紀には二月とある。

推古九年（六〇一年、太子三十歳）春二月　太子は詔命に依って斑鳩に宮を造りたまい、しかも民を使役せず又、領《えだち》を用いず、直ちに各に給い、一の宮を時に立って畿内皆く潤ふ。

此の月　太子　奏して曰く。高麗及び百済をして急《すみやか》に任那を救わしめむ、と。

天皇　然りとし即ぐ勅し、大伴咋を高麗に坂本糠手を百済國に遣はし、急かに任那を救うべし、と。高麗　百済　速やかに任那を救に仍りて新羅を退けり。

秋九月　新羅の間諜の加摩多《かまた》が対馬に到れり。即ぐ捕えて之を進《たてまつ》る。天皇、勅に命せて酷法を加えむとするに太子は之に奏して上野に流す。

冬十一月　新羅を攻むることを議るも、太子聞きたまわず。

この年、洲々《くにぐに》に命せ、肇めて六齋の市《えんにち》を立つるに三輪自《よ》り始め、已にして市なりて売買自由なり。万民大いに悦び国家の富を成す。

【訳】

春二月、詔により斑鳩宮を建てられた。宮の造営にあたり領民に苦役や財産を供出させず工事には代価と報酬を払ったため周辺はみな経済的に潤うこととなった。また太子は、前年からの新羅の任那侵攻において任那を救うべく、高麗、百済はともに速やかに出兵するよう命じられるよう奏上された。天皇はすぐに勅されると、大伴咋を高麗へ、坂本糠手を百済へと派遣し新羅を退けることができた。

秋九月に新羅の間者である加摩多が対馬へ上陸し捕らえられ、極刑にせよという天皇の命に対し太子は上野への流刑に止めた。また冬十月には新羅へ出兵して攻めるべきとの朝議では、太子は反対し国内治世の自省を促した。

この年、人々の信仰厚く参詣者も多い三輪大社を始めとして各地で六斎の市を開き、人々が自由に売買できるようにした。市中には活気がもたらされ民は潤い、結果として貢も増え國は豊かになった。

・斑鳩宮　法隆寺の東院に宮跡が夢殿として伝わっている。いかるがとは豆廻し、数珠かけと別称され籠で飼育する雀科の鳥である。

・六斎の市　一ヶ月のうちに六度の斎戒をする日があり、その日に市を開く。斎戒は神に使える者が心身を浄めること。陰暦の八日、十四日、十五日、二十三日、二十九日、三十日の六日、悪鬼が人の隙をみて悪さする日として何事も慎む日である。この日に市を開き多くの人々を集めて商いをさせた。多くの人々が集まる場所を市街という。後世の為政者はこの市によって交易の便宜を図るようになった。

推古十年（西暦六〇二年、太子三十一歳）春正月、天皇は大臣に詔し、数万の征軍を興し、遣って新羅を伐てと。太子　之を然りと。

二月、来目《くめ》皇子を以て大将軍と為し二万五千の衆を領《ひき》い新羅を征つに遣る。

夏四月、大将軍来目王は築石に到るや病に臥し進めず。太子は之を聞き左右に謂うて曰く。新羅の奴等、将軍を厭魅《まじないでおそえ》り。疑《おそらく》は渡ること果すまじ。新羅は大いに怖れるに即《よっ》て任那を解く。

冬十月、百済の僧観勒《かんろく》来って暦本及び天文、地理、遁甲、方術の書を貢《たてまつ》る。

太子は大連に謂うて曰く。

吾国の神代の政読《こよみ》は数微やかにして後代は知り難し。故に今之を召し之を以《もち》いむ。

夫《それ》、暦学は政の元なり。天政に帰り人稼を布くは暦に非ずして得ること知らず。

遁甲《とんこう》は天政を明かにし、天文は天方を糾《ただ》し神代の方を以て合わせ用いて大成せむ。

時に書生三四人を選んで観勒に学習《まなば》しむ。

大陽胡史《こふみ》の祖王陳（書紀には陽故史の祖王陳とあり）は暦法を習い、大友村主《おおとものすぐり》の高聡は天文と遁甲の法を学び、山背臣日立は方術の法を学び、皆学は以て業を成す。

閏十月、高麗の僧の僧隆、霊聡等（書紀は雲僧、鵤鵤伝三十巻本も雲僧）など来る。太子は二僧に曰く。汝等の来ること何ぞ遅かりしや、と。二僧は謝って曰く。宿債未だ賽《つぐなわ》ず。後に久しく披拝す。左右之を奇と為す。

この月、三河国より鳳凰三羽を奉る。十二色の金翠にして美麗いうべからず。是れこの大鳥は桐生山に至る。此の鳥の零《おわる》所なり。太子は之を見て左右に謂うて曰く。是は鳳尾なり、と。即ぐ天皇に奏して曰く。

陛下は三法を好くし、専ら皇徳に止り玉ふ故に天は此の瑞《めでたきしるし》を作したまう。然り是の如しと雖、徳もその瑞に負ける則は還って凶と為らむ。若かざるには上々《いやがうえ》にも仁を施し玉え。仍て始めて施薬院を建てて邦々に命じ難病者を集め、薬蔵より薬を出し療を加え玉ふに悉く天下治まり大いに悦ぶ。

【訳】

十年春正月、天皇は大臣に詔し数万の軍を起こし新羅を討伐することを命じられた。太子はこれに賛成された。

二月、太子の弟の来目皇子を大将軍とし、二万五千の軍隊を統率し九州へ発った。

しかし、夏四月に来目王《くめのきみ》が筑石に至って病に伏し軍隊は進攻できなくなった。これを聞いた太子は、側近に言われた。新羅の者どもが将軍を呪詛したためであろう、おそらくは渉ることはできないだろう、と。だが新羅はこちらの強硬な姿勢に怖れをなし任那から手を引いたのである。

冬十月、百済の僧観勒が来朝し、兵法に必要な暦本、地理、天文、遁甲、方術に関する書籍が献上される。

太子は大連に言われた。吾が国の神代の暦法は奥深く細密すぎて後の時代には理解し難い。故に観勒が貢ぎしたものを用いる。暦学は政の元である。天政に基づく人の営み、耕作は暦によらなくては行うことができない。遁甲は天政を明かにし、天文は天方を糺し、神代のやりかたをもって併せて用いて完璧にせよ、と。

そして書生三四人を選びて、観勒に学ばせた。大陽胡史《おおやのこふみ》の祖王陳は暦法を学び、大友村主高聡は天文遁甲の法を学び、山背臣目立は方術の法を学び、みな学び得たことで業を成した。

閏十月、高麗の僧の僧隆、霊聡等が来た。太子は二僧に言われた。あなたがたが来るのは遅かったではないか、と。二僧は謝り答えた。

宿債が未だ償うことができていないためです、と。そしてひれ伏した。そばにいた人たちはこれを不思議に思った。

この月、三河国より鳳凰三羽が献上された。十二色のきらめく色彩で美麗で言葉にできないほどのものである。そして、この大鳥は桐生山に飛んでいった。この鳥の居着いた場所である。太子はこれをご覧になり側近の者らに言われた。これは鳳の尾である、と。すぐ天皇に奏して言われた。

陛下は三法をご理解され皇徳がおありになるので天はこの瑞を下さったのです。しかしながらその寿ぎに及ばざるときには還って凶となるでしょう。この上はさら仁を施したまわれますように、と。

ここに初めて施薬院を建て、国々に命じて難病の者を集め、薬蔵にあった薬を出し治療にあたらせた。世の中は平安に治まり人々は悦んだ。

・来目皇子は太子の同母弟にして初め盲目であったが薬師如来に誓願し開眼される。目を来たらす、見えるようになるという意味の名。今日の来目寺はその報恩建立とされる。陵は大阪府南河内はぶき野。

・暦道本紀に神代の神人、眞道味命は年月日十二支枝、十幹、日時、節朔を書し、之を政読《こよみ》とし、人に天政の恐るべきを知らしむる云々とある。

・遁甲は天干を利用した中国の占術、暦に用いる。六十日に甲の日が六つありそれを六甲（甲子、甲寅、甲辰、甲午、甲申、甲戌）という。冬至の後の一から九、夏至の逆数すなわち九から一に数えて陽遁、陰遁と区別し吉凶を占う術。これを催眠術としたのは太古黄帝が蚩尤《しゆう》と戦って勝つことが出来ず天に祈りついに神女を降ろされ、その数術の奥伝を授けられた。それを黄帝が風后に命じて記録させたということの由来からであろう。黄帝九宮遁甲経という本は太公望から文王に授けたといわれる。

・宿債　前世の因縁債務すなわち前世の借りのこと。

・この桐生山は静岡の方である。鵜鶘伝三十巻本に「神代からの桐の木があり長さ四十九丈（一丈は約三メートル）、太さ三十二尋（一尋は約一、五メートル）、枝の半分は枯れ、中の虚洞の中に洞口あり、その洞は大室の如く虚上に竜が住み、時に雲霧を発して大雨を降らすので桐生山といい、また雲霧山という。この木の下枝の標は西に三十尋あり。この枝に大鳥あり。この鳥の長さは八咫余り、その尾の長さは一丈余りとあり、その鳥の羽のことをいう。その木の洞穴の中に仏像があり、金石、土木によるものではないことから瑞祥であるとし、施薬院の創始となった。

・施薬院の創始は推古十年のことであり、天皇、勅に曰く「善なるかな、大王は能く天《たかあまはら》の意を知《さとり》たまえり」と仰せられ「使いを東西の国々に遣わし国司に告《ふれ》を流へ、以て治し難き異病、難病のよろしからざるものを都へ送らしめ、施薬院を立て、諸て内極の西門に立て、並びに施薬部を置き、皇太子自ら大己貴尊と炎帝神農の像を造り、院の正殿に安《まつ》り、輪毛織香《わけおりか》と谿羽張戸《たにははりと》に命じ薬蔵より薬を出し懇念に之を治療せしむ」とある。日本書紀にはこの記述を欠いている。

推古十一年（西暦六〇三年、太子三十二歳）春二月、将軍来目皇子は軍《いくさ》を遂ぐること能わずして築石に薨ず。太子、謂て曰く。時以て未だ事成るに至らざるを知るべし、と。即ち勅して軍を還す。

冬十月、天皇は小墾田宮に還りませり。天皇は諸僧に勅命して安宅経を宮に講じしめ給へり。太子、奏して曰く。先軌《さきつのり》を何ぞ軽んぜむ。先ず火焼の祭りを修めて後に御意に随いせむ。之によって庭上を荘《かざ》り厳かに火焼の祭りを修いて、忌部、卜部を左右の場に立て、殿上に壇を造り、僧等は経を修むるに神風頻りに吹き、大麻颰颰《おおぬささざめき》、神の降臨したまうさまは火上に露れて奇しく、炎太く直く上り一丈半量りなり。

十一月、太子は大楯及び靭《ゆぎ》を作り又、旗幟に絵を描かしめたまふ。

十二月、太子は始めて五行の位を製り、徳、仁、義、礼、智、信の各々に大小の階を有え、十二階と成す。是れ、鳳尾の十二色に因てなり。

徳は五行を摂《かね》る故に其の頭首に置く。大徳は紫冠にして一と為す。小徳は錦冠にして二と為す。大仁は繍《にしき》冠にして三と為す。小仁は綢《にしきのあや》冠にして四と為し、大義は纁《うすあか》冠にして五と為し、小義は緋《あか》冠にして六と為し、大礼は深緑にして七と為し、小礼は浅緑にして八と為し、大智は深縹《こきはなだ》にして九と為し。小智は浅縹《あさはなだ》にして十と為し、大信は黄冠にして十一、小信は漆《みずいろ》冠にして十二、就中《なかんずく》紫冠は最上の貴冠なり。大臣　大連は大徳を賜ってその他の大徳には此の冠は賜らざるなり。

【訳】

十一年春二月、大将軍来目王子が軍《いくさ》を遂げることができないまま、筑紫にて薨じられた。太子は、未だ事が成る時ではなかったことを知らねばならない、と言われた。よって勅により軍隊を都へ還した。

冬十月、天皇は小墾田宮《おわりだのみや》に還られた。僧らに安宅経を宮にて講じるように命じられた。太子は奏して言われた。

わが国の古よりのしきたりを軽んじてはなりません。まず火焼の祭りを修めてのちに御意の通りに致します、と。これにより庭上に厳かに祭りの設えをさせ、齋元道の忌部、宗源道の卜部を左右に侍らせ、殿上に壇を造り、僧らは経を唱えたが、神風がしきりに吹き、大麻《おおぬさ》が盛んに揺れ、神が降臨したまう様子は炎の上に顕れた。炎は太く直ぐ上に一丈半ほど燃え上がった。天皇が穢れを祓い無心になり、天空の神と一つになるための火焼祭が行われた。

十一月、太子は大楯と靫など武器を作らせ、さらに戦意を鼓舞するために旗幟に絵を描かせた。

十二月、五日に徳を樹《た》て、わが国の民族精神を護る意味から仁、義、礼、智、信の五行の位を作り、実践綱目に入れるよう配慮され、またこれに大と小の位階を作り、総べて十二階とした。これは鳳凰の十二色に因んでのことである。

徳は五行すべてを含みおさめる意味でその冒頭に置く。大徳は紫冠で一とした。小徳は錦冠で二とした。大仁は繍冠で三とし、小仁は 綢《にしきのあや》 冠で四とし、大義は 纁《うすあか》 冠で五とし、小義は緋《あか》冠で六とし、大礼は深緑冠で七と為し、小礼は浅緑冠で八とし、大智は深縹《こきはなだ》冠で九とし、小智は浅縹《うすはなだ》冠で十とし、大信は黄冠で十一とし、小信は漆《みずいろ》 冠にして十二とした。とりわけ紫冠は最上の貴い冠である。大臣と大連は大徳を賜り、そのほかにはこの冠は賜れなかった。

・来目皇子の薨去は推古十一年春二月四日、河内埴生山の岡（現在の大阪府羽曳野市）に葬られた。続いて来目皇子の皇兄、当麻皇子が代わって大将軍となり出発され、秋七月三日に播磨まで行った頃、その皇妃が明石で薨ずるということになり遂にこの征戦は中止されるに至った。

・小墾田宮は奈良県高市郡朝日村。

推古十二年（西暦六〇四年、太子三十三歳）春正月、始めて冠位を賜ふ。差の有るは是れ徳に依り、功に依りてなり。群卿は其の功を知って皆大いに慶喜《よろこ》べり。此れより朝臣に儀の猥《みだ》れ無くなれり。

初め身《みずか》ら憲法を製するに十七条に分かつ。是れ白鹿の角の十七の文成るに因る。是の時、天下の法度定まり、天皇　大いに悦びて群臣に命じ、各々一本を写し天下に伝え読ましたまえり。

此月、天皇　宰家、神家、釈門、儒門の四憲法を増すことを請い詔す。是より法家の自在なる邪が休《や》むなり。法は理なり。教えあらば乱れず、説かぬものはない。

秋七月、朝礼を改め、三法通う礼を立つに因り以て群臣曰く。凡そ宮門を出入りするときは、両手を地に押し両脚跪きて閾を越えるなり。

太子　秦公に謂い、寡人《われ》昨夜夢を見るに、北へ五六里去り、一つの美しき邑《さと》に到った。楓の林太く香る林の下に於いて汝の親族が吾を大いに盛んに饗した。吾今まさに往きしなり。河勝が頓首しかしこまり、御夢で臣が邑に往かれりといった。すぐに駕《のりもの》を命じ、河勝が先導し、玉輦《ぎょくれん》は漸く旋り泉河北に宿むなり。左右に謂いて曰く。此まさに吾が死後二百餘歳、一人の僧有りて行道を修め、寺を建てるは此の地なり。此の釈氏は他に非ず是吾が後身のひとり、其の弟子等なり。法を尊び燈を伝える末法の初め、仏教繁く興るなり。

明日、菟道橋に到るや秦大連の眷属が被服して騎馬し橋の頭に迎え、道中に満ち溢れり。

也《これ》に太子、左右に謂うて曰く。

今や、此の漢人の親族　其の家も自ら富み饒になりて、手ずから絹縑を織りて衣服も美妍なり。是　国家の宝なり。

木郡に到り、大連の眷属各々清饗を献じ、輿臺《こしをひくとも》に陪従し、太子は上気大いに快く其の日に楓野の大堰に臨で宿《やすみたま》ふ。假宮を蜂岡の下に造り、日ならずして了り、太子　之を左右に謂うて曰く。（楓野大堰は太秦の縁地）

吾　此の地を相るに国の秀　也《よりよきところなり》。南は開き北が塞がるは、南は陽、北は陰、陰は重山深く、陽は町、田は遠し。玄武、朱雀、其の徳は見然たり。河は其の左に径《わた》り、東に流れて順を成し、高嶽の上に龍の窟宅を為し、常に臨んで擁護す。

東に厳神有し、西に猛霊を仰ぎ道は径りて南北に之く。霊獣行便を得て、青龍、白虎、皆《ことごとく》其の相《すがた》を示す。

四神、霊を置いて相応の地なり。二百歳の後に一の聖皇有り。再び遷して都と成り、皇道を興隆せん。苗胤相続いて舊軌に不墜《おちず》。是、吾、夢相に感じ今此処に遊ぶのみ。

御《みくるま》を停め十日乃《にして》宮に旋りませり。此の時より已降、或は年中に再三、或いは一両年を隔て、駕を待たずして行きたまへり。後に儀を調いて楓野別宮と称し、後に宮を以て寺と為し金堂の六角を造り、新羅王の献る所を太子の本躰と為し如意輪の大悲像を安く。

当に華洛と成るべし。其の根本の霊柱たるべし。是れ太子の記されるを河勝の造れるなり。

冬十二月、諸寺の仏像を絵に荘厳せむ為に黄文《きぶみ》の畫師《えし》及び、山背の畫師、簀秦の畫師、河内の畫師、楢の畫師等を定め、其の課を免じて永く名業と為す。

【訳】

十二年春三月、初めて冠位を賜れた。位の差は徳と功によるものである。役人達はその功を知り皆大いに歓喜した。このときから朝臣の作法に乱れがなくなった。

憲法を初めて制定するにあたり、十七条に分けた。これは白鹿の十七本の角に書かれた文に因んでのことである。この時、国の法律が定まり、天皇は大いに悦ばれ、役人たちに命じて、各々一冊を写し、世の中へ流布し読ませるようにされた。

この月、天皇はさらに四つの憲法を増やすよう詔された。宰家、神家、釈門、儒門である。これより法家が邪な考えを持ち自在に法を曲げることがなくなった。法は自ずから理に順い、教えは乱れず説くようになった。

秋七月、朝礼を改め三法通宜の礼とした。宮門に出入りするときは両手を地面に押し、ひざまずいた姿勢で閾《しきい》を越すことになった。

八月、太子は秦河勝に言われた。わたしは昨夜の夢で、北へ五六里行き、美しい村に至った。楓の林がはなはだ香り高く、その木の下で汝の親族らがわたしを歓待してくれたのだ。今から行こうと思う、と。

河勝は恭しく跪き礼をして申し上げた。臣の村はまことに殿下の御夢の通りでございます。すぐに乗り物を用意させ、河勝が先導した。しばらく行き泉河北に宿を取った。太子は周囲の者に言われた。わたしの死後二百年余りした頃、一人の僧が修行し寺を建てるのはまさにこの地である。この僧は他人ではなくわたしのうまれかわりの一人である。その弟子たちは法を尊び、弟子から弟子へと伝えていく末法の初めであり、仏教は盛んになるだろう。

明くる日、菟道《うじ》の橋に至ると、秦大連の一族が盛装して馬に乗り橋頭で出迎え、人々は道に溢れていた。太子は側の者に言われた。いまやこの漢人の親族は栄え富み、自ら絹を織り絢爛な衣服を身につけて美しいことだ。これはわが国の宝である、と。

木の郡に至り、大連の一族がそれぞれ宴の御馳走を用意し、太子一行を接待し、輿につき従った。太子はとても快く上機嫌であられ、その日に楓野の大堰に行きお泊まりになった。そして蜂岡の下に假宮をいく日もかからずして造りおえた。

太子はこのことで側の者に言われた。わたしはこの地を観たのだが、国の中でも特にいい土地である。南は開き北が塞がっているのは、南は陽、北は陰、陰は重山深く、陽は町、田は遠い。玄武、朱雀の徳が見えるようだ。河はその左へとわたり、東へ流れていき、高い山には竜が窟宅を為して常に見守っている。東に厳神があり、西に猛霊を仰ぎ、道径南北に延びて霊獣の行き帰りに都合よく、青竜白虎みなその相を示している。四神の霊を置くに相応しい土地である。二百歳の後に一人の聖皇がこの地に都を遷すだろう。皇道は興隆し、子孫は代々、古来の規範を踏み外さず治める。この時こそ都が定まり、後の民たちは遷都の不安が無くなる。そのためわたしは夢で観じたこの地相を訪い確かめたのだ。

乗り物を止め十日留まられて後、宮殿へお帰りになった。この時より年に二、三回あるいは一、二年を隔てて訪れた。後に儀式を整え楓野の仮宮殿を別宮とされた。後に宮殿を寺とし、金堂六角を造り、新羅王の献じた如意輪大悲の像を太子の本体とした。ここは美しい都となり、まさにその根本の霊柱となるであろうと太子が記され、秦河勝が造成した。

冬十二月、各寺に安置された仏像を絵として飾るために黄文の絵師、山背の絵師、簀秦《すずはた》の絵師、河内の絵師、楢《なら》の絵師等を定め他の義務を免じて専念させ、永く残る優れた絵を描かせた。

・二百歳の後　後の桓武天皇長岡宮より平安遷都の予言。

推古十三年（西暦六〇五年、太子三十四歳）夏四月、天皇は大誓願を発し、工頭《たくみのかみ》鞍作部鳥《くらつくりべのとり》に命せ、銅と繍《ぬいとり》との仏像、各々丈六一躯を造る。

是時、高麗国の大興王　之を聴き即ぐ又、丈六分の黄金三百両を貢《たてまつ》る。太子大いに感て乃ち天皇に奏し、厚く以て之に答ふ。

是月、太子は奏して曰く。菟道太子の陵は是れ天下の宝陵なり。所以は何、天下の至宝は賢聖に若くは無し。此の王は也、是れ人来の賢聖なり。

生《よにあるとき》は天下を養い、死しては千代を導き玉いしなり。夫、古来人の皆くは斤金、町田、小利に迷いて兄弟を抛ち、又朋友と断つ。是を以て人の迷所は利に依って在るなり。其の利極は是れ天下なり。万賢の道を立つるは唯一の義に在り。義の立つ則は人道立つも義の廃る則は人道も廃る。故に義は天下の道の本なり。何の宝か之に如乎《しかん》。

然り即ち、此の王たるや、兄の為に皇位を抛《なげう》ちて弟として死路に返り以て誠の悌《てい》を尽せるなり。夫れ生々は悉く存壽《いのち》を惜み、武者は壽の為に勇を捨て辱を取り、学者は壽の為に理を捨て愚に入る。故に万賢は皆理を説いて事極の地を訓《おし》ふ。理立って学道立ち学立って万事は理まるなり。何の宝か之に如かむか。

然り即ち、此の王たるや、理と為して壽《いのち》を捨て、道を千季《とわ》に遺したまえり。誉を万歳に正したまえり。まこと、其の仁を謂わむ。大譲は畢竟天下を哀れむに在り。其の天下を哀れむは是れ仁なり。仁は人の元なり。心は先皇に治まるなり。先聖の教は以て尽ること無く仁に在り。何の宝か夫れ之《し》如かむ。

然即ち此の王たるや、善く其の仁を保ちて天下を捨て又皇位を捨て遂で命壽を捨てしは是れ仁の至誠にして其れ、大の至れるなり。又、其の孝を謂わむ。天皇は位に在りて愛至《いつくしみのきわみ》と為し奉る。未だ曽て人を憎まず、敬《つつしみ》の至《きわめ》と為し奉る。未だ曽て人を慢《あなどれ》ず、愛尊して驕《おご》らず、節の慎極に止まって社稷を任持《たもたしめ》て、天皇之を善《よみ》したまえり。天皇の崩御《かんさりまし》て以て天皇に事えまつる。

又、天皇に事えるに其の人位異らず。其の行状も奇からず。実に譲所を受けべからずとして譲らるる徳に差わず、聖天皇　又貴びたまう。是れ即ち至孝ならむ。是れ孝は人倫の元なり。百行は是れ自り立つなり。孝立って五倫立つ。五倫立って天下平らかなり。何の宝か又、之に如くこと有らむ。

然り即ち、此の王たるや、天皇に事を尽くして又、二枝に尽くす。是れ孝の師《みちびきびと》なり。

又、其の智を謂わむや、天皇の任は統《す》べるに有り。理を尽くして以て之を知り強いて譲って不屈は是れ即ち智の至りなり。智は人倫の日月なり。道は焉《これ》に凴《よっ》て晦《くらま》ず。何の宝か之に如《し》かむか。

然り即ち此の王、智に明きなり。天皇は天下の王として百姓をして仁化に居《とど》めむか、天下は以て平安なる所以を知る。是れ智の極めならむ。

又、其の礼と為るを謂うや、天皇を敬って在位を輔け天皇を敬して譲位を窮めしは是れ礼の誠の者なり。礼は人倫の大儀なり。人は之に依って乱れざるなり。王道に乗じて天下を推す、何の宝か之に如かむ。

然り即ち此の王たるや、敬って天皇に伏《したが》い其の生命に随いて辞めずして立ち、崩《かんさりまし》て天皇を敬し謙譲して臣と成り死に返して恭《つつしみ》を致す。是れ礼極なり。

又、其の信の位を謂うや、生《いきているとき》は、理を格し精を致し、譲るに不應の限りを窮め、命を止めて遂に譲るは是れ、即ち信の至りなり。信は五典の根なり。人法は信に依って成る。何の宝か之に如かむ。

然即ち、此の王たるや、是れ精を竭くしての人　是れ命に止まる人　事の誠の道ならむ。初は精を竭すに在りて、終わりは命を止むるに在り。是れ信の極めなり。

是れ此の仁、義、礼、智、孝、悌、信の理、悉く大いに此の王に尽されしなり。是れ万代の師なり。祭らざるべからず。依て以て儀を調《ととの》へ、太子身ら行って莵路の陵を祭りたまえり。

秋七月、太子は奏聞して諸王と臣等に命じ褶《あわせ》を著せしむ。

冬十月、太子は斑鳩宮に還る。此の後は日々驪駒《くろこま》に騎りて旦《あした》に星を戴き、朝に参りて万機を理め、終日《ひねもす》月に向かいて宮に還りたまい敢えて怠惰《おこたら》ず。時の人は之を異とせり。

【訳】

十三年夏四月、天皇は大誓願を起こし、工頭の鞍作部鳥に命じて銅と繍を用いた丈六の仏像を各一体造らせた。この時、高麗国の大興王はこれを聞き、丈六分の黄金三百両を貢いできた。太子はこれに感銘し、天皇に奏上した。

莵道の太子の陵は天下の宝陵である。何故なら、天下の至宝とは賢聖のほかになく、それに及ぶものはないからである。この王は賢聖であり、ご存命の時は世の人々のために尽くし、死後には後世の人々の手本となり導いておられる。古来、人々は金や財産、目先の利益に迷い、兄弟を捨て、友を裏切るものがいる。迷う理由はまず先に利を追うからである。その利の極まるところは世間である。すべての賢者が道の第一に義を置く。義があってこそ人の道は立つが、義が廃れるときは人の道も廃れる。だからこそ義は天下の道の根本である。いかなる宝もこれには及ばない。

そういうことで、この菟道の太子は義のために天皇の位を嗣ぐことを断り、度重なる周囲の人々の期待や要請をも辞退し続けられた。人は今も昔も変わらず官職に就くことを望む。そして父と争い、兄と闘い、恩も孝も顧みずしてもっぱら地位を求めるが、それは官職が貴ばれるからである。その極まるところが皇位である。

すべての賢者が貴ぶのは悌の心である。悌があって人の道は修まり、悌が廃れて道は乱れるものだ。だからこの悌は世の中を治めるための要となる。どんな宝もこれに及ぶものはない。

すなわちこの王は兄のために皇位をなげうち弟として命を絶つことを選ぶことによって信の悌を尽くした。世の人々はみなその命を惜しみ、武者は我が身惜しさに勇ましきを捨て辱《はじ》を選び、学者は命を惜しんで理を捨て愚となる。ゆえにすべての賢者はみな理を説き、事の極まるところを教える。理が通って学道が成り立ち、学道があってこそ万事は滞りなく進めることができる。これ以上大事なことはない。

またすなわち、この王は理としてわが命を捨て人の道を永く後世へと遺された。誉れとはいかなることか、その正しさを永く伝えた。また、その仁について言えば、大譲を選ばれた訳は世の中を哀れむことにあった。その世の中を哀れむ心は仁である。仁は人の元である。その心は先皇の治世や先賢の教えに尽くされ、仁にある。どんな宝がこれに及ぶだろうか。

またすなわち、この王がよくその仁を保って、天下を捨て、皇位を捨て、自ら命を捨てられたことは仁の極みであり、誠の人生を全うされたのである。

また、その孝について言えば、天皇が位にあれば愛しみ尽くされ、未だかつて人を憎まれず、敬《つつし》み深く奉じられ、人を軽んぜず、おごりたかぶらず、尊び、礼節と義礼を守り朝廷に事め続け、天皇はこれを善きとされていた。

応神天皇が崩御ののちも天皇に事えた時と同じく、人位もやり方も変えず、本意で皇位を受け継がず、先皇の徳のみ受け継ぎ尊ばれた。これこそが孝の極みである。孝は人の道の元である。、諸々の行いはこれによって正しき道となる。

孝立ちて五倫が立つ。五倫が立ちて天下は安らぎ治まる。どんな宝がこれに及ぶことがあろうか。すなわちこの王こそは天皇に事を尽くし、二人の枝に尽くした。これは孝の教えびとである。

また、その智をいえば、天皇より統べてを委せられ、理を尽くしてこれを知り、強く譲っても屈しないのは智の極致である。智は人の道の万事に関わり、これによって迷わず明かとなる。これ以上、何の宝があろうか。またすなわち、この王は明かに、天皇とは天下の王として百姓におもいやりを施し、それが天下を平安に保つのだということを知っていた。これは智の極めである。

また、その礼をいえば、天皇を敬いて在位を輔け、天皇を敬いて譲位を長く延ばした。これは礼の誠である。礼は人の道の重要なことであり、人はこれによって乱れず、王道に乗って天下を治めていくものである。どんな宝がこれに勝るであろうか。

また、すなわちこの王は敬《つつし》み天皇に伏《したが》いその生命に随い辞することなく、崩御の後、天皇を敬《うやま》い謙譲して臣下となり、死に際しても恭順を尽くした。これは礼の極致である。

また、その信の位をいえば、生きている時は、理を格し精《こまかき》を究め、譲るに応じない限度を守り、命を止めて遂に譲るに至ったのは、これは信の至りである。信は五典の根本である。人の法は信によって成る。これ以上のどんな宝があるだろうか。

また、すなわちこの王は精魂を尽くす人で、命に止まる人である。事の誠とは初めは精一杯尽くし、終わりは命を止めることにある。これが信の極みである。

この王は、この仁、義、礼、智、孝、悌、信の理を悉く尽くし切ったということである。これは永久の教えびとである。祭らずしていられようか。

よって太子は儀をととのえ、菟道太子の陵の祭祀を自ら執り行われた。

秋七月、太子は奏聞し、王族と臣下に命じ、褶《あわせ》を着けさせた。

この冬十月から斑鳩宮に移転され、以後は日々黒駒に乗りて、朝早くから朝廷に御出勤され夜は遅くにご帰還になるという勤勉さで勤められた。人々はこの姿を何事かと訝った。

・鞍作部鳥　飛鳥時代の仏師として彫刻、鋳造、絵画などに秀でた一代の仏師である。父は鞍作部の多須奈、祖父は司馬達等で、欽明天皇の頃、仏教とともに渡来した帰化人である。

・菟道の太子　菟道稚郎子尊《うじのわきいらつこのみこと》は応神天皇の三皇子の一男。仁徳天皇の弟にあたる。応神天皇四十年（西暦三〇九）正月二十四日に立太子される。悌の道によって兄、仁徳天皇に皇位を譲り自ら命を断ったもので、その道に生を抛った聖賢の生き様に感動されて陵にて祭祀を催された。

・貴極　皇位。日本の臣下にして皇位を望む者はいないが、皇族となればそれを望まぬ者はいない。それを兄の為に譲るということは兄に対して弟として情誼（誠意をもってつきあう気持ち）の篤さに徹したからである。兄弟長幼の道として世の範としてこれ以上のことはない。しかし、いかにその道を貴ぶとしても、兄は兄で義によってその意志を貫かせてくれないが為に自死によって皇位を譲ったのである。

・太子は人倫の源の孝を行ってこそ百行に発展されるとして天子の孝、卿大夫の孝、士及び庶人の孝との五孝を説いて孝経に教える高行として説かれ、また天子の行は社陵を任持することにありとして導かれた。又、智において道を明らかにしてそれを窮めた点、その礼に於いて天の譲る、地の譲る神意を尊び、その信に於いて命を以て譲るというその至信を万代の師としてこれを祭らずしてその徳をこの世に伝え蘇らすことはできないということである。政道の眼目たる祭政の大切さを説かれた。

・斤金　一斤＝十六両。

推古十四年（西暦六〇六、太子三十六歳）春三月、太子　斑鳩宮に在り、諸臣を将いて駕を命じ、椎坂の北岡に至って、経繰里《へぐりのさと》を望んで左右に謂うて曰く。那ぞ地躰の麗しきぞ。一百歳の後、帝王の気有り。経繰の神手の臣　太子の近くに臨み玉ふことを聞いて驚愕し、己の親族を召集し相迎え再拝す。国の戸里を望《みわた》して曰く。

一百歳の後に又、帝王の気有り。普に臣相の気も有り、と。

此の年、太子　天皇に奏して曰く。

異《あだしくに》の儒を学ばするにまた、学仰をして之を講じ学を布《のぶ》るに、学仰は異国の声《ことば》にして未だ吾の音《ことば》の微《あや》を尽くさず。故に吾国の卿等、それを聞いても密しく不至《のみこめず》。臣は元より不敏と雖も願わくば天皇の許を蒙って経を講じ布《ほどこ》さむ、と。天皇　之を然りとす。時に太子　三経の解を製り三月にして事を成げ、すでに製りて之を学哿に給《あた》へませり。学哿、拝し看て信伏せり。

已にして左右に命じ曰く。

三経は儒宗の大意にして学者は之を精しくする則は差《ちが》い迷うこと無けむ。孝経は行いの教えなり。大小の人の無《くべつな》く宜しく先に学んで之を行うべし。

人倫の大原《もと》や、五孝（天子、諸侯、卿大夫、臣士、庶人）應え為し、能く百行を起こすなり。人は孝行を知るといえども未だ其の行いに應うことを知らざる則は迷うて中当を失はむ。共に孝立ち、應立ちて、徳に中るは聖人にして万世の人を教導するなり。千代を正す行いなり。又、ここに工夫有り。

五孝に應兼有り。上は上に止まりて下に通じ、下は下に止まって上に通じ、行い以て之に尽さむのみ。此の経たるや是れ實にして空言を免れ、人倫と禽獣を別かつ。宜しく須臾《しばし》も捨てざるべし。

大学は学の教えなり。儒宗は壮人を学に入き心を学ばせ、本は一にして末は二つ、是れ躰の三科なり。本は一にして末は七は是れ用の八科なり。躰の本末は自ら以て本と為す。他と壹とを末と為す。用の本末は帰を以て本と為す。往還を末と為す。躰に於いて是れ明なり。元来、自らに在って用に於いて是れ修なり。往還は帰を以て之を本学と為す。止は自佗を壹にする者なり。新に是れ他に布く者なり。

正、誠、致、格は是れ、本より末に往くものなり。

平、治、齊は是れ末より本に還えるなり。之を末学と為す。

躰学に於けるや本は云い難し。故に壹ら品格を作り、其の知と、定と安と慮と、得るの是れなり。或いは品に於いて忽せにせば其れに至ることを知るもの無し。還って工夫有り。本末、終始、前後の序は並びに之に寄《まか》すなり。

品には物と事の別あり。学ぶというは、蓋し是れなり。之を学び為す者は其の序を知らずして之の処《ことわり》有ること無し。

用学に於けるや、末は尽くし難し。故にその帰は統を為すを以て本と為す。儒意は茲に在り。あるいは焉を知らずしてはそれに至るを知ること無し。

復、工夫有り。本末、治乱、厚薄の別あり。家は身に属くもの、意は心に属くものにして自ら即くを本と為しその餘《ほか》に即くは他《よそ》なり。

その厚は自らに在り。その薄きは他に在り。薄きは必ずしも薄きに非ず。厚きに従《っ》くの品なり。これを学と為す者はその別を知らずして是の處《ことわり》有ること無し。

孚哉《まことなるかな》、此の経、只に三科、八科を説き得るのみに非ず。表に節を含み躰と用と本と、自と他と、壹と帰と、往と還と、品と統と序別の位は各然として学を導くなり。

中庸は悟の教えなり。儒老は性を悟るなり。儒宗は道源として之を説《おしえ》るなり。四品を以て命と性と、道とを教えるなり。是れその命は理なり。天の極たらしむるは理に有り。之れ人生の賦《さずかり》なり。その性は中なり。未だ情の偏りを発さず。不変の中に理の原在り。その道は行いなり。人事の常の間に正行の途有るに謂うなり。その教えは導きなり。道の中の彝《わからぬみち》を以て人倫の常を導くなり。四は三に帰す。天、人、聖の是也。

人は天と聖の中に在り。しかも学を以て之を得るは自然の理勢なり。分別は躰、用、理、事、義を以て人の常の中に安く。天の命、天の性、天の道、天の教えは是れ躰にしてそれ理なり。聖人はその命、その性を知って其の教え、其の道を立つるなり。是れ用《はたらき》にして其の事《つとめ》なるのみ。

生衆は之に依って中に入り和に止まるなり。是れ人倫の道にして事物の常なり。此の経は民人の学に在り、大過も及ばざることなく行わしむるにあり。儒学は茲に勑《つとめ》て学ばざるべからず。群卿は命を承って信して受け大いに悦びたり。

此の時、太子は自ら三経を暢べたまえり

夏四月、丈六の仏像（註・一丈六尺の仏の趺坐像）二躯を成《しあ》げ元興寺に居《とど》む。太子儀を備え迎え先導す。

仏像は金堂の戸より高くして以て堂に納むること得ず。是に於いて諸工等　議って曰く。須く堂の戸を破って之を納れるべし、と。然るを鞍作鳥は秀たる工にして、戸を壊さずして堂に入れることを得て大齊会を設《もよおしたま》いしに、此の夕　寺に五色の美雲有り仏堂の甍を覆い、此の夜　丈六の像　光明を放つこと数廻。

太子　奏して曰く。

此年より始め、四月八日、七月十五日毎に宜しく衆《おおく》の人々を聚め齊《まつり》を設くべし、と。

五月、天皇　鳥の功を賞し大仁の位を賜い並せて近江の坂田の水田二十町を賜う。

秋七月、天皇　太子に詔し請うて曰く。

朕は諸仏の説かれる諸経を聞くに理は甚だ深淵なり。就中、勝鬘経を幾《ねがわく》ば其の説《おしえ》を聞くことを欲し、宜しく朕の前に其の義を講説すべし、と。

太子　辞《いなみます》に奏す。

臣　其の義《ないよう》を思適《おもうとおり》に未だ通達せず、伏して念うに、五六日にして義を解きし疏を製り應《まさ》に麈尾《しゅび》を握《とっ》て師子座に登《ときまつ》るべし、と。

時に天皇、勅て　大徳の諸僧に其の妙義を問わしめ玉うに、太子　請を受け其の儀《しぐさ》　僧の如し。三日にして竟《おえ》たまえり。

講を竟えし夜、天に金光放《かがや》き、蓮花の降 零《あめふらしめたま》う。花の長さは二三尺、方四町に溢れる。明くる旦、之《このこと》を奏す。天皇、大いに奇とし、車 駕《くるまにてみゆき》し、之を 覧《みそなしたま》う。その地に誓いて寺堂を立て玉えり。橘樹寺、是なり。

天皇　亦復、太子に詔りて曰く。

法華経は如来の極義なり。宜しく亦、講説すべし。太子、謹んで詔を受け又亦、僧儀の如くして岡基宮に説き玉うに、諸王、臣、連、諸僧、士庶、信受せざるということ無し。

天皇　女王　諸命婦たち亦以て看聞《みききする》こと七日にして竟りませり。

天皇　大いに悦んで針間國の水田三百有六十町を以て太子に施し玉うに、太子　之を辞して法隆寺に納め、已にして後に割て中宮寺に納めませり。

高麗の恵慈法師、諸僧の上首として各講場に在って其の得る所を諮り。太子は取捨したまいて正しき理にそれを含ませ並びに亦、疏を製り玉うに後年に製り竟り。

【訳】

十四年春三月、太子は斑鳩宮におられた。臣下たちを率い乗り物を用意させ推坂の北岡へ向かわれ、経繰里《へぐりのさと》に至ると周囲の者に言われた。

この地の気配のなんと麗しいことか。百年の後にここに帝王の気がある。経繰神手臣は太子が近くに来られると聞いて驚き、自分の親族を集め太子をお迎えし、拝み敬意を表した。あたりを見渡し言われた。百年の後にまた、帝王の気がある。すべてに臣下らの気もあると。

この年、太子は天皇に奏上し言われた。

異国の儒学を学ぶため、学哿を召して講じさせていますが、学哿の言葉は異国のものであり、また未だ吾が国の言葉の微細なところを習得していないため、公卿たちは細かいところを理解できずにいます。私はもとより敏からずとはいえ天皇のお側にお仕えする身、願わくば私に儒学の経典を講じ指導させてください、と。

天皇はそれはそうだとお応えになった。そこで太子は三経の解説書を三ヶ月で仕上げ、経本を作成し、これを学哿に給わった。学哿はそれを戴き、目を通し感心し、太子を深く敬った。

そうして周囲に命じられて言われた。

三経は儒学の概略が書かれているので、学ぶ者はこれをよく読んでおけば迷うことはない。孝経は行いの教えである。大人も子どももまずこれを先に学び修め行わねばならない。

人の道の大元とは五孝にしたがうことであり、すべての行いがここに起こる。人は孝行を知ったにしても、その行いの後にあることを知らない時は迷い、肝心な目的を見失う。共に孝立ち結果が成り徳となるのは聖人であり、時代を超えて人々を教え導くこととなる。永遠の正しき教えである。またここに工夫がある。

五孝には應と兼とがあり、上に立つ者はその立場において、下の者はその立場において、それぞれその孝を尽くすことによって上下の別なく相通じる。ひたすら行うことである。

この経は実であり根拠のないことではなく、人と禽獣の有り様を別ける行いである。人は片時もこの行いを止めてはならない。

大学は学問の教えである。儒学ははたらき盛りの人を学問に導き、心を学ばせる。本は一であり結果は二で、これは体の三科である。本は一で末は七は用の八科である。体の本末は自己を以て本とし、他と一とを末とする。用の本末は帰を以て本とし、往還を末とするのは体において明かとなる。元来、自らにあるものであり用においてこれを修める。往還は帰を以て本の学びとする。止は自己と他を一にするものである。新たにこれは他にほどこすものである。

正、誠、致、格は、本から末に往くものである。

平、治、齊は末より本に還るものである。これを末学とする。

体学における本は言葉に表しがたい。そのためまず品格を作り、その智と定と安と慮とを得るのである。あるいは品においていい加減にするときはそれらを知ることはできない。還って工夫することになり、本末、終始、前後はいずれもその決まり通りにすることである。

品には物と事の別がある。学びとはまさにこのことである。これを学ぶにはその序を知らずして意味はわからない。

用学では、末は尽くしがたく、そのため帰はまとめることによって本となる。儒学の意味はここにある。このことを知らないうちは学んだことにはならない。

また、工夫しなければならないのは本と末、治と乱、厚と薄の区別である。家は身に属し意は心に属し、自己に在るものを本とし、そのほかは他である。

その厚きは自らにあり、その薄きは他に在る。薄きは必ずしも薄いではなく、厚きに従するものである。これを学ぶには、この違いを知ることなくしては理解できない。

誠に真実であることよ、この経はただ三科、八科を説いているだけではない。表に節を含み、体と用と本と末と、自と他と、一と帰と往と還と、品と統と序と別の位は明確に説き学びを導いている。

中庸は悟りの教えである。儒老は性を悟る。儒学は道の源として之を教える。四品を以て命と性と、道とを教える。この命とは理である。

天の極めは理である。これが人生の意味である。その本質はほどほどである。未だ情に偏らず、不変の中に理の初めがある。その道は行いである。人事の日常の間に正しい行いがあることをいう。その教えは導きである。道のうちに彝《わからぬみち》を以て人の道を正しきへ導く。四は三に帰す。天、人、聖のこれである。

人は天と聖のあいだに在る。しかも学ぶを以てこれを得るは自然のなりゆきなり。分別は、体、用、理、事、義を持って人の正しきの内におく。天の命、天の性、天の道、天の教えは体にして理である。聖人はその命、その性を知り、その教え、その道を立てる。これこそがはたらきであり、つとめである。人々はこれによってほどほどに入り、和に止まるのである。これが人の道であり、事物の正しきなり。

この経は民人が学ぶためにある。大きな過ちも及ばざることもなきよう行うのみである。儒学は勉めて学ばねばならない。

群卿はこの命を受け、心から順い悦んだ。この時、太子自ら、三経を説かれた。

夏四月、丈六の仏像二躯が完成し元興寺に安置するにあたり、太子は威儀を整えて迎え先導された。仏像は金堂の戸より高かったため中へ入れることが出来なかった。このため工たちは相談し、金堂の戸を破って入れようと言った。だが鞍作鳥は秀でた工であり、戸を壊さずして堂に納め入れることを為しとげた。大斎会が催された夕べ、寺に五色の美雲が現れ、仏堂の甍を覆った。この夜、丈六の像は光明を放つこと数回に及んだ。

太子は奏上された。この年より初め、四月八日、七月十五日毎に人々を集めて斎会を催すように、と。

五月 天皇、鳥の功績を賞め大仁の位を賜い、併せて近江の坂田の水田二十町を賜った。

秋七月、天皇は太子に詔し、請うて言われた。

われは諸仏の説かれる諸経を聞いたが、その理はとても奥深く計り知れぬことがある。特に勝鬘経の教えを聞きたく思う。その義をわたしの前で説明しなさい、と。

太子は辞して申し上げた。

わたしはつとめを為せるほどの理解にまだ到達していません。願わくば五、六日いただき意味を解し書に著し、獅子座に登りたく存じます、と。

そして天皇は勅し、大徳の僧たちに其の妙義を問わせられた。太子は請を受け、まるで僧のような仕儀で行われ、三日間で終了した。

講義を終えた夜、天に金光が輝き蓮華の雨が降った。花の長さは二、三尺で、周囲四町に溢れた。翌朝、このことを奏上すると、天皇は大いに不思議がられ、乗り物で行幸されこれをご覧になった。その地に寺堂を建てることを誓われた。橘樹寺がこれである。

天皇はまた、太子に詔りされて言われた。

法華経は如来の極義である。よろしくまた、講説せよ、と。太子は謹んで命を受けたまい、また僧儀のように岡基宮で説かれたが、諸王と臣下、連、諸僧、士庶は、みな心から拝聴した。天皇、女王、諸命婦たちも見聞きし、七日間で終了した。

天皇は大いに悦ばれ、播磨国の水田三百六十町を太子に施したまい、太子はこれを辞して法隆寺に寄進した。その後分割した分を中宮寺に納められた。

高麗の恵慈法師は諸僧の上首として講義場におり、その得るところを伺った。太子はそれを選び取り上げ、正しき理を含ませ、後に解説書にまとめられた。

・白河三十巻本は二百年とあるが先代旧事本紀大成経七十二巻本は百歳とある。第四十九代の光仁天皇の関係地となったのは太子の薨去後百五十年のことなので、この箇所は後人の書き替えと考えられる。また光仁天皇の御代はそれ以前より皇統をめぐり天武系、天智系の争いが絶えない不穏の時代であり「帝王の気あり」の予言にはそぐわない。さらに先代旧事本紀大成経全体の流れからすれば、聖皇本紀では仏教への偏りがみられ、後の仏教者が諸々加筆した箇所かと考える。

・三経　孝経、大学、中庸。

・勝鬘経　正式には勝鬘師子吼一乗大方便方広経（大乗仏教経典）である。中印の古代、舎衛国波斯匿王《はしのく》が釈迦と同じ日に生まれ、仏を日光と称しハシノクを月光と訳される。その第二夫人が賎女から現れ、それを勝鬘夫人と称した。その夫人の説く教えは「一切の衆生は平等に願い行い、そこに絶対境地の涅槃の理想は実現し得る」というものである。これは安康天皇、雄略天皇の頃（四五三年頃）、劉宋の僧が訳したものといわれる。

・中宮寺　奈良県生駒郡にある太子の七寺の一つである。用明天皇御不豫の時の誓願に基づいて建立されたと伝えられる。太子が斑鳩宮に移られたのは推古十年のことで、法隆寺は十五年に完成されたとするが、この時の講義の謝礼針間國の三百六十町の一部が資金となったということか。中宮寺は法隆寺の近くにあり、法興寺とも別称され、太子の御生母の為に建立されたものと伝える。

・経繰里　椎坂、経群地も現法隆寺の付近。

・獅子座　高僧の座る座席。

推古十五年（西暦六〇七年、太子三十七歳）夏五月、太子の製《つくること》を待ち奏して曰く。臣の先身　漢土に修業せしとき所持せし経は、今は衡山に在り。望むらくは使いを遣わして持ち来たらし、誤れる本と比べ校《あらため》む。

天皇、大いに奇とし、左之《とも》右之《とも》と。時に太子は大礼小野臣妹子に命じて曰く。

大隋は赤縣《もろこし》の江南道の中にて衡州の中に有り、是れ南嶽なり。山中の磐若台に有り。南渓下より登り也、松の滋《しげり》の中に入りて三、四里許《ばかり》、門は谷口に臨む。吾昔の同法は皆既に遷化して唯、三躯有《みたりいきてあ》る。汝、宜しく此の法服を以て吾名を称《いう》て之に贈るべし。

復、吾が昔の身、其の臺に住《とどま》る時に所持せる法華経は複《あわせ》て一巻にしてあり、宜しく乞うて受けて将来《もちきたる》べし、と。

妹子　彼に到り、彼の土人《くにびと》に問い遂に衡山に到り、太子に命じられし如く、南渓の下より入りて北に就くと門の側に一の沙弥有り。門の内に在りて忽然として唱えて曰く。

念禅法師の使い人が到来せり、と。一の老僧有って杖を策《つい》て出ず。又、二人の老僧有って相続いて出でて、相顧みて歎じ含んだ。

妹子、三拝するも言語通わず。地に書いて意を通し各に法服を贈る。

老僧、地に書いて曰く。吾が念禅法師は彼に何と号しませしや、と。妹子　答えて曰く。

我が本朝は日本東海中に在るなり。此の地を相去ること三年にして行く。今　聖徳太子有《まし》て念禅法師という者無し。仏道を尊崇して妙義に流通し自ら諸経を説き兼ぬるに義疏《ときぶみ》し製《あらわ》したまう。余《われ》はその令旨（皇族の命令）を承って昔の身に所持複《あわ》せし法華経を取りて余《ほか》は異事《ことなること》は無し、と。

老僧は大いに歎《たたえ》て沙弥に命じて之を取らしむるに、須臾にして経を取り一の漆篋に納め妹子に謂うて曰く。是の経と篋《はこ》は念禅法師の所持せしの是なり。念禅は此れに在り。読経を惰《おこた》り倦《あ》いて睡り経を焼き一点の処有り、と。

僧等は経を授《わた》し竟り、南峯の上の一《ある》石塔婆を指し曰く。

彼の念禅遷化して骨を納めしの塔なり。今于三十二歳なり、と。

妹子 経を受けて別れ去るに、然も三口《みたり》の老僧等は各の物を恵み、之の篋に納め答えとしてここに之を贈り併せて書篋を封じ明くる年、還り来たって以て太子に進《たてまつれ》り。

太子、大いに悦び篋を披いて之を看るに、仏舎利三枚と牛頭栴檀《ごずせんだん》等有り。書簡の辞は、人は見《よむこと》を得ざれども太子 読み終わりて涙を垂れ、火に投ぜり。所由《わけ》は識れず。諸臣、之を奇とせり。

秋九月、奏して曰く。

兆民の壽は唯、水田に憑《よら》む。水田の本は池と坡《つつみ》に在り。或いは亢旱《かんばつ》に當っては生民は天を恨み、天は黙して之を知り國に災いを降さむ。望むらくは諸国に命じ民を興し地を築き田を掘り、畠を造り、谷峰を開きては路を通わし、河谿に臨んでは橋を懸けて、黎民《れいみん》の為に苦を抜《と》り楽を与えたまえ、と。

天皇　大いに悦びたまいて大臣に勅し行わしめたまう。

冬十月、太子は田村王子を召し、即ち命《のりごちたま》ふに曰く。寡人《われ》汝を見て思う処有り。汝は南国に之きて、田畠と池塘《いけつつみ》を治め民兆《おおみたから》の苦行を知《さと》るべし、と。

之に依て田村王子（後の舒明天皇）、畿邦《みやこのちかきくに》を巡り池を造りませり。山跡國《やまとのくに》の高市の池、藤原の池、片岡の池、菅原の池、三立池、山田池、劔の池を成《しあげ》、山背國には大溝を掘り、東隈に水行を通し、凡河内《おおこうち》國には戸刈池、依綱《よさみ》池、大津池、安宿《やすか》池等の諸池なり。

使いを諸國に遣わし池を造り、塘を築き、毒龍の住む潮《みずたまり》を埋め、畔を立て田と為し、悪狼《あだなすおおかみ》の臥す野を開いては畠と為し又、田を為《つく》り、新たに路を開き、橋を懸け、國毎に屯倉《みやけ》を置き皆功を竟《おえ》しことを奏上《もうしまつ》る。

已にして是自り後は、天下に亢旱の憂いも無くし、百姓も富饒《ゆたかさ》の説《よろこ》びを有《もて》り。

是の年亦、詔に因って維摩経の疏を製りませり。


【訳】


十五年夏五月、太子は疏を作っている際、奏上して言われた。

前生のわたしが漢土で修行していたとき、所持していた経典は今は衡山にあります。遣いを出してそれを持ち帰りたく願っています。誤りのある本と比べ校正したく思います、と。

天皇は大いに不思議に思われ、どこへでも善きように、と言われた。太子は大礼小野臣妹子に命じて言われた。

大隋赤懸《もろこし》の江南道の中、衡州に有り、南嶽という。山中の磐若台に有る。南渓下より登り、また松の茂みの中に入りて三、四里ばかり行き谷口に臨んで門がある。吾昔の同門の者は皆殆ど遷化して、ただ三人生きている。汝、宜しくこの法服を持ち吾が名を言い、その者たちに贈られよ。

また吾が昔の身、その台に住んでいた時に所持していた法華経は綴じて一巻にしてあり、よろしく頼み乞うて、受け取り持ち帰れ、と。

妹子は彼の地に至り、彼の國の人に問いながら遂に衡山に至った。太子に命じられたように、南渓の下より入り北に進むと門の側に一人の沙弥がいた。門の内にあって忽然として唱えて言った。

念禅法師の使いの者が到着した、と。一人の老僧が杖をついて出てきた。又、二人の老僧が続いて現れ、みな顔を合わせ感心していた。

妹子は三拝したが言語が通じないので地に字を書いて伝え、それぞれに法服を贈った。

老僧は地に書いて言った。

吾が念禅法師は彼の地で何という名で在られるか、と。妹子は答えて言った。我が本朝は日本東海中に在ります。この地を去ること三年で着くところです。今、聖徳太子として居られ、念禅法師ではありません。仏道を尊崇し妙義に通じて自ら諸経を説き、併せて解説書を著されています。わたしは命を受け、昔の身に所持されていた法華経を取りにきただけです。

老僧たちは大いに讃え沙弥に命じ、これを取りにいかせた。しばらくの間待ち、経を取り一つの漆箱に納め、妹子に言われた。この経と箱は念禅法師の所持されていたものです。念禅はここにありしとき、読経に飽きて眠り経を焼いた一点があります、と。

僧等は経を授け終わると、南峯の上にある石塔婆を指さして言われた。

彼の念禅法師が遷化して骨を納めた塔です、今から三十二年も前のことです、と。

妹子は経を受け取り、別れ去るとき、三人の老僧はそれぞれ物を包んで箱に納め、太子へ返答として贈り文箱を封じた。明くる年、妹子は朝廷に戻り、これを太子に奉った。

太子は大いに悦び箱を開いてご覧になると、仏舎利三枚と牛頭栴檀等が入っていた。

書簡の言葉は、他の人は見ることができなかったが、太子は読み終わって涙を流し、火に投じられた。そのわけは誰にもわからず、臣下たちはこれを不思議に思った。

秋九月、奏上して言われた。

民たちのいのちはただ水田にかかっています。水田の本は池と坡《つつみ》にあります。或いは亢旱《かんばつ》に当たっては民は天を恨み、天は黙して之を知り、国に災いを降しましょう。望むところは諸国に命じ民を興し、地を築き、田を掘り、畠を造り、谷峰を開きて路を通わし、河谿には橋を懸けて庶民のために苦難を除き楽を与えてください、と。

天皇は大いに悦びたまいて、大臣に勅し、これを行わせた。

冬十月、太子は田村王子を召し、即ち命令されて言われた。われは汝を見て思うに、汝は南国に行き、田畑と池塘《いけつつみ》を治め、多くの民の苦労を知らねばならない、と。

これによって田村王子は畿　邦《みやこのちかくのくにぐに》を巡り、池を造られた。

山跡國《やまとのくに》の高市の池、藤原の池、片岡の池、菅原の池、三立池、山田池、劔の池をしあげ、山背國には大溝を掘り、栗隈に水行を通し、凡河内國には戸刈池、依綱池、大津池、安宿池などの池である。

使いを諸国に遣わし、池を造り、塘を築き、毒龍の住む湖を埋め、畔を立て田を作り、悪さする狼の棲む野を開いては畠とし、また田を作り、新たに路を開いて、橋を懸け、國毎に屯倉《みやけ》を置き、皆功を終えたことを奏上した。

こうして、この後は天下に旱《ひどい》亢《ひでり》の憂いも無くなり、百姓も豊かな暮らしの悦びを持てるようになった。

この年、また詔によって太子は維摩経の疏を作られた。

・五月製《つく》るを待ってとは、十四年に法華経を講じての後に著述されて後ということ。その時の著した法華義疏は「法華義疏四巻」として今日まで伝わっている。

・秋九月に先立ち鳥臣を東国、陸奥に、また科野では水田開拓の大工事が進められている。水害、干魃に対して配慮がなされていたことが窺われる。

・維摩経　この経は釈迦の在家の弟子維摩（浄名、無垢などの意味）の見識を説いたもので大乗仏教の一つ。詳しくは維摩詰経といい三巻十四品からなる仏典である。

・牛頭栴檀　天竺の牛頭山に産する栴檀から作る香りをごずせんだんという。牛頭は地獄の獄卒で頭は牛で身体は人となることからの名、祇園精舎の守護神にて薬師如来の化身を牛頭天王という。

第四章　三十七歳～薨去

推古天皇十有六年、（西暦六〇六年、太子三十七歳）夏四月、大礼小野妹子《たいれいおののいもこ》大隋より到《つ》く。乃ち隋朝の使い裴世清《はいせいせい》など、十有二人、妹子臣に従いて築石に至る。

【訳】

推古十六年、夏四月に大礼の小野妹子が、隋の裴世清など十二人を伴い帰国し、築石（福岡県博多）に着いた。

・小野妹子をどうして彼の国で蘇因高と呼ぶのかというと、通訳が小は狭《さ》で、それを息《いき》るの意味の蘇《ソ》と聞き、妹をイと聞き因《イン》とし、子を高《こう》と書いて説明されて小妹子とされたものと思われる。

・日本書紀は、「十六年夏四月小野妹子大唐より至る。唐國、妹子臣を號《なづ》けて蘇因高と曰う。すなわち大唐の使い人、裴世清、下客十二人、妹子臣に従いて筑紫に至る」と記述。隋國を唐國と記しているが唐國に替わるのは十年後の六一七年なので誤りである。

六月、妹子及び隋使等は倶に浪花に到り。時に妹子、奏し曰く。

臣は百済を経るの日、百済人等に大隋の表《ふみ》を掠《うばわ》れしに仍て上《たてまつること》を得ず。群臣、議って曰く。

妹子、懈怠して蕃国《となりのくに》の表を失えり。罪は流刑に合《あたい》せむ、と。其の状を奏聞す。

天皇、太子に問う。太子 勅に答えて曰く。

妹子の罪は寔《まこと》に寛《ゆるす》べからず。然れども好《よしみ》を善隣《よきとなり》と修めしは妹子の功なり。疑《おそ》らく妹子には智《かんがえ》も有らむ。由も有らむ。偽りを云わむ歟、加之《しかのみならず》隋使と共に来れり。乍聞《しばらくきか》む、と思うが復《また》、如何、と。

天皇、大いに悦び妹子の罪を赦し玉えり。是より先に隋帝に遣わせし天皇の御書は太子自ら之を書き、其の御書に曰く。

日出るの天皇 月見るの皇帝に問《たてまつ》る。朕は海蕃に在りて云《もうさ》む。

隋帝 此の書を見て平懐なりと謂うて喜ばず。其れに報《したがう》の簡《ふみ》として無礼なり。然るに朝に之を捧げず。是を以て隋使を来朝せしめしなり。


【訳】


六月に小野妹子と共に来た隋の遣いたちは浪花（大阪）に着いた。

妹子が奏上して言った。わたしは百済を通った日に百済人に隋国への書簡を奪われてしまい皇帝に奉ることができませんでした、と。重大事なので朝廷で協議され、隣国への書簡を怠慢で失うとは妹子は流刑罪にあるとして上奏された。

天皇は太子に妹子をいかがするかと問われると、太子は勅にお応えし申し上げた。妹子の罪は許しがたいものです。しかしながら初めて隣国と修好し得たことは功績といえましょう。これには妹子に何か考えがあってのこと、理由があって偽りを言っているのかもしれません。隋の外交団も同行していることでもあり、今しばし聞いてみては如何でしょうか、と。

天皇は喜んで同意され、妹子の罪を許された。これより前に隋帝に遣わした天皇の書簡は、太子自らが書いたものである。その御書には「日ずる天皇、月見るの皇帝にたてまつる。われは海の外の国にあり、おたよりいたします」とあった。

隋帝はこの書を見て無遠慮であると不快になられた。その返書として無礼な書簡を妹子に託されたため、妹子はそれを天皇に捧げるわけにはいかなかった。それを慮り賊にかこつけて書簡を失ったとし、代わりに外交使節を同行させたのである。
・平懐　無作法、なれなれしいの意。

秋八月、隋使が京に入る。飾騎《かざりうま》七十五疋を遣わし椿市の街に迎えしに、隋使より方物を捧げられた。

隋帝の奉る所の書簡《ふみ》に曰く。

隋帝　倭皇に問うて云云《まさんまさん》、と。

天皇　太子に問うて曰く。此の書の礼の状《よしあし》は如何に。

太子　奏して曰く。

臣　書状を見るに、天子より侯王に賜うの書簡の式なり。然も皇帝の字は是れ天子の称なり。而て倭皇の字を用いるは彼に其の礼無きに非ず。今は一往　應《こたえる》に恭んで修むべし。天皇　之を喜《よし》とし乃ち隋使を朝に徴して、庭上より奉げ上《たてまつら》しめり。

【訳】

秋八月、隋使の一行が宮中から遣わされた飾騎七十五疋に乗り、椿市（桜井市三輪付近）に迎えられ入ってきた。彼ら一行によって隋国の産物が土産物として献上された。その大使が持参した隋帝の書簡を奉読され、隋帝は倭皇に問うて云々とあった。

天皇は太子に対し、書簡の礼の良し悪しを御下問された。太子は、この書状を考えますに、天子より侯王に宛てる類の形式になっていますが、皇帝と自称していることは天子のことで、倭皇の文字を用いているところから察しますと、必ずしもこちらに敬意を払っていないとも言えません。この処は一応、穏便に納める方が然るべしかと存じます、と申し上げた。

天皇はこれをよしとされ、隋使を朝廷に召され、それを庭上から奉らしめた。その時に阿倍臣が静々然と進み出で、その書を下げ、次の席に控えている大伴噛連に渡した。そしてそれを大門《おおみかど》の前の机上に捧げおき、その日はこれで終わった。
・この項は当時の国交儀礼、神国である誇り、皇太子摂政の見識、外交作法を知ることと、太子によって月を見る帝と書かれた国書の意味を理解するためにも重要な箇所である。

是月甲辰（十六日）改めて朝廷に召し、裴世清を庭上に立たせ、摂政皇太子は、御簾を上げ大殿の奥より錦紫の正服に金冠を頭に姿を整えて座し、威しく巍々然とされ、隋使を怒りまされもせず蕩々《おだやか》とし、よろしく戒められ曰った。

汝、世清よ、當《どうりにあて》て之《よく》聞くべし。隋王の書は、なんぞその無礼さよ。この世はそれぞれの国を営むにそれぞれの國王をおき、それぞれに認めているが、我が国の主は開闢来《あめつちひらきこのかた》、或いは伏服《ついてくるもの》あり、或いは封じて位につかせ、或いは自然に成るなり。

汝隋國の主である隋王は二世なり。その先は帝に非ず。吾が中國の主は開闢以来の皇なり。よって天の日胤であり、天帝霊から禅《ゆず》られしものであり、人間から封じられるに非ず。

よって隋は吾を封ぜず。吾、隋に事《つか》えず。隋は吾を征《う》たず。吾は隋に服《したが》わず。隋は己を帝と称し、吾は天孫皇なり。何のゆえんかあらん、猥りに己を帝と為して吾を諸侯と使わんと欲すとは。

吾が天皇は天に禅《ゆずら》れし天子なり。海内の百國、海外の百國、西海三韓、東海二夷の帝なりと雖も、未だ汝の國を征たず。故に吾を以て帝と為さず、汝を以て候と為さず也。唯、蕃域《となりのち》の好《よし》みを成すを以て、互いに言葉を用い通いあおうとした。今、この無礼の罪ゆえに汝を正に刑するところなり。然りといえども、その文の中に一字礼有るゆえ多くを赦すなり。其れ妄《みだ》りに返すことなかれ。

時に裴世清は、大いに畏れ、罪を負いて去るなり。

【訳】

是月甲辰（十六日）改めて朝廷に召し、裴世清を庭上に立たせ、摂政皇太子は、御簾を上げ大殿の奥より錦紫の正服に金冠を頭に姿を整えて座し、威しく巍々然とされ、随使を怒りもせず蕩々《おだやか》に、よろしく戒めもうされた。

汝、世清よ、當《どうりにあて》て之聞《よく》くべし。隋王の親書はどういうことぞ。その無礼さ、この世はそれぞれの国を営むにそれぞれの國王をおき、それぞれに認めているのだが、我が国の主は開闢来《あめつちひらきこのかた》、或いは伏服《ついてくるもの》あり、或いは領地を与え（封じ）て位につかせ、或いは何となしに自然に来たものである。

汝國の王、隋王は二世なり。その先の帝に非ず。吾が中國の主は開闢以来の皇なり。よって天の日胤であり、天帝霊から禅られしものであり人から選ばれたものに非ず。よって隋は吾を封ぜず。吾、隋に事えず、隋は吾を征せず、吾は隋に服わず。隋は己を帝と称し、吾は天孫皇なり。何故かあらん、猥りに己を帝と為《し》吾を諸侯として扱うとは。

吾が天皇は天に禅《ゆずら》れし天子であり、海内の百國、海外の百邦、西海三韓、東海二夷の帝なり。斯くの如しと雖も、未だ汝の國を征さず。故に吾を以て帝と為さず汝も候為《つかえ》ず也。唯、蕃域の好《よし》みを成すを以て、互いに言葉を用い通いあおうとしたが、本来ならその無礼に対し汝を刑するところである。唯、その文の中に一字、礼に叶ったところが有るのでこのたびは無かったこととして、陛下の思し召しもあるので、今後みだりに憍り無礼な態度に出てはならないとお赦しになられた、と。

時に裴世清は大いに恐縮し、罪を自覚して引き下がった。

九月隋使、國に還る。復使を遣わし之を試みむと、大礼の妹子を大使と為す。吉使の雄成《おなり》を小使と為す。太子 自ら書簡を筆いて曰く。
東の天皇 西の皇帝に問う。使人の鴻臚寺の 掌 客《まろうどのつかさ》 裴世清至等云々、と。
高向漢人玄理《たかむこのあやひとのくろまろ》等の八人を以て学生と為して遣わせり。

【訳】

九月になって愈々、隋使一行が還ることになった。復び使節を派遣することを試みようと欲《おも》われ大礼の妹子を大使とし、吉使《きし》の雄成をして小使とした。天皇より隋帝に送る書簡を太子自ら書かれた。その辞《ことば》には、東の天皇《すめらみこと》、西の皇帝に問う。使い人の鴻臚寺の掌客、裴世清等、至《もうで》久しき憶い方に解けり。云々と。

この時に派遣された留学生は八人、高向漢人玄理などである。

・他の留学生は、新漢首大國《いまきのあやひとのおみのおおくに》、倭漢直福因《やまとのあやのあたいのふくいん》、訳語臣恵明《こととき のおみのえみょう》は儒者であり、釈典学としては、新漢人僧《いまきのあやひとのほうし》の日文、南淵漢人請安《みなぶちのあやひとしょうあん》、磯香漢人恵隠《しがあやひとえおん》、名埒漢人廣齋《ならのあやひとのこうさい》の四人、計八名。ほとんどは帰化人であった。

・吉使　新羅の官名、十七のうち第十四番目。吾国では帰化漢人の称号で通訳の職者の称。

・小使　副使のこと。鞍作の福利を通事の長《おさ》とした。

・書簡は、秋季は薄冷《うすらさむ》し。尊《おんみ》は如何なるや。想うに清念《おだやかにまさむ》。此即《こちらは》常の如く別状なし。今《いまここ》に、大礼の小野妹子、大礼の吉使雄成等を遣わし、往かしむに謹むで白さむ。不倶《つぶさならず》云々と続き、略したものが第三十三巻推古天皇十六年の記述にある。

此月、太子　斑鳩宮に在《ませ》り。夢殿の内に入り御牀の褥《しとね》を設け一ヶ月に三度、沐浴して入り、海表の雑事を談ず。諸経の疏を製るに及ぶや、若し義に滞ること有る則は夢殿に入り玉えば常に東方自り金人到って告ぐるに妙義を以てす。然るに今度は戸を閉じて開かれざること七日七夜、御膳を進《たてまつら》ず。侍従も召さず、妃嬬、命婦も之に近づけ得《まつら》ず、時の人　大いに之を異とせり。

恵慈法師曰く。

殿下は三昧に入り玉ふなり。諸卿も敢えて驚くこと莫く、八箇日の晨《あさ》、玉机の上に一巻の経有り。

筵を設けて恵慈を引《みちび》きて法師に告げて曰く。是れ、吾が先身　衡山に修業せしとき所持せる経なり。去年、妹子の持ち来たりし本は吾が弟子の経なり。然るに彼の三老の比丘等は吾の蔵せし処を識らずして他の本を取って送りし故に吾、頃《このごろ》魂を遣わして親ら取り来るものなり、と落とされし句を指して法師に示され玉ふに法師之を奇しみ、神遊し将来れる経を之に複し一巻と為せり。

黄紙、黄縹、綺帯、漆題の一行三十四字にして文字も甚だ微細なり。

【訳】

此の月、太子は斑鳩宮におられた。夢殿の内に寝られる用意をされて一ヶ月に三度、沐浴して入室された。海表《よそのくに》の人々を召して語り合われた。諸経の解説文をまとめられるのに、その義について何か難問に突き当たれば夢殿に入られた。そこへ東方より金人が来て妙義を告げられた。そしてこの度は部屋を閉め切って七日七夜の間、食事もとらず給仕する侍従も近づけず、妃も嬬も官女も入らせなかったので、当時の人には異様に思われる事であった。

恵慈法師が語った。殿下が瞑想三昧に入られました、と。

公卿たちはとりたてて驚くことはなく、八日目の晨、机の上に経文一巻があった。そこに敷物を設けて恵慈を呼びよせ太子が白された。この経文は、吾が前生にて衡山で修業した際に使用した教本である。去年、隋から帰った妹子が持ち帰った本は昔、自分の弟子の持ち物であった経本であった。それは彼の地の三人の老僧等が、吾が蔵《かく》しおいた処を知らずに他の本を間違って持たせてきたからだ。そこで自分がこの間、吾が魂を飛ばして取り寄せたのがこの経本であると。そして、その本を開き、これこそと指されて説かれた。

法師は、何とも不思議なことであるとしながら、その神魂を飛ばして持ち来たり玉える経をお借りして之を写し一冊の本として仕上げた。

その表紙は黄紙、黄縹、綺帯（綾絹の帯）、漆題の一行三十四字にして文字も甚だ微細なものというのである。
・比丘は仏門に帰依して具足戒を受けた男の僧侶。

十有七年（西暦六〇九年、太子三十八歳）夏四月、初めて勝鬘経の疏《しょ》を製り矣《ませり》。

此月、百済の僧、道欣《どうこん》等十人、肥後國に流れ著けり。太子の風《うわさ》を聞き願って留住を欲い、仍て以て勅許を請いしに聴《ゆる》し元興寺に置けり。

斑鳩宮に召して之を問うに、宿身の事を以てするに、十僧辞謝し涙を垂らし、密かに同修に語って曰く。

我、汝上人等　何ぞ宿命無からむ乎。此の太子は是れ衡山の般若台の東房に住せし、念禅比丘是なり。吾等、漢に遊ばむと思い廬嶽道人と時々拝謁し、面《まのあたり》に其の説を聞《うけたまら》むとは。

太子 之を聞いて左右に謂うて曰く。是れ實然なり。宿縁空しからざるなり。自然と流れ来たりしなり。

【訳】

十七年（西暦六〇九年、太子三十八歳）四月になって始めて勝鬘経の注釈書を著された。この月、百済の僧、道欣など十人が肥後国に流れ着いた。これらの人々は太子の人となりを伝え聞き、この地に居留したいと願い出た。そのことを朝廷に請願し、勅許を得て元興寺に収容することになった。

太子は僧たちを斑鳩宮に召し、宿世の身についての思議し得べからざる事を問われた。十人の僧等は慈悲に浴したことに感涙を流し、僧侶達は互いに語り合っていうに、君も吾も皆宿世の因縁だった。今の皇太子とは是れ衡山の般若台の東房に居《ま》し《せ》、あの念然法師であるとは、我等、漢に渡ってそのような宿世の因縁を極めようと思ったが、今ここに思いがけなくも唐虞《とうぐ》の代に四嶽に尊者あり、周に至って五嶽に各々一人の尊者あり、その南嶽の道人念然にお会いし、生まれ代わって日本の皇太子になっていられる太子に、かかる奇縁にて拝謁し、あらたまって直々にその説を拝聴しうるとは、と慮外に人の運命のただ事でないことを悟りあった。太子はそれを聞いて、左右に語られて曰く。是れまことにその通りである。宿世の因縁ということは嘘ではない。汝らがここに漂着したというのは、自然がそのことを教えたものである、と。

・宿世　前世、過去世。

是月、太子は天皇に奏して曰く。

三法の理たるや、是れ天有の至道なり。永く私妄を離れ、實の世界に居る、通解せざる者は政極を致し難し。上世の人は清くして自ら咎無き故に不通解も政道成ること有り。末世の人は濁りて深く迷い咎多き故に通解せざれば偏りを成し、世に悗《まど》わされむ。且、政を持《とる》と雖も浮雲遂《すすん》で破れるごとく通解を欲《おも》う者は、宜しく我偏を抛げうって開合の理を知るべし。之を分けて四と為し、之に通じる二と為し、合わせて一と為す。この間に滞り有り。之を名づけて迷と為す。又、名づけて偏りと為す。天皇轉《うたた》慮《おもんばかりたま》へ又、有者《くにぐにこれ》、何《いかんせん》。

天皇　答えて曰く。

朕は不敏と雖も太子の訓へに隋って且、通解すること有り。儒学は唯人倫のみ、釈学は幽極に在り。是れ二にして一に非ず。神道の本は二なり。伊《これ》神代の事、伊皇代の事、神理は奇にして眞なり。皇事は人《ひとのみち》にて常なり。又、諸《これ》一に非ず、以て二と為す。這の両の二を指し、之を道て四と為す。

釈と神は幽に一《おなじ》、儒と皇とは常を一《おなじ》くして之を通じて二と為す。神は皇に出で道を興し、皇は神に帰って道を成す、その道は是れ善眞にして之を修《おこな》うに遂に一と為らむ。

朕は太子に依って明らかにこの理に通ぜり、と。

太子、奏して曰く。

善哉《よきかな》天皇、至哉《いたれるかな》大帝、能《よ》く三法に達し政道を理《おさむ》るに任えませり。

釈の理は幽極の道にして余功は人の常の理なり。儒の理は人倫の儀にして余功は幽境を介《たすく》るなり。神は両端を取って一に納め理を均《ひとしく》す。何故に三法を兼ねて任と不任とを補うや。

夫《それ》、五倫の常は三國の三法、自らの道にして知者は執って以て行い、不知るも自ら行いは烏孝、鼠礼の如し、必ずしも周孔に不依《よらざらん》。

其れ、周孔の学は五倫の精《くわしさ》、五常の微《こまか》さなり。凡者は不知も地は之を知らむ。名づくに儒と為す。君子は微位に在って唯、美賢之れに任え、之に不任者は倫位と為さず。是れ唯、儒宗に在り。学ばざるべからず。その学ぶべくはここに在り。

然りと雖も是の教えたるや、唯一箇の中に住りて独り君子の機《かなめ》を能くせむ。眞至の徒は学ぶに不足、愚悪の族は学ぶに堪えず。其の不任《たえざる》やここに在り。

釈は具《つぶ》さに三世を説く。生前の善悪に依て今世の禍福を成し、今生の罪徳に因て當有の苦楽と成らむ。迷う則は生死永く、覚る則は法身と成らむ。愚者は当来を恐れて今の悪迷を断ち、知者は覚極を明めて自ら眞善の地に到り、天龍を尚伏し、鬼仙に又帰せむ。末世の愚凡も此れに非ざる則は入り難く、邪通の迷仙は此れに非ざる則は伏し難し、其の学ぶ所は茲に在り。

愚妄は冥《くらみ》有を思い偏り厭て現常に忘れ、其の風は山林に馴れ、禁闕の美を疎かにす、任えざる所は茲に在り。

神は二教を兼ねてその本に在り。その理は明然、その教は密如なり。その学ぶ所は茲に在り。

然るに是の如しと雖も人世は不幾《あきらかならず》、未だその学びは立たず又、その教えも少なきが故に両教を弘めて其の学びを輔けむのみ。不任ところ茲に在り。

夫、政は偏らず、是以て不黨《たむろせざる》なり。三法は準《のり》を成すを以て依怙の政を有つに依《よざ》す。是れ吾が道なるのみ。

【訳】

四月、太子は天皇に申し上げた。

神道、儒道、仏道の三つの法というものは、天地宇宙の真の実相であり、真実で永遠、妄無く至極の道理に基づくものです。これに通じていなければ政道の要諦は期しがたく、思わざる失政に苦しまされるでしょう。

上世《むかし》は人の心は世俗に毒されることが無く、左は左、右は右とし、本は本と、言われた通りに素直に指導者のいうことを聞いていましたので、三法に理解が無くとも政道は妨げられることなく行うことができました。末世ともなると人心も濁り、俗世の欲望に迷う者も多く、咎も多くなります。そこで人それぞれに相応する道理というものに通じさせる必要が出てきます。それは私心が先走り、好き嫌いの感情に偏り、悗《まど》わされることが多いからです。また政治を執る者は浮雲がついに破れるように失墜してしまうからです。理解しようとするならば自らの偏りを捨て、天地に通じる理を知らねばなりません。

この三法は四つに分かつことができ、儒仏で二、神道にはそれら二を含む一となります。この境界が不明であることを迷いといい、偏りとなります。陛下にはいっそう慮りいただき、国じゅうに知らしめられますように、と。

天皇は、答えて曰った。われは敏からずといえども太子の訓《おし》えに随い、よくわかった。儒学は現世の処世を教え、釈学は幽玄の極み、死後を教えるものだ。これらはそれぞれで二教、神道は根本に二教を含む。神代と皇代の事に表された理は奇《あやし》きだが真理である。神道は神理とその教えは皇道として世に顕され、皇道は神道に帰命し、人の道を成就させる。そしてその道は善眞即ち善良と誠実にして、それを修めるために敬いと誠を尽くすことである。この二は神我一如で一となる。この理を太子によって理解したのだ、と曰った。

太子は天皇に、よく三法に通達されておられ必ずや政道の理を実践されることでしょうと讃えた。

そして次のように重ねて申し上げた。

凡そ仏法は、幽微妙極の道にしてその余の功は人の仁智義礼信の人倫五常の道をまた修めるものです。儒法は人に道を教えたものであり、それによって幽極微妙の境地の理解を助けるものです。

神道はその両端を取って一つの徳に納めることができるので一とします。

なぜ三法を兼ねなければならないか、一法のみで足りず補うのはなぜかというと、五常（仁智義礼信）、五倫（親子、君臣、夫婦、兄弟、朋友）の倫《みち》は三國ともに人の世において共通するからです。また徳はいずこでも異ならず同じです。知る者はこれを行い、知らぬ者とて自然に周囲に学び身につけることができます。鳥獣にたとえても判ることで、漢書にもあるように烏孝反哺の譬えなどがあり、必ずしも周公の教えあってのことではないのです。

凡そ周公旦とか孔子の教えは五倫の精しさと五常の微やかさにあり、凡者はこのことを意識しなくとも地、人の世がこれを知っています。それを世に儒といい、君子はそれを身につけた者をいいます。その美《よさ》があっての賢《すぐれる》ものなのであり、これに堪えられないものは倫の位に任せられるものではありません。これは儒宗の教えに学ぶべきことです。この教えは唯一の中庸にあって君子の機《かなめ》です。眞人や至人は学ばずして当然であり、愚悪の者には学び難く任せられない理由となります。

仏法の教えは、過去、現在、未来の三世の相に説く教えです。生前の善悪によって今生の禍福を成し、今生の悪行、善悪に因って当世の苦み、楽しみともなり、迷うときは生死は永き時に思われ、悟れば法身、それは法、報、應三身であって仏の知恵そのものです。それは境において法身、知において報身、その起用においては應身といわれるものです。報身如来、應身如来に対して法身如来によって仏知をはたらかす法身ということを悟ります。

愚者はその報いの到来を怖れて、悪行を為すことの迷いから離れようとし、知者は覚知の極めてを識り、自ら眞性善性の境地に復活し、天龍八部衆を従えつかさどり又、鬼仙に帰してしまいますが、凡愚はこの境地に徹しない。よって法身を悟ることができません。邪に迷い仙に通じようとする時、この境地に非ざるときは、この道に従い難く、教えに学ぶ必要はここにあります。

愚妄は闇夜を思い、偏りに慣れて現常を忘れ、その風の野蛮さに馴れ、禁闕の厳しさの美をなおざりにしてしまいます。それに任える能力がないからです。

神道は、その儒教、仏教の顕教と幽教の本を兼ねる大本です。理に明らかであり、教えは厳しく、道に従うことにあり、学ぶべきはそこにあります。

しかしこの教えの奥義蘊奥は世俗の人々が理解することが難しく普及されていないので、人それぞれに応じ、両の教えを広めることで学びの輔けにしなければなりません。

政道を全うするには、民を偏りなく導き、政の任にある者は中正でなくてはなりません。その点からみて、党を政道の妨げとする時、「神、儒、仏」の三法は準《のり》として偏りを無くすために用います。これが吾が道のすべてであります。

・天龍八部衆　仏法守護の善神。天、竜、夜叉、乾闥婆、阿修羅、迦楼羅、緊那羅、摩睺羅伽の八衆で天と竜は四天王の眷属。

・禁闕　皇居、皇居の門。

・奥義蘊奥　学問の極意、奥深いところ。

秋九月、隋に遣わせし使いの大礼小野妹子、大隋自り到《もど》り、太子に啓して曰く。臣、衡山の般若臺の東房に至って先づ三の僧と逢えり。二口《ふたり》は遷化し、一口猶存し迺《すなわ》ち臣に謂いて曰く。

初年 余《われ》沙弥等と誤りて他の僧の経を取りて猥りに子《きみ》に授《わた》し竟《おえ》り。而も去年の秋、子國《きみのくに》の太子は元は是れ吾が師の念禅法師にして、青龍車に駕り五百人を従え、東方自り到るに空を覆《ふみ》て来たり舊房の裏を探し一巻の経を採って虚《そら》を凌いで去れり。

【訳】

秋九月、隋に遣わされていた大礼小野妹子が帰朝し、太子に申し上げた。

私は衡山の盤若台の東房に行き、まず三人の僧と逢おうとしましたが、二人は遷化し、一人は今なお居り、私に語ったのです。

初年にわれら沙弥は誤ってあなたの求めた経典とは別の、他の僧の持ち物を貴方にお渡ししてしまいました。しかも去年の秋、あなたの国の太子は元は我が師念禅法師であられ、青龍車に乗り五百人を従え東方から空を飛びて来られると、旧房の裏を探して一巻の経を取り、また虚《そら》を進み去って行かれました。

・大礼　推古朝に制定された冠位十二階位の第五番目に当る位階。徳、仁、礼、信、義、知の六段階をさらに大、小に別けてある。

・遷化　時の移り変わりに順うの意で仏者の死をいう。

・沙弥　梵語で、慈を息《やめ》る、思を息る、勤策男、求寂男など色々に訳されるが、出家した男子で十戒を受けた僧の称である。ここでは小坊主のことを指す。

・子　ここでは子をキミと訓んだが、賢聖、思想家に対する敬称に用いる慣用語とされるからである。
・青龍車　東を青竜、西を白虎、南を朱雀、北を玄武といい、青は東で竜は雲上に昇ることから、即ち東国の聖徳太子の駕られた車の意味。天子、皇太子の駕車を或いは青い覆いをかけるので、青蓋車といわれる。
・この段は超常的な伝記であるためか、日本書紀は「秋九月、小野臣妹子　大唐より至る。唯、通事福利は来たらず」とのみ伝え、また鵤鵤伝、白河三十巻本も同じく欠いている。神道、五鎮三才の霊しきを以ての理解が問われるところである。

十有八年（西暦六一〇年、太子三十九歳）、春三月　高麗の僧曇徴《どんちょう》、法定の二口《ふたり》が化来《きた》り。太子に拝を請う。
太子　斑鳩宮に入れ、之に問うに修学の會解を以てし玉うに、二僧　答え曰く。眞俗は不二にして法性は、法界の世間有って相に常住し皆是れ法位なり。唯　留者無し、時に随いて修業せん、と。
太子　美めて曰く。

汝等 且かに解す。又、再問《またたずね》む。汝、能有《わざもてる》やと。法定 答えて曰く。
吾には能《わざ》する所無くも唯、儒釈を知る善道を致《きわむ》るに一《おなじく》兼ねて儒宗を會し、細かく五経に学べり、と。
太子 美めて曰く。
汝の誠は好ましい。宜しく博士学哥と与《とも》に、五経を邦畿《みやこ》に弘めむべし。
曇徴 答曰く。
吾に且《また》 能有り。又 五経を能し、彩色の業及び紙墨の工を能くす、と。
太子 美めて曰く。
汝は好《おおい》に國を能《よくせ》む。五経は法定に譲り、汝と寡人《われ》与《とも》に紙を造らむ、と。尋いで命じ、龍田の宿に 安《おきたま》えり。

是時、吾國にては未だ楮の紙は造れず。麻を引いて文を書き、節縑《ふたごきぬ》を簡《ふみ》と為し、漸く豊明宮（応神天皇）の代より、三韓紙を召し之を用いし故に、紙も鮮《すくな》く乏しく民用には不足せり。

時に太子 曇徴と語らい紙の製法を問うや、曇徴は且《さら》に申すに、太子に告《おしえ》曰く。

其の製紙の法は経を書くに好と雖も紙の性は弱し。強き當るに堪えず、好んで虫が食兮《つくなり》。経を久《たもつ》に堪えず。

寡人は當に楮を制《つくる》べし。汝は槃《たのしみ》を以て之を造るべし、と。便ち楮を制りて糊米に和ぜ曇徴に与え玉えり。

曇徴は之を受けて遂に四紙を造りけり。所謂　雲紙及び縮印紙又白柔紙なり、俗に云う薄紙是なり。

この四種の紙は也、雲紙は経典を書くのに好く、縮紙は王公の書に好く、白柔紙は造侍の書に好く、俗の薄紙は庶用に好矣《よく》又、州邦《くにぐに》に命じ邑《むらむら》に楮を植やし俗の紙の製法を以て國、縣の人《ひとびと》に教えり。是自り万邦に紙貨多く足りて兆庶の悉くが悦《よろこ》べり、と。


【訳】

十八年春三月、高麗の僧曇徴と法定の二人が来朝し、太子に拝謁を願いでた。太子は斑鳩宮へ二人を招かれると、修業の目的とは何かを問われた。二僧はお答えした。

真諦《しんたい》と俗諦《ぞくたい》は別ものではなく法性です。真諦には空諦、仮諦、中諦の空諦に当たり、俗諦は三諦のうち仮諦に当たり、それぞれ法界のはたらきです。この宇宙の一切が法界であり非情有情を問わずそれ自体が実相の位置であり本来の法位です。そのように理解し執着を超越して修行することです、と。

太子はそれに対して明解であると賞められ、さらにお尋ねになった。あなたたちは他にどんな技能を持っているのか、と。

法定がお答え申し上げた。わたしにはよくできる何ものもありませんが、ただ儒と釈を知る善道を修める中で、儒宗の五経を詳細に学びました、と。

太子は称賛され、言われた。あなたの誠意はよくわかった、善きことだ。学哿博士と協力し、都の人々に五経を教え弘めなさい、と。

また曇徴も答えて申し上げた。私も五経を修めていますがその他に、また彩色の技術と製紙と墨の製法を会得しています、と。

太子は、望んでもないことだと曇徴に、その特技は国のために大いに役立つだろうと言われ、五経の方は法定に委せ、私とともに紙の製法を始めようと、すぐに龍田の宿に泊めるよう指示されると、技術の指導に当たらせられた。

この時、吾が国ではまだ楮《こうぞ》の紙は造ることができなかった。麻の繊維を用いた布に文を書き、節縑《ふたごきぬ》に手紙を書くのが主であった。この紙は応神天皇の頃から三韓紙を取り寄せて使用していたが貴重なもので民間にまで普及していなかった。

そこで太子は曇徴と語らい、紙の製法を尋ねると、曇徴は丁寧に細かく説明して言った。その製紙の方法は経文を書くには適していますが紙の質は弱くなりますので、強い紙にはなりません。虫が付きやすいので経を保存するには適しません、と。

太子は、ならばわたしが楮を作るので、あなたは槃《たのしみ》ながらこれで紙を造りなさい、と言われ、すぐに楮を作り糊米に混ぜ曇徴に与えられた。曇徴はこれを受け遂に四紙を造り上げた。いわゆる雲紙と縮印紙、また白柔紙、俗に言う薄紙である。この四種の紙は、雲紙は経典用、縮紙は王公の書に、白柔紙はいまでいう手紙等に、薄紙は一般に広く使えるものであった。また国中に命じて村に楮を植えさせ、薄紙の製法を国、縣の人々に教え普及した。これより吾が国では紙が十分に行き渡り庶民はみな悦んだ。

秋九月、太子　驪駒《くろこま》に駕《のり》て參朝し玉うに、驪駒が　跪《ひざまず》くに　錯《あやまり》て御足を　蹄《ひずめ》に当てり。慮る所有って早退《いそぎの》けり。是自り驪駒　草を　喫《くらうこと》能わずして、水を飲まずして両の耳掩《おお》い低《た》れ両目を合わせ、過を悔いて有るに似たり。

太子　之を聞いて人の如く使いを遣り、赦して宜しく、水を飲ませ草を　喫《くらわす》べし、乃《すぐ》に目を開け水草を含めり。

【訳】

秋九月、太子は驪駒《くろこま》に乗り参内されたが、驪馬が跪くときあやまって太子の御脚に蹄《ひずめ》が当たった。太子は思うところあり急ぎ帰られた。

　これにより驪駒は餌の草を喰わず水を飲まず、両耳を俺《おお》い垂《た》れて両目を閉じ、過ちを悔やんでいるように見えた。

　太子はこれを聞かれると、人に相対するように使いを出して馬に赦しを伝え、草を喰み水を飲むように言い聞かせられた。馬はすぐに目を開け、水と草を含んだ。


　冬十月望日、膳《かしわで》氏妃侍坐《いませ》り。太子、妃に語りて曰く。

汝の事《つとめること》、我が意の如し。事に触れて違わずなり。吾は汝を得たること也是れ我の幸せなり。吾の死《まからん》日は同穴して共に埋らむ、と。妃乃《ここ》に啓し曰く。

殿下の恩《いつくしみ》深く、庸《つね》に妾寝《われふしど》に侍り、千秋万歳、当《まさに》盤石の如く当又、大嶽の如し。

朝夕の供奉は妾事《われこそしあわせ》の足《いたり》矣、何ぞ以て終ること有らむ。

　太子曰く。

不然《しからず》矣、始め有って終りのあるは理の自然なり。惟《これ》生、惟死は人の常道なり。寡人の天数を度るに、倶に汝も長命《ながいき》無からむ、と。

妃も亦、憂いの気も無し。妃の性《うまれつき》為《たるや》聡敏にして叡悟、御躰に痒有れば、處を命ぜずと雖も能く識りて之を掻き、亦、群臣を召さんと思わば妃は知って令《よく》召す。太子の念う所、預め先に之を知って寒さには温《あたため》令《し》め、温きときは寒《ひや》令め、往かんと思えば往令《いかせ》、来らんと思えば来たら令めるの挙動、周旋は殿下の意の如《まま》なる故に寵《おもんじて》愛《めぐ》み同穴令め有《たまえ》り。

【訳】

冬十月、膳の妃が侍っていた時、太子は妃に語りかけて言われた。

妃よ、あなたは私の思いによく応え事《つか》えてくれた。何事も違《たが》うことがなくやってくれた。あなたを得られたことは私にとって幸いである。私が罷る日には、共に同じ墓に入りたく思う、と。

妃は敬って太子へ応えた。殿下の深い恩《いつくしみ》をいただき、いつもわたしは御寝所に侍ってまいりました。長き年月変わる事なく、朝夕にお供し奉ることは幸せのいたりです。どうして終わることがありましょうか。

太子は言われた。そうではない、始め有りて終わり有るは理であり自然なことである。生も死も人の行く定めなのだ。天数を度《はか》ると、私と同じにあなたも長命でないとわかった、と。

それを聞き、妃も憂えることはなく、うまれついての聡明さと敏感さで悟った。太子の御身体に痒みがあれば、言われずともそのところを掻き、また太子が臣下の誰かをそばに呼びたく望まれていると、妃はよくわかっていてすぐにその者を召した。太子が思われることを予め先に知り、寒きときは温めて、暑いときは冷やし、往こうとされれば往かせ、来たれと思えば来させ、よく気を利かせて立ち回り太子の意のままになるように事えた。それゆえに寵愛はより深く、共に洞穴をと言われたのであった。

十九年春正月二十五日、太子、勝鬘経の疏《しょ》を製り竟《おわ》り、恵慈法師、及び恵脱等の大徳、簡《ふみ》さしたる諸法師等も讃歎し誦習し、一字も不加《たさず》一文をも不減、頂戴し崇め奉り。更に餘言無し。

五月五日、太子、群卿を将いて兎田野に行って衣、冠を整えて薬猟《くすりがり》したまえり。是れ醫療を貴でなり。是より毎年薬猟を続行し玉えり。

是月、間人皇后、不豫有りて気不快《きぶんすぐれたまわず》。太子、病は大《おおごと》ぞと奏問し、朝を止《やす》み熟陪而不退矣《つとめてそばにいたまいてのきたまわず》。遂に悩気、不復《なおりたまわず》、十一日を経て薨《かんあがり》ませり。太子、叫哭して躍泣し共に殯宮に入って出でまさず。已而《すでにして》、歎き泣きて曰く。

天皇の在せし日は、旦夕白暗《あさゆうひるよる》となく両尊に事えては、美膳、甘飲も先に試《どくみ》して、残りを給《いただ》き、其の味の美味を其の安快《やすらぎ》とせられしも、天皇已に崩《かんさりま》して皇后のみに事え、その愁色を見ては共に天皇を恋い、或いは己の愁気を秘して皇后の御心を安め、晨朝に先じて寝《おやすみどころ》に伺うて使言を聞《うけたまわり》ては悦び、宵に退いては失《しくじることなかりしか》在と見《かえりみ》、面《まのあたり》に語り聞ては即ち悦びしも今自り已後は何の事に依て寸血《こころ》を悦《なぐさめん》や。何を取て親と為し世法に勤む乎、と。

是年、皇后を科長の陵に葬《かくしまつ》る。太子身《みずか》ら棺を荷い岩を踏で谷に傾けつつ至《すすみませ》り。見聞きせる万庶も悉く感じ之を病みて、孝道の眞を学び、以て子孫に伝う。その宮を寺と為し中宮寺と名《いえ》り。親ら天皇乃皇后の像を造り、中宮寺に安置し、朝に先ず詣り、退くに随っては詣ること、在《まさり》し日に事える如くに日々休みまさざるなり。


【訳】

十九年春正月二十五日、太子は勝鬘経の注釈書を完成されると、恵慈法師と恵脱等の大徳に伝え箇（検分）させた。法師たちはその仕上がりに讃嘆し、誦み習いし、一字も加えず一文をも減らさなかった。頂戴した経を崇め奉り、いうべきことは何一つなかった。

五月五日、太子は群卿を将い兎田野に行き、服装を整えて薬草の採取をされた。これは医療を重要に考えてのことである。これ以降、毎年続けて薬狩りが行われるようにされた。

この月に間人皇后が病気で容体が思わしくなかった。太子はこの病は大ごとでありますと奏聞し、出仕を休み、そばにつききりで看病された。しかしついに病は治らず十一日を経て薨じられた。太子は慟哭し身体を震わせて泣き、共に殯宮に入ったまま出られなかった。そして、嘆き涙しながら言われた。

用明天皇のご在世の時には朝夕、昼夜に関わらず常に仕え、美味しい食事と、飲み物も先に毒味して残りをいただき、それらを安らぎとされていたけれども、天皇もすでにお亡くなりになって、皇后のみにお仕えし、その寂しそうなお顔を見ては一緒に天皇を懐かしがり、あるいは自分の愁を隠して皇后をお慰めしていた。朝早くお寝所に伺ってお使い事をお伺いして喜び、夕に退出した後は何か不足はなかったかと省みていた。直接お会いして語りお話を聞くことが喜びであったものが、これからは何をして心を慰めればいいのか、何を取りて親と思い世に尽くしていけばいいのか、と。

この年、皇后を科長の陵に葬る。太子は自ら棺を担ぎ、岩を踏み谷間を傾ぎながら進んだ。見聞きしていた人々もみなこの悲しみに触れて心を痛め、孝道の真を学び、子孫に伝えた。

その宮を寺として中宮寺と名《い》う。みずから天皇と皇后の像を造り、中宮寺に安置し、朝にまず詣り、退出しては詣で、在りし日事えていたままに休まれることはなかった。

・太子の御生母の崩御を伝える重大な記録であるが書紀には記述が無い。そのためか法隆寺金堂の釈迦如来像の背銘に法楽元卅一年歳次辛巳、十二月鬼、前の皇太后崩ず、明年正月廿二日上宮法皇病に枕す云々とある文を信じ、法隆寺、四天王寺、叡福寺もこれによって太子と御生母が前後して他界されたものと伝えている。なお白河三十巻本は、本書と同じく間人皇后は推古十九年五月十六日の他界と伝えている。

二十年（西暦六一二年、太子四十一歳）春正月十五日、天皇詔て維摩経の疏を製らんことを請う。

太子、慮て之を肯《がえ》んじ始めて維摩経の疏を製り玉う。

夏五月、百済の來人白癩病を煩い、その躰は醜くも能く山嶽の形を構《こしら》え又巧みに長い橋を懸ける能《わざ》あるも、群臣之を悪《きら》い将に棄てんとせり。

太子、哀れみて留めて仕えしめたまう。能く橋を懸ける能あるを以て乃《ここ》に奏して東國に遣わし、深谷、廣河に肇めて長橋を懸け國、縣を通い安くし、旅客の悩みを休《なくせ》り。兆庶《もろびと》大いに悦び其の恵みに感じしのみ。

時の諺に曰く。悪病の者は人の目を煩わし、善き能《わざ》の者は衆情を慶《よろこば》せるなり。利哉《よきことかな》・大智の君は纔に一者《ひとり》の目を棄て、多の兆者《おびただしきひとびと》の心を取れり。

この時、太子の召しに依って、百済國の味摩之《みまし》、己中芳等《きちゅうほう》、化来而啓白《まいきてもう》して曰く。呉國に学て妓楽の舞を得たり。則ち之を桜井村に置きて、少年に伝習せしめ玉うべし、と。

太子 之を奏して、諸氏に勅し、子弟壮士に責《すす》め以て呉鼓を習わ令《し》むると並びに州邦に令を下し、竹《ふえ》、皮《たいこ》を習い、舞を習わしめ玉う。

太子 従容として左右に謂うて曰く。

或は学習に肯ぜず、或は習って佳くせず、して今に永く習《まなぶ》を業《よく》するものは宜しく伝えて課役を免ずべし。即ち、大臣に令せることを奏し以て之を免ず。

是より先、太子、天皇に奏して曰く。

夫、人倫の法は礼楽のみ。故に神代於《よ》り也《これ》、八百萬神 高天《たかあまはら》に集まり議るに祭礼を製め、並びに神楽を製りたるなり。

礼節有りと雖も、尋《もとむ》るの楽和無き則は人の度《すくい》立たず、今已に人倫の礼立つもまた未だ人倫の楽は立てず。宜しく異《あだしくに》の聖楽を召して吾國民を和すべし、と。

仍って百済の楽人、味摩之《みまし》、己中芳《きちゅうほう》、加多意《かたい》等の三人を召し、天皇聞こしめたまうに楽を奏でる。

時に太子、奏して曰く。

此の楽は聖楽に非ず。然りと雖も當に試みに奏すべし、と。命じて之を奏でせしむ。兆民は未だ甘しとせず、仍って太子は更に議って、秦大連公を率《したが》え、猿女君の楽に依って笛、鼓の調べを改め、扇の舞の曲を改め、新たに三鼓を製り、皇代の大事を以て新たに舞妓の謡を為《つく》り、始めて舞い謡を製り、楽を楽と成して、之を奏せり。万姓は之を見て楽しみ、住吉の大神は復更之に感じたまえば祭場に奏《かなで》んことを請いたまえり。

太子、重ねて三番を製り、前の三十三番を製《おこ》し、後の神請の三番を製り、之を名づけて猿楽と為矣《なしたまう》。

是自り鬼神和み宥《なだ》めし、人民は悉く大いに和楽せり。

是年、太子、天皇に奏して曰く。

三韓は久しく事えて困労し数も無《むな》し。如今《いまこそ》天下に先労の功に償い賜え、隋帝の甚だ慠《おご》るや、必ずや吾心望《われらののぞみ》有らむ。當に試みに三韓を撃つべし。彼にして合力を豫《あらかじめせ》ば安《なん》ぞ蕃兵を撃たむ。是れ大平の基ならむ、と。

天皇　之を然りとし、米、粟と二万斛《こく》、三韓の王民に給い、三韓大いに悦ぶ、万歳の天子、と。
又、二万の兵を遣わし堅めるに十一城を守り、豫め命じて発戎を待つ。其の撃るゝ國を救う。果たして高麗を救い大いに利を得矣《えたまえり》。

【訳】

二十年春正月十五日、天皇は維摩経の注釈書を制作せよと詔された。太子はこれを承りて維摩経の注釈書を書き、作られた。

夏五月、百済より来た人の中に白癩病を患い身体が醜くなった者がいた。しかしその者は山岳を人の行き来ができるように工事したり、特殊技能で長い橋を巧みに懸けることができるという。だが多くの臣下はその醜悪な姿を避け、この者をどこかに捨てようと言った。太子はいかにも哀れと思われ、留まらせて仕えさせるようにされた。橋を懸けるすぐれた技術があることを天皇に奏上され、この者を東国に遣わし深い谷や広い河に初めて長い橋を架けさせることができた。これによって国、県の交通の便をよくし往来しやすくなり旅人の悩みもなくなった。人々は大いに喜び、その恩恵に浴することができた。

時のことわざにいう。悪病は人の目を煩わし、善き能《わざ》は人の心を喜ばせる。かしこきかな。大いなる智慧者の君はわずか一者《ひとり》の目を棄て、多くの兆《おびただし》き者の心をとらえることができた、と。

この時の太子から招かれた百済国の味摩之《みまし》、已中芳《いちゅうほう》等が帰化して、申し上げた。

私たちは呉国に学び妓楽の舞を修得しました。今は桜井村で少年に教え習わせています、と。

太子はこれを奏上し、臣下らに勅し、子弟を集めて呉鼓を習わせるようにされ、同時に国々に命じて竹《ふえ》、皮《たいこ》を習い、舞を習うようにされた。

太子は側近に、学習に不服であったり、習っても不得手であったとしても永く習い続ける者には課役を免じ宜しく計らうようにしなさい、と言われた。そして大臣に命じ行わせた。

これより先に天皇に奏上して言われた。

人倫の法は礼楽のみにあります。ゆえに神代においては八百万の神が高天原に集まり、議りに議る際に祭礼を興し神楽を制作しました。礼節があっても楽和が無いときは人の心は動きません。すでに人の道の礼はありますが、いまだ楽はありません。異人の聖楽を呼び我が国民を和ませるべきかと存じます、と。よって百済の楽人、味摩之、已中芳、加多意の三人を呼び、天皇にお聞かせするために楽曲を奏でさせた。

この時、太子は天皇に申し上げた。

この楽は聖楽ではありません。しかしながら試しとして奏でさせます、と。そしてこれを命じて奏でさせた。人々は美《よ》いと言わないので、太子は更に大連秦河勝《おおむらじはたのかわかつ》をしたがえ、猿女君の楽によって笛、鼓の調べや扇の舞の曲を改め、新たに三鼓を製《つく》り、わが国の楽を完成させ、これを奏でさせた。多くの人がこれを観て楽しんだ。住吉の大神もまたこれを感じたまいて祭祀の場で奏でよと請われた。

太子は重ねて三番を作り、前の三十三番と後に作った神請の三番を名づけて猿楽とされた。これより鬼神も和みて宥和し、人々も大いに和み楽しんだ。

この年、太子は天皇に奏して白された。

三韓は久しく事えて困憊し疲れていながら何ら不服も言えず泣き寝入りの状態にあります。今こそ労い、天下に先んじてはたらいた功を償い賜うときです。隋帝は近頃の増長ぶりは目に余るものがあり、必ずやわが国に野望を抱いて隙を窺っているに違いありません。その試しにまず三韓を攻めてくると思われます。もし三韓がわが国の力を予め信じ得るようであれば、どうして隋が敢えて三韓を侵すでしょうか。わが国が安泰であるには、この国と隙をつくらないことが肝心であり、太平の基なのです、と。

天皇はその通りだとし、米と粟二万石を三韓の王民に与え給うた。三韓の民は大いに悦び、天子万歳と讃えた。また、二万の兵を派遣し、十一の城を堅め守り備えた。予め敵が攻めてくるまで待てと命じ、攻撃された国を救った。そうして高麗を救い、大いに利を得ることができた。

二十一年（西暦六一三年、太子四十二歳）冬十一月、太子奏して、掖上池《わきがみのいけ》、畝傍池、輪荷池等を作る。

又、何葉《なには》より京に至るまでの大道を　治《あやまらしめざる》　ためとして法を定め、是に即て男女は別に行くことにせり。

十有二月、太子、駕を命じて、山西の科長の麓の陵を看巡り、還りに向う時、即く道を枉て片岡山に入りませば道の頭に飢人有り。道を上り去ること三丈許り、驪駒到くに臨んで進まず。太子　鞭を加えるも逡巡して駐《とどま》るがごとし。太子は即ぐ馬より下りて、舎人調子丸走り進んで杖を献る。

太子、歩いて近づき飢人の処を臨む。而《ここ》に自ら由を問う。何れの人為耶、と。此於り而臥す。即ぐに紫の御袍を脱ぎ以て飢人の身を覆いて相い語ること数言、人之を聞くと雖も声音通《いた》ぜず。仍って事を知らず。

太子、悵み慰さむるに云々の歌を賜えり。飢人は首を起し和して云々奉る。

飢人の形《すがた》は面長にして頭は大きく両耳長く、目は細く長く、目を開けば内に金光有り。最《あきら》かに時の人と異なり、復《また》身体は太《はなはだ》香し、人の嗅ぐ所に非ず。

既にして宮に還り、後に乃《すぐ》使いを遣わして之を視るに、使い復啓して曰く。飢人は既に死せり、と。太子、大いに悲しみ、厚く埋葬せしめ玉うに、墓を造るに高く大《ひろ》くさせし。

時《このとき》、大臣の馬子宿祢と七人の大夫等は皆識りて曰く。

殿下の聖徳は元来、測り難く、妙跡も迷い易し、而《これ》、道頭の飢人は是れ賤しき者矣、何ぞ以て馬より下り玉い彼と相語る、復詠歌を賜い並びに御衣まで給い、其の死に及ぶや、無状に厚く葬るとは、皆是れ礼に非ざらむ。

何ぞ以て能く天下の大夫、宰職の臣を治めむ。

太子、之を聞き、即ぐ、識る者と七大夫等を召し、命せて曰く。

卿等の道《いう》所は理に中《あた》らむ。然りと雖も由有り、宜しく片岡に往って墓を発《ほり》て、之を看るべし、と。即ぐ七大夫等命を受け往きて棺を開くに、封ぜし墓は損なわれず、棺の蓋は破れず、其の屍有ること無し。棺内は太いに香ばしく賜れる所の紫の袍、劔物、彩帛は棺上に帖《たてられてあ》在り。

七大夫等は看て大いに奇とし深く聖徳の思議しべからざるに歎じ、還り向て報命せり。太子は舎人を遣わして劔《おさめられ》所し衣服を取り之を御《めしたま》えること故の如し。

此年、九月望日、維摩経の疏を製竟りませり。

【訳】

二十一年冬十一月、太子は掖上池《わきがみのいけ》、畝傍池《うねびのいけ》、輪荷池《わにのいけ》等を掘り、また、何葉《なには》より京に至る大道を、あやまちをさせないようにと法を定め、是によって男女は別々に歩くこととした。

十二月、太子は篭を用意させ、山西の科長の麓の陵を見回りされた。その帰り、道をよこぎり片岡山に入っていくと、道の先に飢えた人がいた。道を三丈ほど上ると、驪駒が先へ進まなくなった。太子が鞭を加え促しても逡巡してなおとどまるような様子に、太子はすぐに馬を下りられた。舎人の調子丸が走り寄り杖を献《たてまつ》った。

太子は歩いて飢え人に近づくと、どうしましたか、どちらの方ですか、とお尋ねになった。その人はまた伏したので、すぐに紫の御袍を脱ぎ飢え人の身体を覆い、互いに一言二言語ったが、側の者たちは聞こえていたが言葉の意味が解らなかった。よって事情は知らなかった。

太子は嘆かれて慰めるに云々の歌を賜れ、飢え人は首を起こし和し云々と奉った。飢え人の姿は面長で頭は大きく両耳が長く、目は細長く、目を開けば内に金光があった。あきらかに今の人とは違い、また身体はとても芳しく、どこにでもある薫りではなかった。

太子は宮に戻られて、すぐにまた使いを出し見に行かせると、帰ってきた使いが申しあげた。飢え人はすでに死んでいました、と。太子はとても悲しまれた。厚く埋葬するよう命じ、墓は高く大きくせよと言われた。

このとき大臣の馬子宿禰と造《みやつこ》、首《おびと》、朝臣《あそみ》、直《あたい》など七人の大夫らはみな、行き倒れの賤しき者に対する太子の行為を、殿下の聖徳は凡夫には推し量ることができない、されど摂政皇太子殿下たる方の為され方として善行とはいえ行き過ぎで訝しくもあり、礼とは言い得ないのではないかと批判し譏った。

太子はこれを聞いて、卿等《きみたち》の批判にはもちろん一理ないわけではない。それには理由があるのだと言われ、百聞は一見に如かずとしてあの片岡へ往ってくるがいいと命じられた。命を受けてすぐに七大夫らは墓へ向かうと、墓は損なわれてはいず棺の蓋も閉じたまま破られてはいなかった。しかしそこに屍は無く、棺内は芳しい香りに満ちみちていた。太子が賜れた紫の袍、劔物、彩帛は棺の上に並べおかれていたのである。

大夫たちは皆、大いに奇とし驚嘆し、理屈で考えてわかることではない聖徳の妙なることをまざまざと思い知らされた。太子は使いを遣りその衣服を取らせ、またそれを召された。

此の年の九月十五日に、維摩経の疏を書き終えられた。この経は前年の一月十五日に着手され、約二カ年の歳月で完成されたものである。

・詠歌本紀によると、時の御歌は「しなてるや（片の枕詞）片岡山に飯飢え臥《こやせ》る其の旅人、哀れ親なしに、なれなりけめや、刺す竹の（大宮人舎人の枕詞）きみはやなき、いひにゑてこやせる、その旅人哀れ」とある。
・太子が御歌いになったのに対し、飢人は「いかるがの、とみの小川のたえばこそ、あが大君の御名は忘れめ」とそれに和したのだと言われた。そして礼と人の性《うまれでどころ》の間において思議し難きことがあることを悟らせようとされた。

二十二年（西暦六一四年、太子四十三歳）春正月朔、太子夙《まだき》に起き、駕に命せ朝《みかど》に参す。次いで中臣太夫御食子の家の前を過ると、即ち家を望《ながめまし》て曰く。

奇哉、此家に聖人の気有《いきだよ》う。使いを遣わして之を問うに、御食子畏みて白す。

臣畏きに出で當命《またみことば》に報《しら》せ應《こたえ》るべしと雖も臣の妻今産《いまがたこをう》み血の穢れ有るを以て出《まかりいずること》能わず。他に聖人は無《いまさ》ぬ、と。

太子、又命せ曰く。

其の児は必ず聖と為らむ。更に佳瑞《かずい》無かりし耶。

御食子、啓して白す。

白狐鎌を咋え来たりなり。太子又、命せ曰く。

尚、更に有る可矣《べし》。御食子、驚きて原《たずぬる》に、庭の松に藤有り、今は最も花開《はなざかり》、数房は多《はなは》だ隆んなり。

太子、告げて曰く。

汝の子孫は當に多隆《さかんなる》べし、と巳而朝に《のたまいて》矣《ゆきませり》。

此月上弦、詔に依って亦、法華経の疏を製りたまえり。

三月、太子の舎人 宮池香茂の牡犬 鹿の脛を齘折《かみおれ》り。太子 視《みたま》いて之を痛み、舎人を令て之を放さしめ玉うに、復、同じ犬が怒りて山に入り同じ鹿の四脛を折齧《かじり》て三段と為せり。太子 之を恠《あや》しみ夢殿に入りませるに艶僧、東方より到りて太子に謂うて曰く。

此の鹿と犬とは過去の宿業なり。鹿は嫡《つま》なり。犬は妾なり。時《これ》 嫡は妾の子の脛を折る。之に因って深く恨み九十九世の怨を結び、而《ここ》に来て今于《ここ》で百世なり、正に満足せしのみ。

六月 太子 之に奏し、犬上御田鍬《いぬがみのきみみたすき》を隋國に遣せり。聖楽を学ばすに、御田鍬は利敏にして早くも聖楽を学び鍊《こな》し、明くる年に帰れり。

太子 大いに之を悦び、神楽の秘曲を以て聖楽に合わせ之を奏せしに寔《まこと》に美味《よき》を有《たも》ち楽は是より伝われり。

【訳】

二十二年春正月元旦、早朝に起きられた太子は朝廷へ参られる途中、中臣太夫御食子の家の前にさしかかると乗り物を停められ、家を眺め、不思議なことよ、この家に聖人の気が漂っていると言われた。使いの者に尋ねさせると、御食子は畏まって申し上げた。臣が罷り出てお答えすべきですが、ただ今妻が子を産んだばかりで血の穢があって罷る出ることができません。他に聖人はいません、と。

太子はまた仰せになった。汝の子は必ず聖となるだろう。さらに何かめでたいしるしはないか、と。問われた御食子が、白い狐が鎌をくわえて来たことをいうと、太子は、まだ他にあるだろうと言われ、御食子は驚いて答えた。庭の松の木に藤が懸かっていて、今は最も花盛りで房の数多く特に見事に咲いています、と。太子は、汝の子孫は益々盛んに栄えるだろうと告げられ、乗り物に戻られると朝廷へ参られた。

この月七日、八日頃、詔によって法華経の注釈書を著し制作された。

三月、太子の舎人宮地香茂《みやぢのかしげ》の牡犬が鹿の脛を咬んだ。太子はこれを視て心を痛められ、舎人に犬を放させられたが、また同じ犬が怒って山に入り齰んで三段にした。太子はこれを怪しまれて夢殿に入られるに、東方から媚のある僧が来て太子に教え語った。この鹿と犬とは過去の宿業である。鹿は正妻で犬は妾であった。その時、正妻は妾の子の脛を折った。これを深く恨み九十九世の久しき怨を結びこのたび百世となった、まさに満足したのみ、と。

六月、太子は奏上し、犬上御田鍬を隋国に派遣した。聖楽を学ばせるためである。御田鍬は頭がよく敏くして早くに聖楽を学び翌年に帰ってきた。太子はとても悦ばれ、神楽の秘曲を聖楽に合わせて奏でさせると、まことに美しい調べであった。音楽はこれより伝わった。

・中臣鎌足の誕生日の出来事である。幼くして太子の元に侍り、推古二十九年二月五日の太子薨去の時、八歳であった。後の天智天皇に仕へ藤原姓を賜った藤原鎌足である。この話を記紀は伝えていないが、白河三十巻本には同文で伝えられている。

・聖楽　聖人の礼楽。

・この遣隋使は犬上御田鍬及び矢田部連君明朗《あかる》を派遣したと第三十三巻に記述されている。日本書紀には欠く。

二十三年（西暦六一五年、太子四十四歳）夏四月望日に法華経の疏を製り竟る。此の経疏は前に製れりと雖も経王の義は他経と異なる。故に夢殿に入る。金人の説を記せしなり。

冬十月、恵慈法師　本國に帰れり。

【訳】

二十三年夏四月十五日に至り、法華経の注釈書を書き終えられた。この注釈書は前に作っていたが、経王の義が他の経と異なっていたので、夢殿に入り金人と語り合い、確かめて得たことを記し改訂したものである。

冬十一月、恵慈法師は本国の高麗へ帰国した。推古三年に恵聰法師と共に来朝して二十一年の間居留した。

・経王の義　大乗の教えの意味。

二十四年（西暦六一六年、太子四十五歳）春正月、邦畿《みやこ》の桃、李《すもも》花咲き實れり。天皇　大いに之を奇とし、所由を太子に問いたまう。太子、奏して曰く。時に非ざるの花實は誠に妖怪なり。此の妖怪は必ず神に在り。宜しく由を太神に問ねるべし、と。仍って三輪宮に問いまつる。

時《このとき》、太神　巫《かんなぎ》に託し勅に答えて曰く。

這の妖《あやしき》は吾心に非ず。菟狭太神《うさのおおかみ》に在り。尋いで菟狭宮に問うべく、中臣御食子大夫を勅使とし、菟狭宮に至り敬いて宣命を上《たてまつ》る。

太神直ちに見《あら》われ、勅に答えて曰く。此の怪は先皇の報いならむ。仁王般若経を書くこと、一千六百部を為《つく》りて天帝地后及び八百萬神に報い、先皇の罪を償いて年廻りの災を拂い玉え、と。

之に仍って太神の教えに如《したが》い、大法会を設け之を修《おこないたま》う。

太子、奏して曰く。

今、天地と神と人の理を考えるに、神は天霊、人は地霊なり。天霊悦ぶと雖も、未だ地霊は悦ばざらむ。何ぞして全ての妖きを拂わん乎、宜しく養民の徳を施すべし、と。仍て州邦に命じ、官蔵の粟を分かち、三分の一を以て普く兆庶に与え玉うに百姓大いに悦ぶ。

秋七月、新羅國王　金の仏像を献る。高さ二尺、蜂岡の寺に置く。此の像は光を放ち時々恠《あや》しきこと在り。

太子、秦大連に命せて曰く。

總て是れ仏像は極聖の尊影なり。況んや霊有るに乎、輙く垢《けがす》べからず。宜しく清浄の堂に安くべし。恣《ほしいままに》に馴れなれしく拝みまつること得ず。俗凡、癡人、若し触れ犯すこと有らむか、彼は禍を被らむ。

護法の神　毘沙門天　諸天仙等も善を為さんにも應えず、と。河勝　謹んで命を奉り之を記し後世に伝えむ、と。

【訳】

二十四年春正月、都の桃、李《すもも》の花が咲き実った。天皇はこれを怪しまれ太子に問われた。太子は奏上し曰った。

季節外れの花実は誠に妖しきことです。この原因は必ず神にあります。この理由を太神におたずねします、と。そして三輪宮に神託を伺った。

この時、太神、巫にかかり、勅に答えて曰わく。この妖しきはわが心に非ず。菟狭太神にお伺いせよ、と。次いで菟狭宮へ中臣御食子大夫を勅使として遣わし、敬って宣命をたてまつった。太神はすぐに現れ、ご託宣されるには「この妖しきは先皇の報いである。仁王般若経を一千六百部作り、天帝地后並びに八百万神に報い、先皇の罪を償い、年回りの災いを祓いたまへ」ということであった。

この太神の教えに従い、大法会を設けて修した。この時、太子は奏して曰った。今、天と地と神と人の理を考えますと、神は天の霊、人は地の霊であります。天霊悦ぶといえども未だ地霊は悦ばれず、どうやって全ての妖きを祓うのか。それには人々を養う徳を施すことです、と。よって国中に命じ、官蔵の粟を分け、三分の一をすべての人々に与え、百姓は大いに悦んだ。

秋七月、新羅国王が金仏の像を献じ奉った。高さ二尺、蜂岡の寺に安置した。この像は光を放ち、時々不思議なことがあった。

太子は秦大連に命じて曰った。仏像というものはすべて極聖の尊影である。まして霊がある以上は決して汚してはならない。よろしく清浄なお堂に安置しなければならない。勝手に馴れ馴れしく拝してはならない。俗凡、おろか者、不届き者がもし触れ犯したならば、その者は禍を被るだろう。護法の神、毘沙門王、諸天仙等も善として為そうとも応じない、と。

河勝は謹んで殿下の御言葉をここに記し、後世に伝えますと畏まり答えた。

・仁王は伽藍守護神として山門の左右に立像される金剛力士を指すが、印度からの風習では左の像密迹金剛、右は那羅延金剛という。

・般若経は般若波羅密多心経。

・太子は神祭の意義は神と人の霊がともに楽しむものであるので、天霊のみならず地霊が喜ばなくては祆は払えないとして、人々を養う徳を盛んにし施すべきと申し上げた。各地方の蔵や屯倉を開けさせ粟の三分の一を国民に配り困窮から救った。先皇の因果を解き、食を保証し民の最低生活を守ることが政道の要諦であることを示した。

・新羅國王は、奈末竹世士《なまのちくせいし》を遣わし金の仏像を献上した。高さは二尺、蜂岡（広隆寺）に安置された。

二十五年（西暦六一七年、太子四十六歳）夏四月上弦、天皇勅して曰く。

太子は先年、維摩経を講じ爾《これ》自り己來《このかた》天下は隆安《ゆたか》にして朕の身も平穏《おだやか》に、國にも災無し。

朕は今にして遥かに経の義理を思うに再三すれど遺忘《わすれ》、其の文に對すと雖も猶其の義に迷うごとし。唯 望むらくは朕の為に復《また》疏文を講ぜよ。

太子、詔に答えて曰く。

先年臣は勅に應えて諸経の義を演べまつるも、異國の僧等の其の音《ことば》、是れ異声《よそのことば》にして俗《よのなか》に通ぜざるを以てなり。僧恵聰は神知にして早かに学びて吾が音《ことば》を知り以て其の辨又達《とお》り、吾《わがくに》の音《ことば》を説くに任えり。其の人有るに至って更に重ねて之を講ずるは是れ之を奪うならむ。

陛下は臣の辨を好かれたまうは君子の偏りの好なり。臣の親ら演べ為すは國の誘引の学なり。今更に之を演るは偏執の誘引にして還って方便を失いて非理に落ちむ。

仰ぎ庶《ねがわ》くば陛下、理を御《しろし》めして道を行い、僧の恵聰をして演暢の業を修《おこな》わしめ玉へ。

天皇之を然りとして、恵聰に命じ講演会を修いたまえり。

夏六月、出雲國より奇しき瓜を三箇上矣《たてまつる》。竪長く、横廻は各二尺余。其の味は蜜の如く甚だしく美き香り有って、天皇 之を奇とす。神有って告曰《おしえのたまわ》く。

天は去年の徳に報いしなり。之を食う者は命延《いのちながら》む。

天皇、太子に問うに、いかに之を用いん耶。

太子奏して曰く。天の賜は宜しく用いるべし。理は以て然りと雖も、又天法有りて、王者は非常を用いず而《ここ》に理と法を相比べ、其の事の法に就くべきのみ。仍て諸王と諸卿に給う。

諸王は太子に問うに、更《また》之に答えて告げて曰く。

天は之に賜い、君は之を汝等に給う、何ぞ敬いて用いず。

秋九月、太子、駕に命じて菜祠《なら》の邑に出遊《あそびたま》う。東山の下を指し左右に謂うて曰く。

寡人《われ》の死後、一百余歳にして一の帝皇有《いでま》さん。厚く仏法を崇め、彼の谷の前に此の岡の上に並びに伽藍を建て隆妙の典を興さむ。西原を指して曰く。

此の地に都の気有り。又、一百余歳に在りて遂に京を北方に遷さむ。是れ二百年中に在り。

是年 五穀甚《おおい》に實り庶兆富み饒《ゆたか》になり大いに悦り。仍て登り過しの三倍を以て官蔵に納めむことを請う。朝廷において不聴《ゆるさざる》も百姓強いて上《たてまつ》れり。納めむ。

太子　之に命じ二倍の米を以て之を民に返し与え玉うに、一倍を以て納め民亦返し納めむ。太子又命じて民に一を返し、一を以て普く散じ耕せざる工商、山家、海屋、民閑、居陰の人等に給えり。納められし米を以て諸社に供え、諸王、臣諸、国造等に賜い一斗も残さず。

群卿、啓して曰く。天の賜は専ら朝に在り。然るに貴賤皆く利して朝廷独り利さず、何ぞ天意に合わせむや。

太子、命せ曰く。朝は利を恃むこと無し。民の利を以て利と為し、君は是れ國の父なり。國の饒を以て饒と為す。今の天下は利く饒なり。何ぞ得ること別《ほか》に有らむや、と。

【訳】

二十五年夏四月八日、天皇が勅して曰った。

太子は以前、私の求めに応じ勝鬘経の講義を行ってくれた。それから今日まで天下は大いに栄え豊かになり、吾の心もおだやかになり国に災いも無い。あの講義の深淵なる内容について時々思い起こしているのだがその意味を忘れ、経を前にしても迷うことがある。そこでまた、わたしのために講義をしてほしい、と。

太子は勅にお答えし曰った。

先年、仰せの如くに陛下の詔に応えて諸経の解説を演べさせていただきましたが、それは異国の僧侶等の音《ことば》は聞き慣れずお経の句《ことば》は一般には通わないものでありますし、定めしそのように思われますこと無理なきことかと存じます。しかし僧の恵聰上人凡庸ならざる神知の人で、早々と吾が国の言葉を会得し、その是非を弁えよく理解しており、その到達ぶりはその道においてこの上なきところまでかと存じます。その道にその人を得ているのに、素人の私が今陛下の請を蒙り講義するならば、その人の立場を奪うことになりましょう。

臣《わたし》の講義を陛下が好まれるならば、それは君子の偏りとなります。臣自らが演べさせていただくことは、国の政に必要な学問を導きだし、弘めていくためです。もし今また私が講義するならば偏った固執になり、かえって方便にならず、道理を破り自らを落とすことになると思うのです。仰ぎ願わくば陛下、理を示し道を行われるにあたって僧の恵聰を用いられますように、と。

天皇はよく納得されて恵聰に命じ講義を行わせた。

夏六月、出雲国より奇《あや》しき瓜《うり》三個の献上があった。縦の長さ、廻りは各二尺余、美味で蜜のようでいい香りがした。

天皇はただごとではないと思われ、すぐに三輪神にお伺いを立てられた。

大神は巫に託《かか》り告げられた。天は去年の徳に報いただけである。之を食せば命を延ばせるだろう、と。天皇は太子に、如何にこれを用いるべきかと問われた。

太子は、申し上げた。

天の賜るものはそれにふさわしく用いるべきです。理は当然ですが、また天には天のやりかたがあります。王者の為すべき道というものは非常には用いず、理は法と相比べて法を採って就くべきであります、と。

この奏上によって、諸王、諸卿に下賜された。そのことを諸王たちが太子に問うと、天は君徳を嘉《よろこば》れ是を賜った、陛下はその神徳を君等に給《おくばり》なさる。心して敬いて頂戴するように、と言われた。

秋九月、太子は駕《のりもの》を用意させ、菜祠《なら》の邑《むら》に遊びに行かれた。東山の下を指し、側の者に言われた。寡人《われ》の死後百余年、一人の帝皇有り。厚く仏法を崇めて伽藍を建て、彼の谷の前と、北岡の上に伽藍を建て、盛んに妙なる典《みち》を興すであろう、と。

また西方の原を指して言われた。かの平原には塔廟を興すだろうと言われた。

又、四方をよく見渡されて言われた。この地には都の気配がある。一百余年の間はここに都が在り続けるだろう。その後は北方に遷され、二百年の間続くだろうと言われた。

この年には五穀豊年となり、庶兆《おおみたから》は暮らしが豊かになり喜びの年となった。大収穫なので常より三倍の年貢を納めたいという民の申し出があった。朝廷はそれを受けるわけにはいかないと断るが、民は引き下がらず納めた。太子の命によって、そのうち二倍にあたる米を返させ三分の一を納めさせた。それをまた納めにきたので、それではと太子は三分の一を民に返し、さらに三分の一は米を耕さない仕事をする工や商《あきな》い、山奥の者、海浜の者、また無職や高齢者などへの施米として配らせた。

それでも猶、余裕があったので神社に供え、諸王や臣下、各国造等に御下賜とし、一斗も余すことなく配り尽くした。国民みな等しく時の恩沢に浴さしめ、悦びとした。

その時、政治に携わる公卿が太子に尋ねた。

殿下、思いますに天の賜《たまもの》は専ら個人に与えられるのではなく朝廷《おおやけ》に在《あずけられし》ものかと承知していますが、貴賤ことごとくがその恩沢を蒙りながら、独り、朝廷のみ利無しとは、それでは天意に應《かなっ》たとは思われません、と。

太子は、朝《みやけ》というものは損得、利害、打算で存在させられているものではない。民の利を以て吾が利とされるべきが朝廷である。君は国の主であり、父《おや》なのである。国の父というものは、国の饒《ゆたかさ》を以て己の饒《ゆたかさ》と心得ているのである。一身のことを思う心は持たないのだ。今、世の中はよく潤いて豊かである。それ以上をどうして望むことがあろうか、と諭された。

・死後百年「厚く仏法を崇め伽藍を建て」とは聖武天皇か。奈良の大仏は西暦七四七年起工、太子の薨去から一二五年後で聖武天皇十四年にあたる。
・平城京は元明天皇の和銅四年の遷都、八十五年後にあたる。
・元明、元正、聖武、孝謙、淳仁天、称徳、光仁の七代七十四年の都となった。
・この段は日本の天皇と他国の王、帝王との違いを誨え、天皇の補弼《ほひつ》とはどのような立場であり、いかに考え為すべきかを説いたものである。

二十有六年（西暦六一八年、太子四十七歳）、春二月　太子、群卿等に謂うて曰く。海表の國は軍を興し大いに戦わむ。西の大國は進んで、東の小國を撃たむ。小國は待って距《ふせ》ぎ、大國の稚王は将に悉くの國を滅ぼさむとす。

一の李姓有り。将に神器を奪わむとす。大隋の運は今年に盡くべし。我國には事無し、唯、挙動を聞かむ、と。大臣、群卿らは未だ命ぜらるゝを識らず。

太子、命《おおせ》曰く。秋の中に北方の國事を聞くべし。

夏五月、太子、夢殿に出まして語って曰く。悲しい哉、痛むべし大隋の帝、運祚《くらい》も今極まれり。李姓将に己の國を興さんとす。退いて隋帝を輔けず。

大臣、啓して曰く。彼の漢の俗は一に非ず。大古の時、聖人極を立てるも、其の後に干戈《かんか》相尋いで姦猾、詐を侵《うかが》うを常と為す。我朝、相い離れしこと遐《とお》く、東海に居ては流血の乱を聞かず、投刀の害を知らず。臣等伏して願わくば、仁を修め情を善くし、義に住《とどま》り、忠を意《おも》い、神明に差《たが》わざるなり。

太子、命せ曰く。君等の言う所は、道理は實なり、唯、吾が神國の法を説くに義を正し徳を正さむ、と。

秋八月高麗王、使いを遣わし方物の調《みつぎもの》を貢《たてまつ》り、因って以て曰く。

大隋の燿帝、三十万衆を遣わし金皮《かねたいこ》を動《とどろか》し我を攻む。天皇の救兵と隣卒にて我を救け、仍って我の為に破られし故に俘虜にせし貞公《ていこう》、普通《ふとう》の二人の将軍を鼓、吹《ふえ》、弩《つちゆみ》、挽石《はじきいし》の十種と隋物と併せて臣國の駱駝一匹を献らむ。

太子、左右に謂うて曰く。

唯、隋王の軍を破るのみに非ず、之に恐れ李姓は撃てざらむ。軍旅の法は今に行うに在りて後に安らぐなり。

冬十月、太子は妃を召して謂うて曰く。

吾、昔の世を思うに波斯《ハシ》氏を去って震旦に来たり。儒公となって孔子を興し、道士と成って老子を立て、遥かに世生を隔て賎微《いやしきひと》と為り法華を説く人と逢い、出家して沙弥と為り、修すること三十餘年、身を衡山の下に捨てり。今にして憶うに当に普の末世に当るべし。魂を韓民の腹に宿し復《また》人と為ることを得て出家の誓いを立て生々世々中辺を不択《えらばず》に大法を伝通せんと即ち衡山に登り五十余年行《へ》り。当に宋の文帝の世に当り。復、躬命を捨て生を劉氏に託し、男と為ることを得て、道を行って三十余年を経、身を彼に捨て、生を高氏に託す。

此の時、齋王として天下に臨み、又、衡山に修《おさま》ること六十四年、命を此に捨つ。当梁《また》の世に当って、梁の相子に生れ復、沙門と成り、猶衡山に在て七十年を経、陳の周の世を歴て六根を浄め、一の菩薩を得て之に妙法を授かり、聖僧の勧めに会って又、誓願を発し東海の國に生まれ以て兆愚を済わむと、今其の願いに如《したが》って生を皇門に得て、既に三法を興せしも恐らくは三法の病は治せざらむ。

何をか是れ三法の病と為さむ。

儒は文を精しくし、理を調《ととの》うも其の処の無《なみする》を指さんと欲し只人倫の用事に在《とど》め、他は悉く之を棄て挙げず。天理は弘荒なり。世に有るには量無く、世を済《すく》うに人を導くに必ず一に究《つく》せざらん。之を捨る則は屈《まが》らむ。上代の人は直きが故に病むこと無かりしも下代は人も曲《まが》り還って倫に僻《かたよ》るなり。

釈は悟に精しくも文の疎《あらき》を見て慢《あなど》りて密《ちかづ》くに到らず。愚者は言の風《おもむき》に迷い身《みずか》ら丈夫の風を失さむ。或いは学に至り得ば高きに誇り平を捨て、或は浅く学び成せば妙に迷い道を失わむ。

神は正に則《のっと》りて怪に依り人神の元を正し、當に世に用《はたらく》の常を修《おこな》うべし。怪は天有の理を密《かく》し之に依って宜しく天を恐るゝべし。未だ愚は這の理を失わず。正に依って父の罪を見《あら》わし、怪に依って邪鬼に交わり、我の数の身経に之を案《かんが》うるに未だ病を治すを得ず。悲しむべし、嘆ずべし。止哉《やんぬるかな》。

是年、太子は大連に命せて曰く。

御食子の児は異人《ただびとならざるもの》なり。賢に過《まされ》り。宜しく常に給事させるべし、と。

仍って鎌兄《かまのえ》を召したまえり。年始めて五歳、聡明にして利敏なるの故に太子は深く寵《おもん》じ恒に其の徳を美め更に藤子と名《いえ》り。

冬十二月、太子駕に命じ科長の陵処に届《いたり》て、造る墓の状《ありさま》を覧《みたま》い直ぐ墓内に入り、四《あたり》を望《みわた》し命せて曰く。此の処は必ず断ち、彼処《あそこ》は必ず切れ、所以は子孫の後を嗣がざるによる。墓工は命に随って絶つべきものは絶ち、切るべきものは切りしに、太子は大いに悦び、即ぐ夕《ひぐれ》に駕《のりもの》にて施《もど》りませり。

群卿啓して曰く。

先皇の道は後嗣の永きを以てし、嗣無き則は非《よから》じとするに那為《なんすれぞ》、吾が大王は陵を断ち絶《たやしますこと》を欲《のぞまれ》る哉。

太子、答えて曰く。寡人《われ》は数《かずのみち》を以て人として生れる命を得たり。気を御《しろしめす》は数に託さむ。気と数とは宿に依らむ。吾が宿世の身は数の眞諦を修め、天地に逗まらず。天地は在りと雖も假借のみ。故に今生の身は其の数、其の気は絶える法《みち》に託って生《うまれかわる》なり。

天命に私無し。己でにして嗣絶《よつぎのたゆること》を知る。之を知《さとり》て祝いの墳《つか》に入らむ。恐らくは陵の師法も亡くなられり。

又、悪ぞ非を恐れて己を謾《あざむか》むや。先皇の法を遺るは大方の事に在るも必ず一切を蒙らば天法も又、虚しからむ、と。群臣、之を聞いて惜み、悲しみ、歎状せり

【訳】

二十有六年春二月、群卿等に言われた。

海外では軍を整えて大いに戦い、西大國（隋國）にては虎視眈々として東の小國（高麗）を撃たんとしている。一方、小國は待って距《ふせ》ぎ、大國の稚王はがむしゃらに他国を滅ぼそうとしている。一人の李姓の者がいる。まさに神器を奪おうとしている。大隋国の命運は今年で尽きるだろう。我が国には問題無いが、ただそれらの動きを見ていなければならない、と。

大臣、群卿らはいまだ太子の言われることが何なのか判らずにいた。

太子が命じられた。秋のうちに北方の国々の動向を調べなければならない、と。

夏五月、太子は夢殿からお出ましになり仰せられた。悲しいかな、胸が痛む。大隋の帝の運祚《くらい》も今極まった。李将軍は帝を助けず、自分の国を興そうとしている。

馬子大臣が啓しあげた。かの漢の世の中は万世一系ではなく太古の昔から聖人が帝となっても、その後に戦が相次ぎ邪で悪賢い者が帝位を脅かすのが常です。わが国とは遠くかけ離れており、海の東にあっては戦乱の流血は聞こえず、闘いの被害も知りません。臣等は仁を修め善き心をもち義を守り忠信にて神明に叛かぬことを誓うのみです。

太子は命じて言われた。君等の言うことはまことの道理に適ったことだが、ただ吾が神国の法をいえば義を正し、徳を正すことは神意に遵うことで人の知情に限らないのだと、人知の判断と神事の区別をいわれた。

秋八月、高麗王が貢と便りをもって使いを遣わした。大隋の煬帝がこの度、三十万の軍勢で金や太鼓を打ち鳴らして我が国を攻めてきたのですが、天皇の援軍の兵を以て我が軍は救われました。その時の俘虜の貞公と普通の二人の将軍と戦利品の鼓、笛、弩《つちゆみ》、石挽など十種の隋國の物と、加えて我が高麗の産物である駱駝一匹を献上いたします、と伝えた。

太子は、今度の勝利は隋王の軍を破っただけの功では無い、それに代わる李姓による大唐國となってても軽はずみをさせない為に有益であった。軍旅《いくさ》の法《みち》というものは、後世の安らぎの為を考慮されなければならないのだ、と。

冬十月、太子は膳妃を召され言われた。

吾のこの生涯の前の世でのことを思い出すと、その昔ペルシャの古名波斯國《はしのくに》に居り、それから震旦に来て儒公となり孔子を興した。それから道士となり老子を立て、遥かに世代を経て次は微賤《いやしきひと》に生まれ、法華経を説く人と逢った。出家し仏門の沙弥となり修業すること三十余年、その身は中国の五嶽の一つ衡山即ち南山に捨てた。今にして思えばちょうど晋國の末世にあたる。魂を韓氏の腹に宿し、また人として生まれ、出家の誓いを立て、生々世々に中邊《ほどよき》の事を択ばず、大乗、小乗を包括する大法を弘めようとして衡山に登り修業すること五十余年を経た。それは宋の文帝の世に当り、また身命を捨て生を劉氏に託し、男と生まれ道を行いて三十余年を経、身を彼に捨て、生を高氏に託した。

この時、斎主として天下に臨み、又、衡山に修業すること六十余年を経て命をここに捨てた。時は梁國に当り、宰相の子と生まれ、また沙門と成り、なお衡山に在って七十年を経て、陳の周の世を過ごし六根を浄め、一の菩薩に出会い妙法を授かり聖僧の勧めを得て、又誓願を発し東海の國に生まれた。それから衆生を救おうと願い、今その願にしたがって皇門に生まれ、既に三法を興したが、恐らくはそれにつきまとう三法の病は治すことは難しいだろう。

三法の病とは何をさしていうのか。

儒は言葉によって理を精《くわし》くして、それを明らかにするために人倫の用事のみに止まり、他一切は除いて触れない。そのため天理は雑になり世間の事柄についてのみ際限なくつきつめた。世の中を救うために人を導くには必ず一つのみでは為し得ることはできない。一を取り他を捨てるときは歪んでしまう。上代の人々は正直であったので病むことも無かったけれども、今の時代は人心は屈折し還って倫《ひとのみち》に偏るという病になるのだ。

釈は悟りに精しく、道は細かく説くが言葉が大雑把であり欺いているようで、智者は文の疎《あらき》を見て慢心し深奥にまで到ることができない。愚者は言の風《おもむき》に迷い、自らの丈夫《ますらお》の風をなくし、あるいは学に至り得れば自己満足し、人の常識を忘れてしまう。或いは浅く学び成《しあげ》るも、霊妙の域に迷い道を失くする。

神は正《まさごと》に則《のっと》って怪しきに依る。人は神の元を正し、人の道の常を修《おこな》わねばならないが、怪しきは天有の理が密《かく》れているものなので、よく考え天を恐れねばならない。未だ愚か人はこの理を知らない。正《まさごと》に依って父の罪を現し、怪に依って邪鬼に交わることになる。

吾は過去世に数々の身を経て、この三法の病を考えてきたが、未だ治し方を得ていない。かなしきかな、歎くしかない。どうしようもないことだ。

この年、太子は大連に命じて言われた。御食子の児は異人である。賢すぎるほどだ。宜しく、常に吾が側に置き給事をさせなさい、と。よって鎌足を使いに呼ばれる

ようになった。五歳から始めたのだが、聡明かつ利敏なので太子が深く目をかけら
れ、恒にその徳をほめられた。そして藤子と名づけられた。

冬十二月、太子は駕《のりもの》を命じ科長の陵の処へ行かれ、墓の造りの様子をご覧になるとすぐに墓の内に入られ、周囲を見まわされ命せられた。

ここは必ず断ち、あそこは必ず切るように。わたしの後を嗣ぐ子孫がいないからである、と。墓工は命に随って、絶つべきは絶ち切るべきところは切りとった。太子は大いに悦んでその日の夕がたには駕でお帰りになった。

臣下たちは申し上げた。先皇の道は後嗣《あとつぎ》が永くあるようにと作られ、継《よつぎ》が無いときはよからぬことですが、どうして吾らの大王《でんか》は陵を断ち、後を絶やすような状《さま》にされたのでしょうか。

太子は答えていわれた。寡人《われ》は、数の道を以て人と生れかわる命を得てきた。気を御《しろしめす》には数に託《たよ》む。気の数は宿世に依る。吾が宿世の身は数々《しばしば》眞諦を修めてきたので天地に逗《とどま》ることはない。

天の命には私無し。已《すで》に子孫の継《よつぎ》も絶えることを知っている。之を知りて祝いの墳《つか》に入るのだ。恐らくは、陵の師法も亡ぶだろう。またどうして非《そしり》を恐れて己を謾《あざむく》ことがあろうか。先皇のやり方は全体の事にあり、必ずすべてを受けねば天法も又、虚しきものだ、と。

群臣は之を聞《うけたま》わり、惜しみ悲しんで歎いた。

・大國の稚王　恭帝二十二、三歳。
・神器を奪う　李淵《りえん》は隋國の禅譲をうけて（恭帝から）即位し、大隋が次に大唐國となる。それを「神器即ち大隋國を奪わんとしている」といい、太子はそれを予言され、「大隋は今年（西暦六一八年）に亡びるであろう」と言われたということ。
・波斯氏　ペルシャの古称。
・梁國　戦国時代の恵王が都を今の開封に遷した後の國号で六朝の一つ。
・陳の周　春秋時代の嬀《き》姓國のこと。
・眞諦　眞理の実相を覚知すること。

二十有七年（西暦六一九年、太子四十八歳）、春正月　太子詔を奉じ、儀を調え、畿内の有霊の勝地を巡検して、二十日を経て終に蜂岡に到り、塔の心柱を建つるに常住の僧一十二口を定め、此を除の外、戒を不存者は即日に擯出《しりぞけ》、檀越《だんおつ》の河勝公に命じ曰く。

僧たる者に戒無くば方に僧宝に非ず。七仏道に背き三宝の功を失うは是又、王國を潤す善人には非ず。四民の外にして國功を費やすは是即ち賊奸なり。偽り紛れて道を盗むの故なり。之如《しかのみならず》、俗《よのひと》を引きい共に邪道に入らむ。今自り已後は擯院の僧有らば郷の首として之を捕らえ、奴と為して責使えよ。若し邪愛を以て赦し邑《おか》に安ば還って害と為ること有らむ。此を以て例と為せ、と。

此の日、大連河勝は致仕《ちし》の命を受けて退かむ。

奉城原に到り東山を望んで左右に謂うて曰く。此の山は賢峰なり。大悲常住の地にて神仙群集の場なり。一百五十年而《して》大刹有らむ。

便《やすんじ》て淡海を越え、然香《しが》、栗本等の縣を廻り檢《しら》べ、大津に駕《のりもの》を駐《と》め左右に命して曰く。吾の死後、五十年にして一帝王見《あらわ》れ此の処に都を遷さむ、と。

淡海国司、便に因んで啓し曰く。

蒲生河に物有って浮んで則に露《あらわ》れ、其の形は人の如くも人に非ずして魚の如くして魚に非ず。

太子、左右に謂うて曰く。人魚は瑞物に非ず。今は飛兔《ひと》無く、人魚の出づるは是れ不祥なり。汝等之を識れ。

【訳】

二十七年春正月、太子は詔を奉り、服装を整え都にある寺院を見廻りされ、二十日をかけて最後に蜂岡寺に来臨された太子は、塔の心柱を建てられ、そこに常住の僧十二人を定め、その外に持戒せざる者はその日のうちに追放された。檀越の河勝公に言われた。

僧にして戒を守らぬようでは僧宝とはいえない。僧とは世俗の悪濁から人を守る宝であるのに戒すら守れず、七過去佛の道に背き仏法僧の三宝の功をも失うのは、これまた王国を豊かにする善人とはいえない。四民の外にいながら国功を費やす奸賊である。世を偽り人心を紛らわし道を盗むのみか善良なる世人を引きずりこみ邪道に迷わすものである。今より以後はこのような擯院僧の出た時は郷《くに》の首はこれを捕らえ奴《げぼく》として責め使うようにし、放置してはならない。もし個人的に人情をかけ僧の道の心を忘れ、これを邑に放置しておくならば必ず有害となるのでその先例を立てよ、と仰せになったのである。

この日、大連秦河勝は退官の命を承り官位を退いた。

太子は奉城原に到って東山を望むところでそばの従者にいわれた。この山はすぐれたる宝なり。大悲《みほとけ》がいつもましますところなり。また、神仙があつまる場なり。この地に百五十年後に大きな伽藍が建てられるだろう、と。

淡海を越え、志賀、栗本（琵琶湖の南の地名）などの縣を調べてまわられ、大津に駕《のりもの》を駐めて言われた。吾の死後五十年にして一人の帝王が現れ、都をこの地に遷すだろう、と。

淡海国司が太子のお越しに合わせ奏上した。蒲生川に何か浮かんでおり、人のようで人ではなく、魚に似て魚ではないものです、と。

太子はそばの者に言われた。人魚はめでたき物ではない。人魚は不吉な印である。みな、これを知っておくがいい、と。

・畿内の有霊の勝地　都の内の寺の所在地のこと。蜂岡の太秦寺。この文中に「河勝公」と記されているのでこれを記したのは秦河勝ではないことは確かである。

・一人の帝王は、天智天皇に当たる。

数日の後、還って蜂岡に復《また》山崎にいた玒《いた》る。岡下の北を指して左右に謂うて曰く。この地に垢《けがれ》無し。應に伽藍を建つべし、と。即ぐ大河《よどがわ》を渡って交野《かたの》を経行《とうりゆき》て茨田の堤自り直ちに、堀江に投じ、江南原（摂津の地）の宿より東の原を指し、左右のものに謂うて曰く。一百歳の間、一帝王有《あらわ》れ都を此処に興さむ。一十餘年の後に孤菟の聚《むらがり》と成らむ。

【訳】

数日の後、また還って蜂岡に、また山崎に至った。岡下の北を指して左右に言われた。

此の地は汚れが無い。ふさわしい伽藍を建てるべきだ、と。即ぐ淀川を渡り交野を経て行き茨田の堤からまっすぐ堀江へ下り、江南が原の宿より東の原を指すと、側の者に言われた。百年の間、一帝王が現れ、ここに都を遷す。十年の後には荒れ果てた草地となるだろう。

・狐兎成聚とは遷都の後に旧地が荒蕪することをいう。

即て住吉に略《めぐら》れて河内に到り、茨田寺の東に駐まり左右の者に曰く。吾の死後を去って一人の比丘有り、知行とともに聡悟にして空教を流通し、衆生を救済し、衆のために貴ばれむ、と。

【訳】

それから住吉に寄り、河内の茨田寺の東に滞在され、側の者に言われた。私の死後、一人の僧が現れる。その僧は智恵と徳を修め聡明にしてよく悟り、空を説き執着から離れることを教え、人々を救い尊ばれるだろう、と。

・住吉は摂津の国の郡の名。茨田寺は四十六箇伽藍の随一である。

・一比丘は高麗の慧灌法師だといえる。太子薨後二十五年、孝徳天皇元年に慧灌を請じて、三論を講義させ、僧正となる。後に慧灌は河内に井上寺を建て三論宗を弘めた。日本八宗の最初である。三論は中論四巻、十二門論一巻、ともに龍樹菩薩の作、百論二巻、提婆菩薩の作、共に羅什三蔵の訳である。

北方の大縣山の西の下《ふもと》を望んで左右に謂うて曰く。

一百年の後に、一の愚僧有われ、彼《かのところ》に寺を建て高大なる像を造らむ。一万の袈裟を縫いて諸の比丘に施さむ、と。


【訳】

北方の大懸山の西のふもとを望み、側の者に言われた。

百年の後に一人の愚僧が現れる。彼の場所に寺を建て、とても大きな像を造り、一万の袈裟を作り僧らに施すだろう、と。
・一愚僧　篤実質朴にして智を驕らず、ひけらかすことのない謙虚な姿を表した。僧は菅原寺の行基といえる。
・造像高大とは東大寺十六丈の盧舎那仏の尊像を造ったことをいい、一万袈裟を施すとは、大佛殿の高僧供養の時にあったことである。

即、科長の墓工を召し命じて曰く。吾、まさに不遥《とおからず》して必ず彼此《あそこ》に到るべし。汝宜しく早く造るべし、と。

墓工、土師連公《はじのむらじのきみ》、啓して曰く。墓は已《ほとんど》造りおわりたるも、未だ隧道《つかのみち》を開けざるのみ、と。

太子、命せて曰く。隧道は開くこと勿れ。但し墓の内には二の牀《ねどこ》を設えよ、と。

夕時に斑鳩宮に旋《おかえりにな》り、是の夜は即に夢殿に入りませり。中臣鎌足、給侍せるは幼を以て殿内に入ることを得《ゆるされ》しなり。

三更《よなか》に至って二人の来客あり。一口《ひとり》は四龍車に駕り、一口は青龍車に駕り、その容貌は蕩々然矣《ゆったりとして》、従容としてその乗物より下り、歩み到りて北面し頓拝して曰く。

天帝、臣に命じ、殿下の称に募《めさ》れ使以《つかわさ》れ来至《まいりしな》り、と。

太子従容として倶に礼いの拝を受け玉ふに、客は踞り跪き坐せり。それに対して太子は、寡人　此の國に於いて汝等の道を弘めむと欲ふも吾國の神《くにつかみ》は、動《やや》もすれば之を拒まんとす。故に汝等　吾國を鎮坐《まもりま》すに大道の興弘を守りせよ。

山城の平野の地は、其れ場《まつりのば》に任《たえ》む。吾が浪花（仁徳）天皇、及び菟道太子と、

汝　両公と同気相催し、四神、相倶に平野に鎮座し、宜しく宝祚及び其の大道を護り玉ふべし、と。

二の客は命《おおせ》を肯んじ北に向て去る。

鎌足帰りし後に問いまつるに、客は是　誰人にませしや、と。太子　告《おしえ》て曰く。

一は周公旦（儒宗にして周武王の庶兄の魯國の始祖）、一は孔仲尼（孔子）なり。

寡人、天帝に請ふて、二《ふたはしら》の太神として勧請したるに、須臾にして神使露われ、北より来たりしなり、と。

その二《ふたはしら》の大神　啓曰く。

大鴨大神は地《くに》の樞《かなめ》に与《あずか》らざるものや。

太子、命《みことば》に曰わく。

大神は慮ること勿れ。寡人即ち之を除かむも、暫く、虚《たかあまはら》に託すべし、と。

既にして太子　夢殿より出で、僧の恵聰を召されて、之に命じて曰く。

汝　山城の平野に至り地鎮を為し、神の障《さわり》を除くべし、と並びに御食子公に命せ、麻《ぬさ》を立て祠に結びて神を居《とどめたま》ふ。


【訳】

それから科長陵の墓工を呼ばれると言われた。わたしは遠くない日にここへ入るだろう、早く造りおえるよう頼む、と。墓工の土師連の公が敬って、墓はほぼ造り終えましたが、まだ隧道を開いていませんと申し上げた。太子は、隧道は開かなくてもよい。ただ墓のなかに二つの牀《ねどこ》を設けよ、と命じられた。

夕刻に斑鳩宮にお帰りになると、その夜は夢殿に入られた。中臣鎌足が給仕したのは、幼くして殿内に入ることを許されていたからである。

夜更けになると、二人の来訪者があった。一人は四龍の車に、もう一人は青龍の車に乗って来た。おだやかな容貌で、乗り物からゆっくりと落ち着いて降りてくると、北面して拝伏して言った。大王のお招きにより、天帝より命じられて参りました、と。

太子は応じて礼を受けられると、ひざまずき蹲った客に対して言われた。わたしはこの国にあなた方の道を弘めようと思うが、吾が地神《くにつかみ》はややもするとこれを拒もうとされる。あなた方はわが国を守るべく大道の興隆を守れ。山代の平野はその場に相応しい地だ。わが浪花の天皇と菟道の太子と両公は志が通じ合うだろう。四神が共に平野に鎮座し、宝祚と大道を護れよ、と。

二人の客は仰せに肯くと北へ向かって去って行った。鎌足は客が帰った後、客は誰であったかとお尋ねすると、太子は教えられた。一人は周公旦、一人は孔子である。わたしは天帝にお願いして二太神として勧請し、しばし待つと神の使いがあり北より来たのだ、と。

その二太神が申されるに、大鴨の大神は国の護りの要ではないか、と。太子は、大神はご心配には及びません、このことはしばしの間、天祖に御任せすべきですと答え、夢殿から出てこられた。そして僧の恵聡を呼び、山代の平野に行きて地鎮祭をし神の障りを除けよと命じられた。さらに中臣御食子には、幣を立て祠に結ばせ神をとどめたもうた。

・この節は太子の言葉としては相応しくなく、後世に仏者によって加筆されたものではないかと考える。

夏四月　瀬津國の國司、人魚一口を得て之を献れり。

天皇、太子に問《ごかもんし》たまえり。

太子奏して曰く。此の物は不祥なり。朝廷には納るべからず、と。

天皇、大いに驚きたまいて、乃ち大臣に命じ祭祈の供えを企てしめ玉ふに、太子奏して曰く。

此の妖しきは天皇に関わることに非ず。又、國民に非ず、止めて祈祭せしめ玉ふこと勿れ、と。之に仍って祭祈を止めり。

【訳】

夏四月、摂津の国司が人魚一頭を捕らえ、献じた。天皇はこれを如何にすべきと太子に問われた。太子は、これは縁起が悪いものなので朝廷に入れてはなりません、とお応えした。

天皇は大いに驚かれ、すぐに祭祀の供えをするよう大臣に命じた。そこで太子は奏して、この縁起悪きものは天皇に関わることではございません、また国民にも関わりございませんので祭祀をさせてはなりません、と申し上げた。これによって祭祀の供えを取りやめた。

秋八月十五日、太子齋《ものいみし》て夢殿に入りますに中臣鎌足が給仕し、大連秦河勝と並びに別命を有《うけたまわ》りて同《とも》に齋めに入れり。

此の日は暴風にして大雨なり。雷電地震等ありて群卿大いに奇とさる。

時に夢殿に於いて大神、数口神《ごろくはしらのかみ》集まり、天君、龍伯、列を為して跪踞し、爰に太子、神首に曰く。

寡人の三法を弘通《ひろめ》むとするの意趣は四節を以てなり。一には宝祚を永らえむ為に、二には萬國を安ぜむ為、三は大覚の路を闢かむが為に、四は群邪《あらゆるわるきこと》を撃たむが為なり、と。

寡人の生を終えし後に、若し邪臣あって起《た》ち宝祚を奪わむと欲《するもの》あって軍を発し兵を率い、或いは己の勢いに乗じ、憍《おごり》を以て宝祚を蔑ろにし、義を失い礼を擾《みだ》すものあらば、吾は神兵を発し、彼の逆徒を征《うた》む。時に臨んで汝等は天龍、神鬼の悉くは吾が兵と詢《はか》り連なって彼の一族を征つべし。

若し、宿善の力、乍《にわか》に撃つこと能わずば、其れ二代、三代、四代と替わり代わって必ずや子孫を征《うっ》て胤を断って遂に亡ぼし奪わしめず以て日祚をして永く立たしむべし。

或いは三法に敵《あだ》し、諸《この》、仏道を辱め、神明の威《たけきさ》を推《おしのけ》、吾《わがくに》の聖《しんせい》を毋《なく》すことあらば、吾は神兵を降ろして其の邪隷を撃たむ。時に当りて汝等は速やかに吾が兵を助けよ。其の吾が兵は将《また》常に茲に在って在るなり。

秦大連河勝は、三法の棟梁として常に茲に在りて在るものなり。

中臣鎌足君と、這の二公は是れ生まれながら天皇に事えるものにして宝祚の危うきを済《すく》い、三法の弱きを強め、死しては天帝に事え、又、吾の命に順《したがい》ては恒に日祚を護り、三法を守らむ。

吾は焉、仏《ぶつどうのみ》に非ず。這の願あるを以ての故に又、斯神《これしんどうたるのみ》為に非ず、迷いを脱し覚に居る故に、汝、神天を等しく諦《あきらか》に聴いて之を識るべし。

時に二《ふたはしら》の大首前《すす》み座を起って傾拝して命御《みむね》を肯《うべな》いて曰く。
大王の命《みことば》に如《したがい》て、永久に敢へて背くまじ、と。群臣一同に申す。二《ふたはしら》の大首
に如はむ。永く敢えて命に背くまじ、と。
已而《すでにして》、衆神等は礼を作して退出せり、と。
鎌足二首《ふたはしらのかみ》は誰《なにがみたりしや》と、問いたまう。
太子、答えて曰く。
一は住吉神なり。二は鹿島神なり、と。ここに至って一天晴れわたるなり。
太子夢殿より出でまして又、この二人に対し、訓へたまうに、汝等、今日の事
は持して敢えて人前で語らざれ、と。

【訳】

秋八月十五日、太子は潔斎して夢殿に入られた。中臣鎌足が給仕し大連秦河勝も別命を承り、ともに齋《ものいみ》して入った。この日は暴風で大雨が降り、あわせて雷と地震があったので群卿は大いに怪しんだ。このとき、夢殿において大神と五六柱の神が集まり、天君、龍伯、御前に並び跪居していた。太子は神々の首に申された。
吾が三法を弘めようとする理由は四つある。一つには宝祚を永らえるため、二つには万国を平和にするため、三つは仏の道を闢くため、四つはあらゆる悪を撃ち破るた

めである。吾が生涯を終えた後、もし邪の臣が謀反を企て宝祚を奪おうと軍兵を発し、或いは己の勢いに乗じて宝祚をないがしろにし義を失い、礼を乱す時は、吾が神兵を発しその逆徒を征伐するだろう。その時には天龍、神鬼のことごとくは、吾が兵とともにその一族を討つべし。もし前世で積みし善根ありてすぐに撃つことができない場合は、二代、三代、四代に亘ろうとも必ずや子孫を撃ち、胤を断ち滅ぼし奪わせず、日祚《あまつひつぎ》を永く建て続けねばならない。

或いは三法に敵し、諸仏を辱め、神明の権威を押しのけ、吾が国の聖域を失わせることがあれば、吾は神兵を降ろしてその邪の隷（従者）を撃つだろう。そのとき汝等は速やかに吾が兵を助けられよ。その吾が兵はまさに常にここに在るべくして在る。

秦大連河勝は、三法のかしらとして常にここに在るべくして在る。中臣鎌足君とこの二公は生まれながらに天皇に事え、宝祚の危うきを濟《すく》い、三法の弱きを強くし、死しては天帝に事え、また吾が命にしたがい恒に日祚を護り、三法を護るであろう。

吾はこれ、仏道のみ恃むのではない。この願いゆえにまた神道のみでなく、吾が迷いを解脱し覚りにあるゆえのことだ。汝、この天の理をよく聴いて識るべし、と。

そのとき二柱の大神が前に進み出て座を立ち拝して太子の御旨にうなずいて言われた。

大王《でんか》のみことばのままに如《したが》いて永久に敢えて背くまじ、と、神々一同に告げた。

二大神にしたがい永く決して命に背くものか、と。そして、神々は礼を表して退出していった。

鎌足は二柱の神とは何神であられたか、とお尋ねした。太子は応えて言われた。一は住吉神である。二は鹿島神である、と。この時に至り、空は晴れわたった。

太子は夢殿を出られると、二人に対して訓えられた。今日の事は胸に秘め、決して人前で語らないように、と。

・住吉神　別称墨江神、本体は底筒男命、中筒男命、表筒男命に坐し、伊弉諾尊の合気に禊ぎ祓うときに水中に滌う節に坐されし神名。底とは深く知り深く悟る意味、筒は真空《ゼロ》を比喩し穢れ無しの意味、男とは三台の元将、中はほどほどの中道の意味、筒はまた沖莫清浄、雄は三台の中将の意味、表は勇の上、威の上、筒は太虚滞らず、雄は三台の先将の意味。

・鹿島神　武神雷神、振威主神武とは天下敵無し、この神は奇勇妙猛のはたらきの主体、雷とはその権威で天地を震わすの意味。振《ふ》とは勢いの自在、威とは為政、猛識主とは威を振う主体、主宰の意味とされる。

・この文は学徒に疑われることを恐れてのことか他の旧事本紀には書かれていない。神のはたらきについて神学の奥義を以て考慮し、解読されたい。

是月、太子齋《ものいみ》して夢殿に入りませるに、東の金人来たり侍って、神代の占法《ふとまに》を釈きたり。夢殿自り出て、章句三百九十を作したまえり。

是の年、太子易経を謂うて曰く。

此の書は二《ふたり》の眞《かんつひじり》の作にして、天の理躰なり。伏羲は八卦を造り、神農は其の卦を疊《かさ》ね、六十四卦を造り、又、二の至《なかつひじり》出で、天の理用を作したるなり。黄帝は筮を作し、禹王は洛《らくしょ》に依って納甲を造る。又、二《ふたり》の聖《しもつひじり》出で、天理の断《ことわり》のことを釈き、文王は卦を説き、周公は爻《こう》を説き、吉凶禍福を豫め知りて迷わず、事を決するに疑い無からむ。理を尽くして危うきを無くす。然りと雖も、是の如くに未だ年卦を説かず。只、時用に以て変易に在る也。

寡人、熟々天理を見るに七百七万、天の年に卦を具うること一年に二卦、一月に一爻たり。

【訳】

この月、太子はまた齋し夢殿に入られると、東方より金人が来て侍りて、神代の太占を説いていった。太子は夢殿より出られると、章句三百九十を作られた。

この年、太子は易経について語られた。

この書は二人の眞人《かんつびと》が著したもので、天理の体である。二人の眞人とは伏羲、神農の二人である。伏羲は八卦を作り、神農が卦をたたみ六十四卦を作った。また二人の至人《なかつひじり》が現れ天理のはたらきの占い方を作った。

黄帝は筮を作り、禹王は洛《らくしょ》を与えられ納甲を作った。また二人の聖人《しもつひじり》が現れて天理のことわりを釈いた。文王は卦を説き、周公は爻《こう》を説き、吉凶禍福をあらかじめ占って知り迷わず、疑いなく事を決するようにした。事には理を尽くし危うきを無くするのである。しかし未だ年卦を説かれていない。ただ時のはたらきを読みて変化に応じるのみだ。

吾はよくよく天理の七百七万を観て考え、一年に二卦を具え、ひと月に一爻あることがわかった。

・冒頭の経緯は大成経第四十七、四十八巻太占本紀に記述がある。

・伏羲　別称大皞、大昊とも書き庖犠とも宛てる。燧人に代わって風姓が帝となった、首は人で身体は蛇身といい、始めて八卦を作り、書契を作り、嫁娶の礼を制り、琴苾爻を造り都を陣に定め、位に在ること百五十年、子孫世をつぐこと千有二百余年、それに代わったのが、神農である。

・神農　人身牛首にして姓は姜、姜水に居る故に称す。火徳（知）を以て王となったので、炎帝ともいう。木を利用して農具を生み出し、百草を嘗めて薬草を発見し、五弦の琴を作り、民に市を教え、都を陣から曲阜に移し、在位百二十年、子々相次いで五百有余年、八卦の六十四卦を作ったものである。

・黄帝　神農氏の次の皇帝、軒轅氏のこと、神農氏を河北の阪泉に破って山を拓き道を造り、暦法、音楽の基を開発し占筮を作ったという五帝の一人。

・禹王　文命と別称。姓は似、堯帝、舜帝の後に譲られて帝位に即き、その前にその志に報いられ、洛書を与えられた。それは神亀背上に啓示されたもので、それから伝わったというのが書経にも伝えられている。洪範九疇（書経の洪範編に述べられた政治道徳の九原則、五行、五事、八政、五紀、皇極、三徳、稽疑、庶徴、五福）である。

・納甲　甲《きのえ》一、乙《きのと》二、丙《ひのえ》三、丁《ひのと》四、戊《つちのえ》五、己《つちのと》六、庚《かのえ》七、辛《かのと》八、壬《みづのえ》九、癸《みづのと》十の兄弟《えと》をいう。甲、丙、戊、庚、壬は陽、乙、丁、己、辛、癸は陰に配し、天一、地二、天三、地四、天五、地六、天七、地八、天九、地十と案配して吉凶を知ることをいう。

・周公　文王の庶子、武王の庶兄にあたる。魯國に封じられ成王を輔佐して礼楽を整備した。特に六十四卦を究め、後世の孔子に多大な影響を与えた。

・孔子　丘中尼の敬称である。魯の襄公二十一（紀元前五五二）年十月二十一日の生まれという。時勢に恵まれず著述に専念し、周公旦が作った礼制の伝統を受け継ぎ五経（詩・書・礼・易・春秋）を整備し儒教を発展させた。弟子三千人、孔子紀元前四七九年に七十三歳で没した。

・卦　文王が説き孔子はそれらの原書に注釈をした編者の役目を果たした。

・爻　易の卦を組み立てる横画。

年は立春に始まり、即きは節目に始まり、積年は卦の乾《けん》、坤《こん》の雙《ふたつ》に始まり、既済《きさい》、未済《びさい》の雙に終わる。

【解】

年は、時を測る単位であり、地球が太陽の周囲を一周する時間は約三百六十五日余（太陽暦）、月が地球の周囲を十二周する時間（太陰暦）、或いは季と宛て五穀皆熟して一応了《おわる》という意味である。

夏國《かのくに》では歳、商國《しょうのくに》は祀、周國《しゅうのくに》では年、唐虞《とうぐ》古代國は載《さい》とした、その締めくくりを表す語である。

立春は、太陽が子午線（南北）を移動することによる季節の変化を二十四等分して二十四節気を知る上に名づけられ、それぞれ月に節日があり、冬の終わりの春気立つに宛てた名である。

節日は、気候の節目に二十四気節があるが、それを十二に分類して、一月は小寒（大寒）、二月は立春（雨水）、三月は啓蟄（春分）、四月は清明（穀雨）、五月は立夏（小暑）、六月は芒種（夏至）、七月は小暑（大暑）、八月は立秋（處書）、九月は白露（秋分）、十月は寒露（霜降）、十一月は立冬（小雪）、十二月は大雪（冬至）といい、その月の初まりは右の十二節日である。

積年は、崇神天皇によって天度が考えられ、始めて連年をおかれ、これが積年というようになった。要は開闢元年甲子《きのえね》を以て年を始めるのは不便とされ、推古天皇の十二年がこの甲子歳に当るので、それを以て終年とし、数えると七百六十万九千九百十六となるので、これを以て積年とされるということ。なお漢の鄧平という人が積年を立てたというが、わが国の方が先にあり、それを失っていた時、僧観勒に学ばせ云々と暦道本紀（第四十九巻）に記述されている。

卦《け》は、易を占うのに六つの算木を並べた形象を指す。その卦の変化によって吉凶が判る。筮しこれを画する。三変して画を成し、六画して卦と成る。八卦は易の基本、八方の卦で、乾（天）、坎（水）、艮（山）、震（雷）、巽（風）、離（火）、坤（地）、兌（沢）と名づけ万象を表す。

乾坤の二とは、天と地、陰陽、父母、一と八、これからこの世が始まり終わるという意味。

大伝に乾は天なり、故に父と称し、坤は地なり、故に母と称すとあり、その現象は既に済んだ、いやまだ終わらない、未だ済まぬとなって現れるということ。

既済《きさい》は、水火既済の意味で、易書に「小に亨る貞《とう》に利し、初め吉、終りは乱れる」とある。水火相交わりてその用を成したが、百事已に終わり万事は済んだということである。六爻その位を得て違わず、又、乾坤相交わりて安泰であり、坎（七）と離(三)と交わりて既済となり、乾坤の大用、水火の効用を見るので既済という。

未済《びさい》とは、火水未済の意で、易書に「小狐が汽濟《ほとんどわたりて》、其の尾を濡らし利《よろしき》ところ无《な》し」とあり、つまり何の得もないという意味。

この世の現象はその志を遂げるか、それを果たせぬかに人の生涯があるので、この二つを説かれたものである。

【解】

乾坤は年に在り。下は冬、正は三。上は五、七、九にして、是れ乾爻の月であり、その六、四二、その極十、八、是れ坤爻月なり。

乾坤は天地百の卦となり、易書に「百は人に匪《あら》ざるなり。君子の貞に利《よろし》からず。大往きて小来る」の卦とある。天地でいえば陰陽交わらず、故に可能も不能となる。一身でいえば陽の亢《こうまん》、陰の滞《とどこお》りによって天気を生かせない。故に人に非ず、人心でいえば人の欲が主となって内を主り外を飾り、人たるゆえんを失うという理を汲んで釈《と》かれる卦である。

屯蒙《ちゅんもう》年に在り、正、三、五の下なり。七、九、冬の上、是れ屯爻の月なり。四、二、極に在り。十、八、六に在り、是れ蒙爻の月なり。

【解】

屯蒙とは、易の卦の水雷屯と山水蒙の略である。水雷屯は、乾坤（天地）の二卦が混沌として未分の時であることをいい、屯は悩み苦しみに宛てる字で草の根の勾《まがる》に形象された字といわれ、地上に出難い意味を持つことから易書に「元に亨、貞に利し、往くところあるに用いる勿れ、候《きみ》を建つるに利《よろ》し」と誨える。蒙は「山水蒙」にして、易書に「亨るも我、童蒙に求むるに匪ず、童蒙我に求むるなり。初の筮に告《おしえら》れ、再三に涜《けがる》る。涜る則は告えず、貞に利し」と誨える。「蒙は山の下に険有って上るべからず、下りるべからず、（中略）蒙は人の幼い愚かさ、蒙昧にして明らかならざるをいうと説かれている。

次第は需《じゅ》、訟《しょう》、三、五、七並びに又、九、冬、正、又、二、極、十、又、八、六、四。

【解】

需は水天需にして、訟は天水訟なり。易書に「需に孚《まこと》有り、光《おおい》に亨る。貞に吉、大川を渉るに利《よろ》し」とあり、需は飲食を意味し、前記の蒙を養うに飲食を以てし、その時を待ち、掴むの理を意味する。

訟は天水訟《てんすいしょう》のことで、「訟は孚《まこと》有って塞《ふさが》り懼れるも中は吉、終は凶、大人に見《まみえ》るに利くも、大川を渉るには利《よろし》からず。」と吉凶を誨え、争いもめることを誡めたものである。

次は師比なり。師は五、七、九並びに冬、正、三、比は極、十、八並びに六、四、二の是れ爻月なり。

【解】

師は地水師の卦のことで、易書に「師は貞しくして、丈夫《ますらお》なり。吉にして咎無し。」とある。白賊これを説くに「師は兵衆なり。旅《りょ》という。師と云い、軍と云い、その多少と同じからずと雖も世に常に云う処は軍なり。軍法は必ず法度を以てす。故に転用して師範といい、師匠の意味。

比は水地比の卦の略、易経に「比は吉、筮を原《ふたた》びして元《おお》いに亨る、永く貞《とう》には咎无《な》し。寧《やすから》ざるも方《まさ》に来たらむ。夫に後れたるは凶」とある。それを「坎水坤土に合て不離に親しむの象、云々と説く。

第五は小畜、亦是れ履なり。七の冬也。正、三、五也。十、八、六也、四、二、十二也。

【解】

小畜は、風天小畜の卦にして易書に「小畜は亨る密雲にして雨ふらず、我は西郊よりす」とある。それを説くに「小は陰を謂い、大は陽を謂う。畜は止《とどま》る云々とある。履は天澤履のことである。易経に「虎の尾を履むも咥われざる人は亨る」とあり、三《けん》を虎と訓み、一を尾と訓み、漸々その後を踏みて進むの卦名であるという。

第六は泰否にして、當に光の年に当るべし。是れ、九、冬、正なり。是れ三、五、七なり。是れ八、六、四なり。是れ二、極、十なり。

【解】

泰否は、地天泰、天地否で、易経に「泰は小往かしめて大来らす。吉にして亨る」小さなものが去って大きなものが来る、吉で順調と誨える。この卦は感通の意味にとられ、天地相交わりて陰陽の二つの気が交わるの象から安泰と訓んだものである。

(天地否は乾坤の項に同じ)

第七は同人大有にして相当し、又、冬、正、三。又五、七、九。又六、四、二、又極、十、八なり。

【解】

同人は天火同人、大有は火天大有の二つの卦の略である。天火同人の卦は易経には「同人は野において亨り、大川を渉るに利しく、君子の貞に利し」とある。これを離は火、乾は天とみて、日の天に麗しく明々照々の様を世の中の人々が仰ぎ望み、誰も違わない答えをだすので天火同人の卦とする。易経に「火天大有」は、大に有りて元に亨る」とあり、火の天上に在って照らないことがなく、人にとって明君建徳の卦とされる。

第八は年氣にして謙、豫の卦氣なり。其の正、三、五、其の七、九、冬、其の四、二、極、其の十、八、六なり。

【解】

謙は地山謙の卦名。豫は雷地豫の卦名。易経に「謙は亨る。君子に終わり有り」とあり、山の高きに在りて地の下に居るは自らを低くして盈《みつること》を為さず、至高を以て自ら至卑に屈むを謙という。謙は人の美徳、人も天もこれを助けるので百事も終わり有って亨ると誨える。豫は易経に「雷地豫は侯《きみ》を建て、師《いくさ》に行くに利し」というのは、上の雷は動くもので、下はそれに左右されるということで、雷を侯とし地を民とし、共に応じ悦ぶ故に豫という和楽となるの卦である。

第九は随、蠱の是なり。三、五、七是なり。九、冬、正是なり。二、極、十是なり。八、六、四是なり。

【解】

随は澤雷随、蠱は山風蠱《さんぷうこ》の略である。易経に「随は元《おおい》に亨り、貞《ただしき》に利《よろし》くして咎无《とがなし》」と誨え、外に悦び内に震うの卦で、我が動いてあいてが悦ぶの形である。陽は誘い、陰は和すことの意味が随うに、貞しくして利することがあると訓えたものである。

山風蠱は、易経には「蠱は元に亨る。大川を渉るに利し、甲に先んずること三日、甲に後れること三日」と訓え、卦名は上は山、下は風で山から風が吹きつけられると破損に見舞われる。蠱は血虫、腹の虫を指し聖人は晦淫の生めるものという。色に惑うというが、この卦は上卦の小男、下が長めの卦とみるとそれにあたる卦である。

又、その本に甲に先んじること三日は辛日から更新の義で、甲に後れること三日は丁で、これを丁寧の意味に採られる説もある。

第十は臨、観がその年の卦なり。五、七、九が下（卦）。冬、正、三が上。極、十、八が下（卦）、六、四、二が上なり。

【解】
臨は地沢臨、観は地風観の略である。易経に「地沢臨は元に亨る。貞きに利し、八月に至りて凶有り」と訓える。二陽浸《ようやく》長じて陰に逼《せま》り陽の方に進行するの意味《まさ》での臨であるという。風地観は、易経に「盥《てあらい》して、薦せず。孚有って顒若たり」とある。尊に居て天下を観るの象からの名とされる。

第十一は噬《ぜい》、賁《ひ》の卦なり。下は七、九、冬、上は正、三、五、下卦は十、八、六、上卦は四、二、極なり。

【解】

噬は火雷噬嗑《からいぜいこう》の卦にして、易経に噬嗑は亨る。獄に用いるに利し」と誨え、噬は噛む、嗑は合う、頤《おとがい》の中に物を含みかみ合わせて後に通るという意味をいう。

賁は山火賁の卦で、易経に「賁は亨る。少しく往く攸《ところ》有るに利あり」と誨え、賁は飾る心、離は火で文明。曰く「文飾を尚《たっと》ぶと雖も質を以て本と為す。卦の本の意なり。ゆえに文王深く末流の弊を慮り云々」とある。


第十二は剥復の卦なり。九、冬、正は下、三、五、十は上、八、六、四はした、二、極、十は上なり。


【解】

剥《はく》は山地剥の略。易経に「剥は往く攸有るに不利《よろしからず》」と訓え、陽退き陰長ずるの相で、卦名の剥は頽《くずれ》落とすの不吉の意である。

復は一陽来復、冬至の卦。易経に「亨る。出入、疾《やまい》无《な》く、朋来るも咎无し」と訓える。復帰、剥卦で陽が消えてなくなるのではない。下に一陽が現れるの意である。また「遠からずして復《かえ》る。悔に祇《いた》ること无し」は過ちを知り改めるの意で吉となる。

第十三は、年は無妄にして大畜、是年の卦なり。冬、正、三なり。五、七、九なり。六、四、二なり。極、十、八なり。

【解】

無妄は「天雷无妄《むぼう》」の略。大畜は山天大畜の略称。易経に「无妄は元に亨る。貞《ただし》きに利し、その正しきに匪《あら》ざれば眚《わざわ》い有り。往く攸有るに利あらず」とあり、妄は乱の義。無妄は誠を意味し、よって先儒は實理の自然を天道といい、實心の自然を聖人とみている。雷は震は動くを意味し、天は乾で動くに無妄となるゆえに正しからざる者は眚《わざわ》いを蒙ると誡められたものである。山天大畜は、易経に「大畜は貞に利し、家に食《はま》ず、大川を渉るに利し」と訓える。乾は天に仕上がり進むの義、艮の上は陽、陽を以て陽をたくわえることの義から大畜という。

第十四は頤《い》、大過なり。正、三、五自り、七、九、冬自り、四、二、極なり。十、八、六を下とす。

【解】
頤は山雷頤の略。易経に「貞しきには吉、頤《やしない》を見て自ら口実を求む」と誨え、上は山で止まるの意。下は震で動くの意、頤は口で食物を通し命を養うを意味し、ゆえに正しくなければ災いを蒙ると訓えたものである。

大過は澤風大過の略。易経に「棟木、撓めり。往く攸有るに利く、亨る。」と誨える、大、陽をいい、上下陰あること二、陽は四つあり、陽の大が多いので大過と名づけられたもの。二陰が弱いので撓む、すなわち任すに不堪《たえず》と誡める卦である。

第十五は習、坎《かん》、離《り》なり。三、五、七以い、九、冬、正を以い、二、極、十を以い、四、六、八を以いるに習ふ。

【解】
坎は坎為水の卦にして、易経に「習坎は孚有りて維《つな》ぐ心なり。亨る。行きて尚ばるゝこと有らむ」と誨えられる。訓えに曰く「坎は流水なり。兌は止水なり。習を冠するに二義あり。一は重習《かさね》の義、一は便習《ならい》の義」とある。

離は離為火の略。易経に「貞に利し、亨る。牡牛を畜《やしなう》に吉」と誨える。曰く「火は物に付きて形を成し、本の形の常態は見られざるなり。その性は付くものも自らも尽きて亡くなるもの。ゆえに離別の意味」とある。

第十六は咸《かん》、恒《こう》の卦なり。その五、七、九は下卦、其の冬、正、三は上卦、其の極、十、八は下卦、其の六、四、二は上卦なり。

【解】
咸は澤山咸、易経に「咸は亨る。貞に利し、嫁を取るに吉」とある。恒は雷風恒、易経に「恒は亨る。咎无し、貞しきに利し、往く攸有るに利し」とある。また、恒常とは変化を含んでの恒であるので、貞を守るを常としていることが肝要で、それが吉となる。

第十七は遯《とん》、大壮《だいそう》なり。七、九、冬を下卦と為し、正、三、五を上卦と為す。十、八、六を下卦と為し、四、二、極を上と為す。

【解】

遯は天山遯の略。易経に「遯は亨る。少しく貞に利し」とある。遯《のがる》るべき時には退去して災いを防ぐことを誨えた卦とされる。

大壮は雷天大壮の略。易経に「大壮は貞に利し」と誨え、四つの陽を以て二陰を逐《おいはら》うの象から大壮、勢い盛んなさまをいう。ただし壮《きずつ》くの訓みかたでは怪我をすることを示し逆の意味となる。

第十八は晋明夷《しんめいい》なり。九、冬、正は下卦なり。三、五、七は上卦なり。八、六、四は下卦なり。二、極、十は上卦なり。

【解】

晋は火地晋の略。易経に「晋は康侯《こうこう》、用いて馬を賜い、蕃庶せしめんと昼日に三《みたび》接《まじわ》らしむ。」と誨える。

明夷は地火明夷の略。易経に「明夷は艱《なやみ》て貞しきに利し」と誨える。夷は敗れる、傷つくの意。時を待って外よりの害を避けるべきの卦とされる。

第十九は家人睽《かじんけい》なり。冬、正、三を用いるは下、五、七、九は上なり。六、四、二を用いるは下、極、十、八を用いるは上なり。

【解】

家人は風火家人の略。易経に「家人は女の貞に利し」と誨え、曰く「天下を正しくすることは易く、家を正しくすることは難し、婦女を正しくすること尤も難く、男を正しくするは身を以てし身を正しくするは行いを以てし云々」と教える。

睽は火澤睽の略。易経に「睽は小事に吉」と誨える。その睽は互いに睨み合う、乖《そむ》くの意味。

第二十は蹇解《けんかい》是なり。正、三、五是れ下卦なり。七、九、冬は是上卦なり。四、二、極は是れ下卦なり。十、八、六は是れ上卦なり。

【解】

蹇は水山蹇《すいざんけん》の略。易経に「蹇は西南に利し、東北に不利。大人に見《まみ》ゆるに利し。貞しくして吉」と誨える。坎の水を険と為し、艮の山を止まるとみて、聖人教えるに難に向う心構えの吉凶についての卦である。

解は雷水解の略。易経に「解は西南に利し、往く攸无くばそれ来たらむ。復《かえ》りて吉。往く攸有らば夙《はや》きが吉」と誨え、蹇難既に極まりてその難も解けるの卦とされる。

第二十一は損益相當す。三、五、七は下爻なり。九、冬、正は上爻なり。八、六、四は下爻なり。二、極、十は上爻なり。

【解】

損は山澤損の略。易経に「損は孚有り。元《おおい》に吉なり。咎无し、貞《と》うに可《よろ》し、往く攸有るに利あり、曷《なに》をか之を用いむ。二簋《にき》を用いて享《まつ》るべし」と誨える。益は風雷益の略。前の損に反し、増長の名が益とされる。易経に「益は往く攸有るに利《よろ》し、大川を渉るに利し」とある。

第二十二は夬《かい》、姤《こう》の卦に當る。五、七、九從り、冬、正、三に至る。極、十、八從り、六、四、二に至る。

【解】

夬は澤天夬の略。易経に「夬は王庭に揚げて、孚に號《よばわ》る。厲《うきごと》有らば告ぐるに邑《むら》自《よ》りす。戎《つわもの》に即くに不利《よろしからず》。往く攸有るに利し」と誨える。

姤は天風姤の略。易経に「姤は女、壮《きずつ》く。用いて女を取る勿れ」と誨える。姤は遇うの意味。一陰が五陽に遇う。一女が五男を相手にする卦。また一説には陰が陽を傷つけ柔が剛を浸食するから女壮といい、この場合は傷と強の義を含む。

第二十三は萃《すい》、升《しょう》の年に當る。七、九、冬は地なり。正、三、五は天なり。十、八、六も地にして、二、極も天なり。

【解】

萃は澤地萃の略。易経に「萃は亨る。王は有廟に假《いた》る。大人に見《まみ》ゆるに利し、亨るは貞しきに利し、大牲を用いるに吉。往く攸有るに利し」と誨える。

升は地風升の略。易経に「升は元《おおい》に亨る。用いるに大人に見ゆ。恤《うれう》る勿れ、南征して吉なり」と誨える。

第二十四は困《こん》、井《せい》の年卦なり。九、冬、正、は地を持ち、三、五、十とは天を持ち、六、四は地を持ち、二、極、十は天を持つなり。

【解】
困は澤水困の略。易経に「困は亨る。大人に貞えば吉、咎无し。言葉あれど信ならず」と誨える。
井は水風井の略。易経に「井は邑を改めて井を改めず。喪《うしなう》こと無く得ることも無し。往くも来るも井を井とす。汔至りて未だ井に瓶《つるべ》あらず。其の瓶《つるべ》を羸《やぶ》るは凶なり」と誨える。

第二十五は革《かく》、鼎《てい》の當来なり。冬、井、三に之《ゆ》き、五、七、九に之き、六、四、三に之き、極、十、八に之く。

【解】

革は澤火革の略。すなわち「澤の中に火が有るは革なり。易経に「革は巳日《まつる》にすなわち孚あり。元《おお》いに亨り、貞に利し。悔い亡ぶ」とある。

鼎は火風鼎の略。易経に「鼎は元いに吉にして亨る」と誨える。

第二十六は震艮《しんごん》が相重《あいかさな》り、井、三、五と降り、七、九、冬と昇り四、二、極と降り、十、八、六を昇らすなり。

【解】

震は震為雷の略。易経に「震は亨る。震来《うごき》って虩虩《ゲキゲキ》たり。後に笑言唖唖《あくあく》たり。震いて百里を驚かせども匕鬯《ひちょう》を喪《うしなわ》ず」と誨える。匕鬯は匙と鬱鬯《うっちょう》（祭りの酒）のこと。

艮は艮為山の略。易経に「其の背に艮《とどま》って其の身を獲ず、其の庭に行きて其の人を見ざるも咎无し」と誨える。災難を逃れるの意味。

第二十七は漸《ぜん》、歸妹《きまい》なり。三、五、七、泥《とどこお》り、九、冬、正は雲、二、極、丁は泥、八、六、四は雲なり。

【解】漸は風山漸の略。易経に「漸は女《むすめとつがせる》歸に吉。貞しきに利し」と誨える。漸は稍進《やや》む、木は山上に在っても年々漸漸に長ずる義、身を守るに其の出処未だ定まらざれば進まず。

歸妹は雷澤歸妹の略。易経に「歸妹は征けば凶、利《よろし》き攸无し」とある。

第二十八は豊《ほう》、旅《りょ》の年なり。五、七、九は泉なり。冬、正、三、漢なり。極、十、八は泉、六、四、二は漢なり。

【解】豊は雷火豊の卦の略。易経に「豊は亨る。王 之に假《いた》る。憂うること勿れ。日中に宜し」とある。

旅は火山旅の略。易経に「旅は小しく亨る。旅の貞《と》いには吉」とある。

第二十九は巽兌《そんだ》複に在り。七、九、冬は黄なり。正、三、五は蒼なり。十、八、六は黄なり。四、二、極は蒼なり。

【解】
巽《そん》は巽為風の卦の略。易経に「巽の少しく亨る。往く攸《ところ》有るに利し、大人に見ゆるに利し」
兌《だ》は兌為澤の卦の略。易経に「兌は亨る。貞うに利し」とある。この卦は単純ではなく複数の占断がある。兌は悦ぶの意。

第三十の卦は是、渙《かん》、節《せつ》なり。九、冬、正は謙なり。三、五、七は進なり。八、六、四は謙なり。二、極、十は進なり。

【解】
渙は風水渙の略。易経に「渙は亨る。王は有廟に假《いた》る。大川を渉るに利し。貞うに利し」とある。
節は水澤節の略。易経に「節は亨る。節を苦とす。貞うに不可」とある。

第三十一は中孚《ちゅうふ》、小過《しょうか》なり。冬、正、三は従なり。五、七、九は主なり。六、四、二とは従なり。極、十、八は主なり。

【解】
中孚は風澤中孚の略。易経に「中孚は豚魚なり、吉。大川を渉るに利し、貞うに利し」とある。
小過は雷山小過の略。易経に「小過は亨る。貞うに利くも小事に可しく、大事に不可《よろしからず》。飛鳥《ひちょう》之が音を遺す。上るに宜しからず、下るに宜し。大いに吉」と誨える。

第三十二は既濟《きさい》、未濟《びさい》なり。正、三、五は陰なり。七、九、冬は陽なり。四、三、極は陰なり。十、八、六は陽なり。

【解】

既濟は水火既濟の略。易経に「既濟は小《すこ》しく貞うに利あり。初めは吉、終わりには乱る」と誨える。

未濟は火水未濟の略。易経に「未濟は亨る。小狐ほとんど濟《わた》らんとして、其の尾を濡らす。利しき攸无し」とある。未だ濟《な》らずの意。

・以上の三十二項は、二卦ずつ合わせて六十四卦である。この六十四卦は文王の開発、その爻辞はその児の周公旦の発明、それを彖《たん》という一卦の意味を述べて判断した総論、象、繫辞、説卦その他必要な実践法を孔子が作ったものとされる。それらを以て年を占うことに応用された。太子が開拓されたものである。

・上下、陰陽、従至、地天、泥雲、泉漢、降昇と上卦下卦の別称に惑わされるが、この場合、既済に二卦は卦と爻二卦であり、未済も上卦、下卦と二区分して卦と爻を訓ませている。

吉卦、吉爻は徳を慮《おも》い、徳行にあり。凶卦、凶爻は謙《へりくだ》りを慮い、謙《たかぶらざ》るの行いにあり強卦（大吉）、強い爻には義《ただしき》慮い、義を行うにあり。

柔卦、柔爻には仁を慮い、仁を行うなり。

その吉凶には相交わり、強柔が相《とも》に交わるものなり。徳、謙、仁、義は相交わりて行われる。故に吉にして憍《たかぶ》らず、凶にして憂えず、強にして伐《ほこら》ず、柔にして泥《なじま》ず、そこに居《とどま》ること是れ道なり。吉ならざると雖も難なかるべし。是れ天道なり。

天皇の元年は也、大歳は癸《みずのと》丑《うし》に在り、當に豊旅《ほうりょ》の雙《ふたつ》なり。

【解】

吉卦や吉爻の時は徳を重んじて行うことであり、凶卦、凶爻の時は油断せず謙虚に行うことで大吉となる。その強い爻の時は義を固くし善行することだ。柔卦、柔爻の時はおもいやり深くし行うことだ。吉凶は交わり、強弱もともに交わるものである。徳、謙、仁、義はともに交わって行われるゆえに吉だからといって驕らず、凶だからといって憂えることなく、大吉でも強気になって憍らず、柔に馴れず、常に徳に留まることが人の道である。そうすれば吉にあらずといえども難とはならない。これが天道である。

天皇元年、吉方は癸《みずのと》丑《うし》にある。この年の卦は水地比で、易経に「比は吉、原筮し元に永く貞なれば咎無し。寧《やす》からざるも方より来る。夫に後《おく》れては凶」とある。上卦の下卦に比するとすれば、一人萬邦を撫で、下の上の比を以て言えば四海に一人を仰ぐの歳である。

豊は、雷火豊の略。易経に「豊は亨る。王は之に假《いた》る。憂う勿れ日中に宜し」とあり、盛大にして百事通るのが豊である。
旅は、火山旅の卦の略。旅は小しく亨る。貞して吉と誨え、旅は駅路の館、卦象の艮は山にして止まる。離は火にして動くの意味。以上、推古元年の歳はどのような運命の年であったのか、伺う手がかりとなるものである。

天皇の六年は也《これ》、大歳は戊《つちのえ》午《うま》に在り。年は乾《けん》、坤《こん》の雙《ふたつ》に当り、旋転不窮《きわまらず》、今より已後は當に、生卦を考え、天命に任《まか》すべし、と。

【解】
推古天皇六年、吉方は戊《つちのえ》、午《うま》にあり、地火明夷の卦である。易経に「明夷《めいい》は艱《なやん》で貞しきに利し」と誨える。年は乾坤のふたつにあたり、乾為天の卦と坤為地の卦を指す。吉凶どちらにも寄らず、これより以後は卜をし卦をみて天命を伺いて行うべきである、と。

学哿、啓して白く。

生卦の理は妙絶なり。之は易に非ざると謂はむと欲《おも》うも、その理は易道に密《かくさ》れるなり。西國の聖人にして未だその説を作さざるに、至哉、大王、遥か極東に在りて悉く西方の易道の微をつくし玉はんとは。

学哿、続いて白し言ぅ。文王、周公は神農の易を説き、其の微の已《ほとんど》を尽くし、又、孔仲尼は其の周易を説けり。今、復《また》大王は年に易を造《はじめたま》えり。上は伏羲より、下は周公旦に至て其の易を美くしたまふも、未だ孔子も宣べたまわず。その意は何ぞや、と。

太子、告えて曰く。

易の元は天命《あまつみことば》にして、吉凶の書なり。大道の中に在り。後人、道を忘れて吉凶の利にのみ用ふ。孔子は止むを得ずに説いて倫《ひとのみち》に用いるの書とし、俗を大道の理に帰《もど》せり。寡人《われ》の言わむとするは唯、本意に在りて孔子を非とするに非ざるなり。

礼は、儀《よそおい》を整える事を為す。大道は其の中に在り。

楽は、鼓の調べを事と為す。大道は其の中に在り。

伝《ときぶみ》（春秋）は褒貶を事と為すも、大道は其の中に在り。

詩は、風情を事と為すも、大道は其の中に在り。

書は、行状を事と為すも、大道は其の中に在り。

易は、筮卜を事と為し、大道は其の中に在り。

大経は門を異にし、其の道室を一《おなじく》す。

就中、易経は上天《たかあまはら》の眞《かんつひじり》、至《なかつひじり》の高大の眞の経《おしえぶみ》なり。奈んぞ異経と其の門を一《おなじく》せん乎。

今の人は好んで常を教えるも臂《ひじ》を振りて引いて常を教えて古の学問を失ふ。故に古易の説は周公に止り又、隠したる理を探り、新たに年卦を著して易道を盡さむのみ、と。

九月十五日、太子　夢殿に入り玉ふに一の童と一人の女《むすめ》有り。東より来たりて相《とも》に語る。太子と相に話、密かに古紀《いにしえのふみ》を撰び玉ふに神代皇代のことを交《こもご》も眞妄あり、如是して数日を経たり。唯り、鎌足のみ陪れり。此の時、六歳なりしも通ぜざるということ無し。

太子　美めて曰く。

汝は天下の灯なり。神代の深事、数條を能く識り、子孫に傳えて天皇の宝と為せ。永世の範と為せ、と。

【訳】

学習は謹んで申し上げた。

生卦の理は勝れて巧妙なものでございます。これは易ではないと言いたいですが、その理は易道に含んでいます。西国の聖人にして未だその説を作れていないのに、この上なきこと、大王《でんか》にあられましては極東にあられながら悉く西方の易道の奥義をつくしたまわるとは。

学習は続けて申し上げた。

文王と周公は神農の易を説き、その奥義のほとんどを尽くし、又、孔子はその周易を説きました。今、また大王《でんか》は年を見る易を造られました。

上は伏義より下は周公旦までその易を美《よ》くしたまうも、未だ孔子もおっしゃっていない、その極意はなんでしょうか。

太子は学習に答え教えられた。

易の元は天命《あまつみことば》であり、それは吉凶の書である。大道の中にあるものを、後世の人々は道を忘れ、目先の利益にとらわれ吉凶を占うのに用いている。孔子はやむを得ず、世俗に合わせわかりやすく説き、人の道に用いる書とし、人々を大道の根本に導こうとされたのだ。わたしが言いたいのは孔子を非難しているのではなく、元々のあり方を言っているのだ。

礼は儀《よそおい》を整える事を行う。大道はその中にある。楽は鼓の調べが大事である。大道はその中に在る。伝の著述は褒貶を行うが、大道はその中にある。詩は風情が大事だが、大道はその中にある。書経はいかに行うかが大事だが、大道はその中にある。易経は筮卜を行うが、大道はその中にある。大経《たいけい》は門は違えどもその元は同じである。

とりわけ、易経は上天《たかあまはら》の眞《かんつひじり》、至《なかつひじり》のたいそうすぐれた眞《まこと》の経《おしえぶみ》であり、他の経とは同じではない。

今の人は好んで常を教えるが、むきになって常を教え、古の学問を失っている。そのため古い時代の易は周公で止まり、また隠れたる理を探り、新たに年卦を著して易の道を尽すばかりである、と。

九月十五日、太子は夢殿に入られると、一人の童と一人の女人がいた。東より来て語った。太子とともに話し密かに古の紀《ふみ》を撰び、神代皇代のことを話し、それぞれ真実と偽りがあるのを選り分けられ、数日かけて行った。このとき唯、鎌足のみが太子に侍っていた。この時、六歳であったが話をよく理解できていたので、太子は賞めて言われた。

お前は天下の灯である。神代の奥深き事柄の数々をよく識り、子孫に伝え、天皇の宝と為し、永久に世の規範と為せと命じられた。

二十有八年（西暦六二〇年、太子四十九歳）春正月、太子奏聞して、先史を挙ぐるに公記、私記を集め、之を編《まとめ》て巻《しょもつ》とし、夢殿の神談に用いたまえり。

之を證とし、範に宛るに眞《まことなる》を取りて妄《あやしまれるもの》は捨て、遠《むかし》を正し、近きを審に、

太子 身ずから文案を書き、そして蘇我大臣、秦大連河勝、中臣御食子に与え、以て之に命じて曰く。唯、文に潤色するにとどめ、事《ことがら》を添加すること勿れ、と。

編所《まとめられしもの》は、皇紀（神皇本紀、天皇本紀、帝皇本紀とその神代のもの）國紀（神代から神武までの諸事の数）、氏紀（皇孫本紀の類い）等なり。

天皇 大いに悦び、詔し、事を始めしめたまえり。

二月初めの花時、大連をはじめ、群卿百官を斑鳩宮に召し、饗膳の宴を賜うこと、三日三夜を経るも猶、残《なごりおしきの》別思いに猶《ためらう》も、大臣 群卿に禄《たまもの》を荷《たま》い、蔵を傾《から》にせしめ玉へり。

【訳】

二十八年春正月、太子は吾が国の先史を残すために、公の記録と各家に伝わる記録を集め書物として編纂することを天皇に申し上げられた。それを元に夢殿に入られ、

幽明を超え真偽を明らかにして真実のみを選んで後の世の手本となるようにし、偽りを除いて捨て遠い昔の言い伝えを正し、近年のことは詳細にし、自ら文案を書かれた。そして蘇我大臣、秦河勝、中臣御食子に与えて言われた。これを文章として整えるのみ、内容を書き加えてはならない、と。

編纂されたものは、皇紀（先代本紀、神代本紀、神皇本紀、天皇本紀など）と國紀（神代から神武まで）、氏紀（皇孫本紀）などである。

天皇は大いにお喜びになり、事を進めるよう言われた。

二月初めの花が咲き始めた頃に、太子は大連をはじめ大勢の役人たちを斑鳩宮に招かれた。そして饗膳の宴を賜われ、三日三夜を経てもなお名残惜しき思いにて、大臣及び群卿に禄を賜り、蔵の中が空になるまで振る舞われた。

三月　上巳《はじめのみのひ》、太子　奏して曰く。

今日は先皇の　宴《とよのあかり》　を賜う日なり。異国の王公に飲を賜うの日なり。那ぞ、今になって之を無くさむ乎、と。

天皇は、勅令を発し、大臣、群臣を召し、曲水宴を賜う。

太子　命じて曰く。

歌詠みの業は吾國の風《ならわし》なり。風俗の野《いやしき》時は、人の情も野なり。實なる則は實になるも、虚しき則は虚なり。習わざるときは是の處《ことわり》も無くならむ。

先皇は、詠《うたよみ》の風《ならわし》を以て時気の盛衰を知りてまつりごとを活し、先賢は風に詞《ことばづかい》を以て詞の甲乙《よしあし》を定めしものなり。卿等も宜しく慎みて仕えるべし。

詩は異国の風習なり。学び長じるに従って當に更《また》興るものなるべし。試みに大徳等を召して之に依って、更に之を請い、諸番の大徳等及び、好文の博士をして歌に対し、所感の詩をそれぞれに作らしめ、楽人にして韻律を挙げせしめ、倭、漢土の人々が左と右に別れて謡い、きかしめ、禄を賜り、御下賜の禄にはそれぞれ差が有った。是の月のこと、太子は一日《あるひ》、斑鳩宮に在られ、山代大兄王とその弟の殖栗王《えぐりおう》等に白されるに、無欲を以て貴しとし、何を以て善と為すかは理に服《したが》うを以て事を為すことであると。

無欲のときは迷い無く、理に服うときは諍うことは無い。この二つを得て賢さとなる。願望は凡愚の持つ心であり、諍いて得るのは盗人の業である。そのような心情で得た尊さは、天子の貴さも浮雲の如くして天下の富も落ちた苍《はな》のようなものでしかない。不義を為し百歳の壽《ながいき》するより、寧ろ義に止まり生きて一夕の夭《はやじに》することを得よ。百歳でも竭《つき》る時は今日一日の終りである。その虚しさはどちらも同じである。

寡人《われ》は、賢を以て汝らに付《さず》けるが、未だ王（位）を以て付けようとしたことは無い。

貴からむと望み富を諍うは蓋し惰り楽しみを以て自らを楽しませるに在る。還って自らを苦しめるなり。それは唯、苦しめるのみならず自らを辱める。

仁を以て吾を為し、礼を以て生涯を養い、義を以て死を竟《おわ》る。三を以て生涯を立ち得る者は、たとえ一日と雖もこの命なり。不敏と雖も賢き人なり。

君子に私無し、取捨を天に任せよ。寡人《われ》が死する日、汝ら決して惑うこと勿れ。

秋九月　太子は斑鳩宮に於いて群卿の為に大宴を設けた。天皇も臨まれて、群臣はそれぞれ詠歌を献上した。是より諸臣は詠歌の業を貴ぶようになった。

冬十二月、天に赤い気が表れ、長さ一丈余り、鶏尾の如き形であった。天皇は大臣と共にこれを異《ただごとならず》とし、詔して祈祭を請ふに太子、奏して曰く。

この妖しきは除き難からむ。天皇の為に奉るに非ず、国家公卿にも非ざれば祈祭するに足らず。天皇　宣を以て之を請うも太子　強いて止めたまい遂《な》さず。


【訳】

三月初めの吉日、太子が奏上して言われた。

今日は先皇の御代から代々伝わる桃の節句の宴を賜う日です。どうして今の代になくしてしまっていいものでしょうか、と。

天皇は勅令を発して、大臣、群臣らを宮中に呼ばれ、庭園で曲水宴を催された。

太子は命じて言われた。歌を詠むことは吾が国のしきたりの習いである。世の風俗が乱れている時は人のこころも野卑になるものだ。誠実に生きているときは実《まこと》の歌となるが、心無きときは虚しい歌になるものだ。歌を習わずにいれば、この理《ことわり》もわからなくなってしまうものだ。

先皇は歌詠みの習慣によって世の中の移ろう盛衰を測られ、政《まつりごと》に活かされた。先の代の賢人は歌をその言葉使いを見て歌の優れたるか否かを定めたものだ。あなた方も、よく慎み、気遣っておやりください。

詩は異国の風習である。学び続けるにしたがい、更によくなっていくものだと言われ、試しに大徳等を召され、詩を作らせしめた。諸番の大徳等や文章の巧みな博士が、歌に対して詩をそれぞれ作り、左と右に別れ倭と漢土の謡を披露した。みなで謡を聞き、楽人が声の調子を批評した。終わると、それぞれに相応しい禄を賜った。

この月のある日、太子は斑鳩宮に在られ、山代大兄王とその弟の殖栗王《えぐりおう》等に白されるに、無欲を以て貴しとし何を以て善と為すかは理に服《したが》うを以て事を為すことであると。無欲のときは迷い無く、理に服うときは諍うことは無い。この二つを得て賢さとなる。願望は凡愚の持つ心であり、諍いて得るのは盗人の業である。そのような心情で得た尊さは、天子の貴さも浮雲の如くして天下の富も落ちた苍《はな》のようなものでしかない。不義を為し百歳の壽《ながいき》するより、寧ろ義に止《とど》まり生きて一夕の夭《はやじに》することを得よ。百歳でも竭《つき》る時は今日一日の終りであり、虚しさはどちらも同じである。寡人《われ》は、賢を以て汝らに付けるが、未だ王（位）を以て付《さず》けようとしたことは無い。貴くあろうと望み、富を得んと争うというのは憍慢になり愉楽に耽ることだ。憍は自分にとって快く思いがちであるが、かえってそれは自分を苦しめる以外のものでは無い。それは唯、自分を苦しめるもので有るばかりか、自分自身を辱かしめるものである。

仁を以て吾をつくり、礼を以て生涯を養い、義を以て死に竟《おえ》る。この三を以てこの生涯立ち得る人は、たとえ一日この世に在ってもそれは、是れ壽《いのち》なり、である。不敏といえどもその人はまさに賢人である。

君子に私無し、どれを取るか、どれを捨てるか、それは天に委ねよ。天はおまえたちの胸中に坐す。吾の死する日、おまえたちは決して惑わないようにせよ。そう曰った。

秋九月、太子は斑鳩宮において群卿のために大宴を催された。天皇も御幸になられ、設えられた玉座に坐されると、礼について各々、詠歌を献上し、それをお受けになった。これが前例となり詠歌の習わしが復活され、いよいよ宮人達が詠歌の業の貴さを認識されていった。

冬十二月、天が赤く染まっていた。一丈余りのその形は鶏の尾のようで、天皇は大臣と共にこれを只事ではないと思しめし、詔して祈祷するように請われた。すると太子は、奏上して曰った。この妖しは祈祷で除けるものではありません。天皇のためでも国家のためでもないものですから、神祭りをする必要はございません、と。天皇は重ねて宣旨されたが、太子は強いて止められ、祈祷は行われなかった。

・曲水宴　古代の桃の節句に宮中の庭園に流れる水辺に座を設けて酒を汲みつつ歌などを披露して遊んだものをいい、正式には「めぐ水のとよのあかり」という。

・この予兆は太子の御身に異変のあることを示したものと知っていられるのは太子ご自身だけである。不吉の予感に憂える朝廷の人々に対し、公のことではないので神に問うにあたらずと止められた。

二十九年（西暦六二一年、太子五〇歳）春二月五日、斑鳩宮に在せり。聖気は常より快に坐せり。

妃に命せ、沐浴せしめ身《みずか》らも沐浴し、更、新に装束したまい、妃も衣袴を改め、早めに閨室に入りて共に、副床に臥し二更に至って光陰有り。（二更は戌の刻で夜十時頃）

明日《あくるあさ》、久しうして起きたまわず。

左右、殿を明けて、乃ち薨御を知る。是時、諸王、大臣、群臣、百官、万庶悉く気を失い足を矮《すぼ》め、皆、父母を亡くせしが如く哭泣の声、家に満ち路に満ちた。

天皇之を聞こしめされ心を失い、迷倒《ぐらぐらと》しながら、車駕で宮へ臨《みゆき》したまえり。叫び躍りて大《はなはだ》しく哭きませり。

諸州の国司《みこともち》、国造、伴造、大《はなは》だ驚き、擗踊《かなしみただならざるもの》ありて悲しみ泣き迷倒せり。国々のものたちが之を伝え聞き、皆泣いて謂うて曰く。日月の耀き失えり。天地、既に没む、と。

大臣、棺を携え将に御躰を殮《おさ》めまつらむとするに、其の容《すがた》は生きませるが如し。其の御身太しく香り、太子の屍を挙げまつるに軽きこと衣服の如し。妃も亦、爾《しか》るなり。乃《ここ》に双の棺を造り、各、大輿に置《のせまつ》り、科長《しなが》の陵に葬《かくし》まつれり。

陪従《つきそうひと》も各雑《それぞれくさぐさ》の華を擎《ささげ》ると雖も、釈象《そうりょたち》の讃唄は斑鳩宮より科長に到り、道の左右の百姓は墻《かき》の如くなり。敬いて香花を擎《ささぐる》と雖も在る者は声を失いて大いに哭き、在る者は伏して倒れ気を失い、官《やくしょのふれ》を待たずして皆素服《もふく》を著け、之を葬《おみおくり》し奉れり。

後に外国の百姓《もろびと》も遠《はるか》より来たり、陵を廻りて相聚《あつま》って叫哭し日夕に絶えず。年を終わるもたえざるなり、と。

一羽の異鳥あり。形は鵲《かささぎ》の如く、而《しかも》大きく其の色は素雪《しらゆき》の若し。常《ふだん》、陵の上に栖み、鳥鳶《とんび》若し到る則は、遠くに追い去《や》る。穢き糞するときは必ず他の木に移る。一と雖も陵の上を汚さざりしなり。

太子、薨《かんさりまする》の日、驪駒《くろこま》悲しげに鳴きて水草も喫《くら》わず。太子の鞍を被せ、輿に随っいて陵に到《したがいきた》る。その時、隧《はかみち》を閉める時、陵を見て心なしか大いに嘶《いなな》きして斃れり。群臣　大いに異《ふしぎ》なりとし、天皇　群臣　皆　甚だ之を愴《いたまし》く思い、将《また》　其の尸《しかばね》を中宮寺に還し、墓を造って之を埋めり。又　希代の事と為り。

勅たまいて、大墓を作り、是を寺の南に在く。

是年、三韓王　太子の薨御を聞き、即《これを》大いに悲しみ歎き、服を著るに喪と為したり。三韓の庶民も又、大いに叫哭し、次第して年を終えり。

【訳】

二十九年春二月五日、太子は斑鳩宮におられ、ふだんより心穏やかに快く過ごされていた。妃に沐浴をすすめられ、自らもし、また新たな装束を召された。そしていつもより早めに共に閨室へ入られた。副え床に休まれて夜十時になり、空が明るく光った。

翌朝、いつもの時間になっても起きてこられなかった。側の者が御殿の戸を開き、太子と妃の薨去を知った。

この時、諸王、大臣、群臣、多くの役人たち、民たちがみな気を失わんばかりに驚き足を折り曲げ、父母を亡くしたように激しく泣く声が家々に満ち、道路に溢れた。天皇はこれを聞かれると心を失い倒れんばかりになられながら、乗り物で斑鳩宮に向かわれた。常々は冷静で落ち着きのある陛下が叫び、身体を震わせ大声でお泣きになった。

諸々の国造、伴造たちも甚だ驚き、ただならざる悲しみに倒れんばかりであった。国々の役人とその他の人々も伝え聞き、みな嘆き悲しみつつ言った。日月の耀きが消えてしまった。天地、すでに闇に沈んでしまった、と。

大臣が棺を携え、まさに御身体を斂《おさめ》まつらんとすると、太子はまだ生きておられるようなお姿に見え、そのお身体は芳しい薫りがした。亡骸を挙げまつるとまるで衣服だけのように軽かった。妃もまた同じであられた。

ここに二つの棺を造り、それぞれ大輿に乗せまつり、科長の陵へ葬《かくし》まつった。陪従人《つきそい》も、各々さまざまな華を献げ、僧侶たちの讃めたたえる唄は斑鳩宮より科長にいたり、道の左右の百姓たちが垣根のように連なり見送った。

敬いて香花を献げるといえども、ある者は言葉を失いて哭泣し、ある者は倒れ伏し気を失い、役所からの布令を待たずして、皆喪服を着け、葬列をお見送りした。後に外国の諸人も遠くより訪れた。陵を廻り、みなで集まり叫び泣く声が昼夜と絶えなかった。年が終わっても絶えなかった。

一羽の変わった鳥が現れた。姿は鵲のようであり、しかも大きく雪のように白い鳥だ。いつも陵の上に居てトンビが飛び来れば遠くへ追いはらい、穢い糞は他の木に移ってし、一羽と雖も陵の上を汚さないようにしていた。

太子が薨《かんさります》る日、驪駒が悲しげに鳴き水も草も食らわず、太子の鞍を被《の》せ、輿に随いて陵に同行した。そして、隧《はかみち》を閉じる時、陵を見て心なしか大きな声で嘶きし、斃れた。

群臣は驚き、不審に思った。天皇をはじめ群臣もみな甚だこれを哀れに思い、驪駒の屍を中宮寺へ運ぶと、墓を造り埋めた。これもまたまれなことであった。

勅により大墓を造り、之を寺の南に在《お》いた。

この年、三韓王が太子の薨御を聞き、これを大いに悲しみ歎き、喪服を着用した。三韓の庶民もまた大いに泣き悲しみ、このようにして年を終えた。

【参考文献】（順不同）
『大学・中庸』金谷治訳注
『中国思想論集 儒家と道家思想』金谷治
『易の話』金谷治
『鑑賞中国の古典①易経』三浦圀雄
『法華義疏』聖徳太子・花山信勝校訳
『勝鬘経義疏』聖徳太子・花山信勝校訳
『先代旧事本紀大成経』延宝七十巻本・宮東伯安齋編纂

聖徳太子 三法を説く 先代旧事本紀大成経伝（六）

2024年4月17日　第1刷発行

著　　者　安房宮 源宗
発 行 者　安西 利子
発 行 所　(有)エー・ティー・オフィス
〒107-0062 東京都港区南青山4-8-15
TEL 03(5411)4054　FAX 03(5411)3407
URL https://edition-at.co.jp
印刷・製本　錦明印刷株式会社
〒101-0065 東京都千代田区西神田3-3-3
ISBN978-4-908665-08-0　C0010